カリキュラム評価入門

田中統治＋根津朋実【編著】

勁草書房

はしがき

教育実践の効果を客観的に明らかにしたい。これは教育実践家の夢である。カリキュラム評価への関心もこうした効果測定に注がれている。苦労して開発したカリキュラムであれば、この関心はより一層高まる。研究者が学校に招かれる理由も、教育効果を学問的に正当化してほしいとする期待からであろう。そうした場面に立ち会う時、私はカリキュラム評価の原点に立ち戻って、教育実践の実態を見つめ直してほしいと願う。カリキュラム評価が単純な効果測定とは違うことを理解してもらいたいし、まず教育の効果測定という「神話」から脱却してほしい。

カリキュラムを評価するとは児童生徒の学業成績をみることではない。日本の教育界では評価と評定が混同されがちでカリキュラム評価が定着してこなかった。この課題に取り組むには、カリキュラムを評価する以前に調査するという発想をもちたい。アセスメントの考えは客観的なデータの収集、つまり観察を重視する。国際学力調査の名称をみれば、そこにアセスメントの文字が見出せる。ＰＩＳＡ（Programme for International Student Assessment）は、直訳すれば「生徒への国際学力調査のための計画」である。アセスメントの考えによれば、実践者の力量やテストの結果もデータの一つである。学力テストではなく学力「調査」と呼ばれるゆえんもこの点にある。

本書ではカリキュラム評価に関する視点と方法を解説する。カリキュラム評価は調査データをもとに目標の達成状況を把握し、カリキュラムそれ自体を評価する活動であるが、その際、学習者の行動変化より以上に、実践者が取り組むべき改善点を明確にしたい。熟練した教師であれば、カリキュラムの不具合は調査をしなくても大体の「当たり」がつけられる。そのような見当をデータで確認しながらカリキュラムの不備を改良する。そして、その改良点が機能しているかどうかを再調査で確認する。つまり、測定する対象を教育効果から「改善」効果に転換するわけである。

本書は大きく総論と各論に分かれる。前半でカリキュラム評価の理論を学び、後半で読者の関心に応じて読み進めていただきたい。各論では職業教育や企業内教育の事例も加えたかったけれども、執筆候補者が見当たらずにかなわなかった。また、中には研究の途上にあるテーマでもあるために、試論の域にとどまる分野もあるかもしれない。本書を企画してから執筆の遅れなどで多くの年月を要してしまった。課題をかかえつつも、本書が日本でのカリキュラム評価研究を進展させる一歩になれば幸いである。なお、出版を辛抱強く待っていただいた執筆者の方々、また、企画段階からお世話をいただいた編集担当者の藤尾やしお氏には、この場を借りてお礼を申し上げたい。

二〇〇九年三月

編者　田中　統治

カリキュラム評価入門／目次

はしがき

第一章　カリキュラム評価の必要性と意義

田中　統治

はじめに

九〇年代から「評価の時代」が到来し、日本の学校教育にも成果の確認が求められている。学校教育の成果は学校カリキュラムによって生み出される。だが、そもそもカリキュラムをどう捉え、どう評価すればよいのか。学校関係者からそう問われることが多い。本書はこの問いに具体的に答えることを目指して編集された。本章は序論として大きく三つの内容から構成される(1)。その要点も交えて述べれば、第一節では、主として「ＰＤＣＡからＣＡＰＤへ」の視点転換を中心に、この観点から学校経営にカリキュラム評価が欠かせないことを明らかにする。カリキュラム評価はカリキュラムそれ自体を評価する活動である。この活動が学校経営を支える理由は、①教育目標の達成状況を把握できること、②達成されていない目標についてその原因を探れること、③原因把握から改善への道筋を明確にできること、そして、④改善がどこまで進んだかを追跡できることである。

第二節ではカリキュラム評価が学校評価の中心に位置付くことを述べる。日本では二〇〇三年から学習指導要領が教育課程の「最低基準」とみなされ、各学校はこの「基準性」に従って児童・生徒の学力を保障することが求められている。今後、到達目標の明確化が進み、全国学力調査の結果が蓄積されると、学校評価にとって授業を含むカリキュラム評価の重要性がますます高まるだろう。第三節で述べるように、教育課程経営からカリキュラム・マネジメントへの転換はカリキュラム評価によって実現される。なぜなら、各学校がカリキュラムを改善する上でその評価が不可欠だからである。このため、管理職者はカリキュラムが「快適に動作する」環境と条件を整えなければならないし、また、教師もマネジメント・スキルを磨き、カリキュラム評価の実績を積み上げる必要がある。以下、このような節の順序で、カリキュラム評価の意義と必要性を述べる。

1　学校経営を支えるカリキュラム評価

（1）カリキュラムと教育課程の相違点

カリキュラムの概念は学術用語としては定着してきた。日本カリキュラム学会が創設されてから二〇年が経過して会員数も約八〇〇名に達している。しかし、カリキュラムが学校現場で普及しているとは言い難い。その原因は、教育課程とカリキュラムがほぼ同義語であると受け止められているからである。カリキュラムという場合、その意味するところの本質は「学習経験の総体」にある。学習者が実際に経験している内容に注目するところが、これまでの教育課程と大きく異なる。

教育計画としての教育課程は教育行政の用語であって、具体的には教育委員会に提出する年間指導計画などの文書を意味する。カリキュラムの概念は行政用語のもつ制約を克服しようと試みる。その理由は、教育行政の枠組によって理解されてきた教育課程の管理と経営が次の問題点をかかえてきたからである。第一は、教育課程の内容を、学校を取り巻く外部環境との関係において捉える視点の乏しさである。「学校の創意工夫」や「特色ある教育課程」が強調される理由も、学校が外部環境より行政環境の方に感応的だったからである。このアンバランスを是正するには、カリキュラムを外部環境との関係において調整しなければならない。「学校を開く」とは、つまるところ「カリキュラムを開く」ことである。

第二は、子どもたちが実際に学んでいる内容に対して、教師が無感覚になることである。トップ・ダウンによる上意下達型の教育課程は、ボトム・アップによる「下意上達」機能を衰退させる。これが教育課程の形式化と空洞化を招き、ひいては子どもと保護者が学習塾や通信学習などの学校外教育に依存する傾向を生む。すでに言い古されたことではあるけれども、各学校がカリキュラムの「効果」を不断に点検・評価し、その結果をフィードバックするためのシステムを立ち上げたい。

第三は、教師たちの間で教育課程編成への無関心や無力感が広がることである。彼らの多くは担当する学年と教科の教育課程には関心を払うけれども、しかし、それ以外の内容や学校の教育課程全体に関心を向けることが少ない。こうした全体的視野の喪失が教員の研修活動を沈滞させる一因となって、新しい教育課程を開発するために必要な専門能力を低下させる。これは「訓練された無能力」と評される官僚制の弊害である。各学校が校内にはびこるセクショナリズムを克服するには、カリキュラムと教師教育を一体として開発するための組織戦略が必要である。

(2) 教育課程経営からカリキュラム・マネジメントへ

カリキュラム・マネジメントは、教育課程経営として固定観念化してきた従来の枠組を組織戦略に転換させるものである。すなわち、教育課程からカリキュラムへの転換は、まず教師たちが教育課程の実質を教科書・教材から子どもの学習経験に移すことから始まる。次に、子どもの学習経験を構成する上で現行のカリキュラムがもっている特徴と問題点を点検し、カリキュラムのどこを改善する必要があるか、どう改善できそうかを話し合うなかで、代替計画を立案し決定する。この意思決定のプロセスがカリキュラム開発を左右するキイ・ステージである。そして、実際に行われたカリキュラムの効果を多様な観点から評価して、その結果を計画にフィードバックする。

この一連のサイクルは、教育課程経営においてこれまで強調されてきた、P (plan) —D (do) —C (check) —A (action)、すなわち、計画—実施—評価—改善と似ている。しかし、違いはカリキュラム・マネジメントが子どもの学習経験の現状をより深く観察するところから開始されることである。つまり、それはC (check) —A (action) —P (plan) —D (do) のステップを踏むわけである。「ＰＤＣＡからＣＡＰＤへ」の転換が、カリキュラム・マネジメントにおいて重要である。

カリキュラムの考えは学習者の経験内容に注目する。「ＰＤＣＡからＣＡＰＤへ」の転換が必要な理由も、カリキュラムの実質に目を向けるためである。カリキュラムづくりはゼロの状態から開始されるわけではない。教師がいまのカリキュラムのどこに問題点があるかをよく点検し、これを改善する試行錯誤の積み重ねによって達成される。したがって、カリキュラムの実態を「観察する」ことが先決であり、これが学校経営の戦略的な起点である。

(3) 教育課程評価からカリキュラム評価へ

ではカリキュラムを「観察する」とは具体的にどうすることか。これも従来、「教育課程の評価」としてその必要性が強調されてきたが、各学校が教育課程の評価を試みることは少なかった。研究指定校や付属学校などの場合でも、教育課程の評価にあたって何をどうすればよいか、明確でないケースが目立った。その原因は、教育課程評価の理論と方法が複雑で専門的すぎること、しかも、実践者が自らの教育実践を評価するには一定、困難が伴うことによる。これらの点は別の章で後述する。

ここで、評価ではなく「観察」という概念を用いている点に注目されたい。すなわち、カリキュラムの評価という場合、英語では主に二つの用語がある。その一つは、カリキュラムの良し悪しを判定するための“evaluation”であり、これは教育実践を「価値判断」するものである。二つは、カリキュラムに関するデータを収集するための“assessment”といって、これは「観察」を基本とした広い意味での「調査」を意味する。日本では、前者の意味で、カリキュラムの評価を捉えがちであった。

しかし、カリキュラムの良否を判断するためには、その根拠となるデータが不可欠である。従来、カリキュラムを評価する際に、データをもとに客観的に評価するのでなく、評価者の主観的な好みやイデオロギーによって価値的に評価する場合が多かった。ここで評価といわず「観察」を強調する理由も、データ不足によるカリキュラムの評価を避けたいからであって、現状を「よく見る」ことによる情報戦略を重視するからである。

ところで特別支援教育では子ども一人ひとりにアセスメントを実施する。アセスメントの結果からみた現状と、その子どもが到達できるだろうと考えられる段階とのギャップのことを「教育要求」と呼ぶ。指導者が個のもつ学習能力を入念に査定し、現状と可能性の間を埋めるためにプログラムを組むわけである。この過程でプログラムの目標が到達目標として明確にされ、最終的には段階化される。アセスメントのデータが蓄積されれば、目標の段階化も困難ではない。

児童・生徒の到達度についても、その現状と到達可能な段階のギャップを正確に把握し、このギャップを埋めるための教育目標を設定したい。目標の記述が後の評価にとって大切である。単元の目標は、何をどのように評価するかをあらかじめ明確にして記述する。そうすれば、たとえ目標が達成されなくても、どこに問題があったかを確認できる。このフィードバックの積み重ねがCAPDの手順を踏むことである。カリキュラムを計画するときにも、どんな評価法を考えて目標を記述するかがポイントである。

具体的には、目標の達成状況をどんなテスト法によって測るかである。テストにはペーパー・テストだけでなく、実技や発表などのパーフォーマンス・テストなどがある。CAPDでは、カリキュラムの記述法とテスト法を一体化して改良しなければサイクルが働かない。この点で、従来の観点別評価は改良すべき余地を残している。特定のカリキュラムがどのタイプの児童・生徒に対して効果的であるか、また効果的でなかったのはなぜか。その原因を探れるように、カリキュラムと評価の一体化を推し進める必要がある。したがって、CAPDによるカリキュラムづくりはアセスメントの開発と重なっている。

このように、カリキュラム評価では、カリキュラム全体を見渡す「鳥の目」と、目標記述のために現状を観察する「蟻の目」の二つの戦略が必要である。両者は、カリキュラムをめぐるマクロとミクロの双方の状況を見るための「複眼的な視点」である。

(4) カリキュラム評価の思想転換

学校に限らず経営の本質は「ひとを自己実現に導く」ことである。どうすれば組織を構成する成員たちが自己実現の達成感を得られるか、その方策を管理職者が考え抜くことである。学校経営の目標も、究極的には学校成員を自己実現に導くことである。その際、管理職者が、従来の教育課程という行政概念から、カリキュラムという研究概念へ、思想的な視野を広げることが意義深い。

カリキュラムはひとの学習経験を全体として眺める視点をもつ。この視点が学校成員に特有の自己実現のあり様を示してくれる。ラテン語の「走る」（クレーレ：currere）を語源とするカリキュラムは、走路、学習の道筋、そして「学習経験の総体」を意味する概念へ意味を拡大してきた。近年の研究はこの概念拡大によってカリキュラムと人間の自己実現のあり様を解明しようと試みており、この発展がカリキュラムを「生きた姿」で捉える発想に結びついてくる。

英国の教育学者ハミルトン（Hamilton, D.）の研究によれば、この用語の初出は、遠く一六世紀後半のグラスゴー大学あるいはオランダ・ライデン大学の記録文書にみられるという(2)。当時、ずさんになされていた大学の卒業認定をより系統だった課程の修了をもって行うため、卒業認定証の中で新語であるカリキュラムが使われた。その趣旨は大学教育課程における「系統性の確保」と「出口の管理」という考えにある。この点でそれは「組織の思想」を表現している。こうした考えの底流には、秩序と規律を重んじるカルヴァン派の厳格なプロテンタンティズムの思想が流れていた。

カリキュラムという語が教育課程を「組織的に調整する」という意味あいで最初に用いられた。これは当時の西欧の宗教思想を背景としている。その意味を現代日本の学校がおかれている状況に当てはめることは妥当でない。だが、ここで「組織の思想」という原点に立ち戻れば、学校経営の固定観念を克服するうえで、戦略的な意義をもっている。カリキュラム評価は、これまで米国流の経営科学をベースにしてきたため、数値目標による単純な成果主義に陥りやすかった。これを人間科学に転換し、ゆるやかな成果主義によって、成員の自己実現を図る思想として再生させたい。その鍵となる方法が、カリキュラムのリアルな世界に迫れる「調査法」である。

(5) カリキュラム評価が支える学校経営の方向

カリキュラム評価は、カリキュラムそれ自体を観察し評価する活動である。この活動は多様な調査結果をもとに、カリキュラムの改善策を考えるものである。カリキュラムの調査法は十分に確立されていない。だが、今後、社会調査法を応用することで、人間科学に依拠した領域になっていくことだろう。そうなれば、人間科学ベースのカリキュラム評価が学校経営をより人間的な営みに変えることができる。

こうしたカリキュラム評価が学校経営を支える理由は次の点にある。①教育目標の達成状況を把握できること、②達成されていない目標についてその原因を探れること、③原因把握から改善への道筋を明確にできること、そして、④改善がどこまで進んだかを追跡できることである。つまり、カリキュラムに関する「現状の把握→課題の発見→原因解明→改善提案→結果追跡」という一連の調査による評価が可能になる。

もちろん過去の学校経営論においても教育課程評価の重要性は指摘されてきた。しかし、その指摘はカリキュラムという考え方とそれを調査するための方法論をもたなかったために学校現場で十分に活かされなかった。九〇年代から求められている「自主的・自律的な学校経営」では、カリキュラム評価を目指す調査がますます必要になることは確実である。企業経営とは異なる、学校経営独自の方法論をカリキュラム評価が提供する時代に入っている。

2　学校評価とカリキュラム評価

(1) 学習指導要領の「基準性」と学力保障

学習指導要領が教育課程の国家基準を法的に規定することに関しては、これまで多くの議論がなされてきた。「基準性」をめぐる改革には分かりにくい部分がある。「基準性」をより一層、明確にする一方で、〈はどめ規定〉等に係わる記述が見直されたからである。字面から考えれば、基準を明確にするために規定を強めることが予想されるが、実際は〈はどめ規定〉が緩和されたという印象が強い。報道記事の中には、〈はどめ規定〉撤廃によって今後、教育課程の上限は「青天井」という報道がみられた。学習指導要領の一部改正（平成一五年一二月）が何を目指すものなのか、改革のねらいを読み解く必要がある。

文科省の説明によれば、「学習指導要領の基準性」とは、「学習指導要領の内容は子供たちに共通に指導する内容であって、学校では必要に応じてその他の内容を加えて指導しても良い」という性格のことである。法的には教えるべき内容の「最低基準」を示すもので、この規定は昭和三三年に学習指導要領が文部省告示として法令の形式で示されたときから一貫したものであり、昭和五一年の最高裁の学力テスト判決でもこのような法的性格が確認されているという。

法的な性格としては一貫しているようにみえるが、現実には学習指導要領の内容と時数の関係で「ゆとり」が少なかったことにより、そのように機能してこなかった。各学校では「基準性」を念頭に置いた特色ある教育を行うことが求められている。児童・生徒の実態に応じ、必要な場合には、学習指導要領に示されていない内容を教えることをためらわないということである。重要な点は、児童・生徒に共通に指導する内容を確実に定着させることを目指して十全な指導を行うことである。これが文科省の言う「基準性」を踏まえた指導である。

(2) 各学校に求められる「わかる授業」と学力保障

学習指導要領が教育課程のミニマム・スタンダードであることが再確認された。このことは各学校にとって何を意味するのだろうか。文科省の説明によれば、各学校では、学習指導要領の「基準性」を踏まえ、教育課程や指導方法を創意工夫し、教えるべき内容、考えさせるべき内容を十分吟味することにより、子どもにとって「わかる授業」を実現することがこれまで以上に求められるという。つまり、平成二〇年告示の学習指導要領の下では、目標に準拠した評価（いわゆる絶対評価）がより重視される。各学校がどれだけ学習指導要領に示された目標を実現しているかが問われる。これは公教育が果たすべき児童・生徒への学力保障という課題である。

学力保障の考えは教育の機会均等の理念から生まれた。教育機会の理念には、実質的な均等化を目指す立場から、形式的な均等化を強調する立場まで幅がある。前者は教育の結果まで見通して教育機会を実質的に保障すべきであるとする。後者は教育を受ける「入り口」の機会を保障すればよしとする。学力保障の考えは前者の立場に近く、学校がその子どもを入学させた以上、一定水準の学力を身につけて送り出すことが使命だと考える。

ここで学力を保障するうえで、教育課程論には、履修原理と修得原理の違いがあることに注目しなければならない。平成一五年一部改正からの学習指導要領は前者から後者への重心移動を強調して、学力保障の最低基準を示した。各学校は観点別評価の各項目においてB段階をクリアさせることを目安にできる。修得原理を厳密に適用すれば、子どもが未習得とみなされると原級留め置きもありうる。文科省の説明はそこまで踏み込まず、児童・生徒に共通に指導する内容を確実に定着させることを強調している。〔はどめ規定〕の緩和は最低基準の学力を保障するための布石である。

各学校が「わかる授業」による学力の保障をどれだけ行えるか。これが学校評価において問われる。その達成率は学力調査によって把握される。調査結果は、学力を十分に保障していない学校に対して、何らかの勧告を行うきっかけになる。教育課程の「基準性」を守るということは、児童・生徒に最低基準の学力を保障することを意味する。このように学力と学習の総合的な状況が把握されると、教育課程や指導の充実・改善について継続的に取り組むよう促す圧力が増す。各学校は、児童・生徒への学力保障に向けて、カリキュラムを日常的に改善するための体制を整えなければならないが、しかし、学校評価が盛んに行われているわりにはその取り組みがあまり進んでいないようである。

（3）学校評価の現状と課題

現在の学校評価が多くの場合「やらされる」評価あるいは「繕うための」評価になりがちである。必要なことは何のために学校評価を行うかを捉え直すことではなかろうか。学校評価は究極的に学校をより良くするため、つまり、「学校改善」（school improvement）のために行われる。このことは昭和二六年に文部省内学校評価基準作成協議会が強調したことである。その後、半世紀が過ぎて、近年、評価基準と評価項目が細かく設定されてきた。だが、学校評価の細目化が逆に学校改善につながり難く各学校が戸惑っている状況が見られる。とくに、学校改善にとって重要なカリキュラムと授業の評価が軽視されている。その原因を探ることがカリキュラム評価を進めるうえで必要である。

ここに、ある県の教育研修センターが学校評価について行った調査結果がある。この調査は県下の公立学校すべてを対象に学校評価の現状と課題を尋ねたものである。学校評価は高等学校を除く九〇数％の小中学校で実施されており、そのねらいとして、第一位は「学校経営の成果と課題をとらえ、学校の改善につなげる」、第二位は「学校の教育目標の達成度を確認する」、そして第三位に「児童生徒の学力を保障する」があがっている。そのうち学力保障を「極めて重視する」割合には、学校種別による差異があって、小学校（七六％）、中学校（八二％）、及び高校（六一％）である。このことは、学校評価において学力保障を重視する度合が経営内容よりも低いことを示している。

学校評価の対象項目をみれば、教育課程の編成と実施に関する項目は、教育目標や生徒指導の項目と比べて少ない。しかも、各教科の指導よりも少ないことが注目される。学力はカリキュラムの改善によって保障される。にもかかわらず、肝心の教育課程が評価対象として重視されていない。このことは、「カリキュラム評価による学校改善」という視点が学校評価の中で定着していないことを示している。教育課程は「学校としての全体計画」であり、各教科はその一領域にすぎない。したがって、各教科の指導は全体計画の中に位置付けてから、目標に照らして評価される必要がある。現状は逆転しており、生徒指導や教科指導の方を評価項目化している。ここに学校評価の「ねじれ」が見て取れる。

しかも、学力保障に関係する「授業の理解度」が評価項目の中にない。このため「わかる授業」の達成度が把握されていない。この調査では授業評価の実施率についても尋ねている。その結果によれば、授業評価の実施率は小学校で六割、中学校で五割強、そして高校で二割弱である。また、授業評価の主体が児童・生徒である比率は、小学校で三割、中学校で四割強、そして高校で三割弱である。この授業評価の中でどれだけ理解度が調べられているかは不明である。それが単元や活動の終末時に行われる頻度が高いことや、また、選択回答法を採っていることから考えて、授業の理解度も把握しようと試みていると推察される。それでもなお、授業評価をカリキュラム評価に位置付けている学校は少ない。

（4）学校評価を学力保障につなげる手立て

学校評価に関してこの調査結果が示唆することは、第一に学校評価を学校改善にどう活かすかという取り組みの乏しさである。これについては、評価結果をもとに議論する時間が少ないことが主な原因のようである。学校評価が終了してから、各学校が改善に向けて知恵を絞る必要がある。この課題は学校改善について議論するための時間を確保することによって解決できるだろう。第二は、学校評価においてカリキュラム評価の果たす役割が十分に認識されていないことである。このため、学力を保障するために学校評価を行う目的が後退している。学力保障は企業における製品やサービスの品質保障に相当する。企業であれば顧客満足度からこれを探る。しかし、学校ではサービスの受け手である児童・生徒の授業評価よりも、授業者による自己評価の方を重視するきらいがある。

このような現状で最低基準としての学習指導要領を達成することはかなり困難になる恐れがある。なぜなら、学力保障はカリキュラム評価を中心においてこそ為し遂げられるからである。しかも、カリキュラムの評価と改善は学校改善において最重点の課題である。児童・生徒による授業評価はこのカリキュラム評価を進めるための起点である。

ただし、授業評価とカリキュラム評価の間には隙間がある。授業評価が教授技術を含む授業の改善を目指すので、教育内容に関するカリキュラム評価まで届かない。その隙間を埋めるものが「単元評価」である。カリキュラムは単元から構成されている。各単元の目標が達成されたかどうかを点検することが、全体計画の評価につながる。授業評価は単元の終末時に行う方が適切である。授業の終わりに毎回、実施することは必ずしも必要ではない。これを単元の終末時に行われるテストの結果などと照合することにより、カリキュラム評価につなげられる。単元目標の達成状況とその原因を探ることが、カリキュラム評価の第二段階にあたる。

(5) カリキュラム評価による学校改善の道筋

筆者は、学力保障の道筋が「授業評価→単元評価→カリキュラム評価→学校評価→学校改善」の順に進むと考える。もちろん、ここで→で示した部分にいくつかの課題が残されている。以下、カリキュラム評価による学校改善という観点から、学習指導要領の改訂にあたって各学校の教師たちに求められる専門性を検討することにしたい。

その第一は、児童・生徒の学力の実態について客観的に調査できる力である。学力「調査」と称される理由は、テストの点数のみならず、子どもの生活実態や学習状況について広く分析することを求めるからである。だから、児童・生徒による授業評価も積極的に行ってほしい。実際に行ってみれば、授業評価への抵抗感よりも有用感の方を強く感じるだろう。教師が学力を調査する力を磨くことが学力保障の第一歩である。この調査力は、今後、数値目標や時限目標の形で迫られるかもしれない外部評価に対応できる、内部評価の力量となる。

第二は、この調査の結果をもとに、カリキュラムを特定の単元として開発する力量である。英語でユニットと言われるように、単元がカリキュラムの最小単位である。それは各教科の単元に限らない。たとえば、校内で学習意欲を向上させている単元案をモデルに、それがなぜ、またどのように児童・生徒を動機付けているのかについて、促進要因の分析を進めてみたい。カリキュラム開発の力は、授業技術の向上のみならず、単元構想を改良するところにある。既存の単元案にとらわれず、これを改良する努力が求められる。

そして第三に、学力保障は不断のカリキュラム評価につきる。カリキュラム評価をきちんと行う態勢を整えれば、学力は結果的に保障される。そうした態勢が整備されていないことに課題がある。目標準拠型の評価だけに頼るのではなく、第三者による目標自由型（ゴール・フリー）の評価も採り入れたい。目標自由型の評価は、児童・生徒や保護者のニーズ（教育要求）がどれだけ応えられたか、その充足度に焦点をおく。この評価法を活用するためには、児童・生徒や保護者たちと教師という立場を越えて、率直に対話できる力が必要である。評価は本来、対話なのである。

3　カリキュラム評価の視点を活かしたカリキュラム・マネジメント

（1）カリキュラム・マネジメントの発想と方法

カリキュラム・マネジメントでは、カリキュラム評価を学校づくりの中心に置き、その組織と文化まで変えることを目指す。これをソフトウェアとハードウェアの関係にたとえれば、カリキュラムというソフトに合せて、学校組織のハードを更新するわけである。従来、ハードに合せてソフトを選んできた。これからはカリキュラムが学校改革をリードする。これがカリキュラム・マネジメントの発想である。

したがって、ソフトウェアをどう開発し、その性能をどう評価するかが重要になる。カリキュラムと教育課程の違いについては先述したが、ここで注目すべきは「カリキュラム開発」である。カリキュラム開発とは、第一に教師集団が開発の主体となって、第二に単元を教科書・教材から児童・生徒の学習経験に移して計画し、そして第三に授業からカリキュラムを改善する活動である。この改善においてカリキュラム評価が大きな役割を果たす。「評価のない開発」は無意味だからである。

企業が新しい製品やサービスを開発すれば、必ず顧客満足度を調べて、改良すべき点を明確にする。それがマネジメントの基本である。学校のカリキュラムでは、それが十分に行われていない。それは、なぜか。カリキュラム開発は文科省の仕事だったからである。「官から民への流れ」が教育課程経営からカリキュラム・マネジメントへの転換を求めている。実は、一九七〇年代の早くからカリキュラム・マネジメントが提唱されていた。

一九七四年に旧文部省がOECDのCERI（教育研究革新センター）と共催で行った国際セミナーで、「学校に基礎をおくカリキュラム開発」（School-based Curriculum Development：SBCD）

が提唱された。ＳＢＣＤは、カリキュラムは中央でなく現場で開発すべきだと主張した。しかし、理念のみが先行しすぎて、世界でも根付かなかった。現場でカリキュラム開発することは望ましいが、教師集団がカリキュラム開発の力量をつけるには時間がかかる。カリキュラム・マネジメントはこの点で学校改革の新しい方法を提案している。

それは、各学校が独自に進める教育改革の方法であり、その中心にカリキュラム評価がある。カリキュラム開発には、総合的な学習のようにゼロから取り組む場合もある。だが、現行のカリキュラムを見直し改善する営みも、カリキュラム開発である。創意工夫をこらして特色ある学校づくりを進めるため、ＳＢＣＤが再評価されている今こそ、この考えに照らしてカリキュラム・マネジメントの方法を考えたい。過去の教育課程経営では、一般校がカリキュラムを開発することは想定外だったからである。

（2）カリキュラム評価の視点

カリキュラムはもともと教育目標を達成するための計画である。したがって、達成可能な教育目標を掲げないと、カリキュラムの目標にならない。従来、教育目標とカリキュラムが乖離しがちであった。外部評価が採り入れられた現在、説明義務を果たすために目標と結果の対応関係が問われる。これまでのような曖昧な教育目標では、カリキュラム評価が困難になる。たとえば、「わかる授業の実現」を目標に掲げるなら、当然、子どもの授業の理解度を調べないと、教育要求に応えたことにはならない。

教育目標が教育要求に即して設定されると、それはニーズの充足度を評価することを前提とする。このため、「評価に耐えられる」ように教育目標を記述しなければならない。ここで言う目標は、単年度によって評価できる「時限」目標であり、その意味で重点目標である。以前の教育目標は究極的な目標であって、方向目標でもよかった。しかし、カリキュラム・マネジメントでは、事後評価を年度末に行い、その結果をもとに次年度の目標を設定するから、曖昧な目標は意味をなさない。

教育要求の内容も達成可能な目標として読み替えられ、それを評価できるような指標として変換される。「カリキュラムのどの活動によって教育要求を充足させるか」、また、「その成果をどのような資料によって検証するか」という課題が明確になる。カリキュラム評価は児童・生徒の成績をみとることではない。これまで評価と評定が混同されてきたために、カリキュラム評価が行われなかった。また、それは教育実践の良し悪しを判断することだけでもない。価値判断による評価が先行すれば、実践者を「守り」の状態に追い込んでしまう。この問題点を克服するには、カリキュラムを評価する以前に、調査するという発想が必要である。カリキュラム・アセスメントの考えは調査による資料収集を重視し、実践者の力量や学力テストの結果も資料の一つとみなす。

(3) カリキュラム・マネジメントに活かす資料の収集

カリキュラム評価の手順は調査法と類似している。過去の調査結果をもとに一定の仮説を構成し、この仮説を確かめるために調査対象を絞り込み、予備調査と本調査を実施し、さらに補足調査も行って、調査結果の報告をまとめる形で進められる。一回の調査で解明できない問題は、第二次調査によって追究される。調査は時間と労力がかかるが、経験を積むにつれて、次第に精度の高い結果を得ることができる。カリキュラム評価も、調査を重ねながら資料を蓄積することによって、より正確に問題点を把握し、さらに改善の効果を確かめられる。

調査法には統計法と事例法がある。前者は、カリキュラムの諸要因を数値データに変換してこれを統計的に分析するものであり、テスト法や質問紙法などがその代表例である。また後者は、少数の対象に焦点を絞って、複雑な要因の絡み合っている状況を全体的ならびに事例的に記述するもので、観察法やききとり法などがある。両者は、解明したい問題によって使い分けられる。それぞれ長所と短所をもっているから組み合わせて利用する方が望ましい。

カリキュラムの影響は量と質の両面から観察しないと全体像が明確にならない。テストの形で測定される数値の結果は、カリキュラムを実施する事前と事後の時系列分析で行われたとしても、両者の差異がカリキュラムによって生じたものかどうか、因果関係を特定できないことが多い。その際、抽出児の変化を質的に観察していれば、カリキュラムによる影響を推測できる。調査はこの推測を資料で確認していく作業である。教育の効果は長期にわたって観察しなければ、解明できない面がある。卒業生調査などはカリキュラムの長期的な影響を確かめる方法である。

また、カリキュラム評価では、教師への影響と資源に注目する必要がある。教師による観察はカリキュラム評価において大事な資料である。客観的な事実や本音の評価を引き出すため、匿名での質問紙調査や、調査報告をかねた座談会などの方法を用いて、率直な意見を資料にしたい。さらにまた、資源不足によってカリキュラムが機能しない場合も多い。調査資料は予算・人員要求の根拠にできる。学習資源や教師の時間資源の不足は何をどれほど配当すれば改善できるか、具体的な数字で示す方が説得力をもつ。

評価の客観性を高める。そのためには、実践者が評価者を兼ねることによって生じる弊害を自覚して、外部評価の視点を採り込むことである。カリキュラム・マネジメントに関わらなかった人物が第三者の立場から客観的に評価する方式である。たとえば、学校評議員がカリキュラムを評価するとき、学校側が十分な資料を準備しないと外部評価が形骸化する。会計監査の場合と同様に、第三者の視点からみた資料を用意しなければならない。

その際、教育目標が教育要求と対応していれば、集めるべき資料も系統的に準備できる。カリキュラムの効果について、テストだけでは測れない質的な要因があることを、部外者にも分かりやすい資料の形で示す。このように、カリキュラム評価では資料をもとに対話することによって客観性が高められる。

(4) カリキュラム評価というマネジメント・スキル

カリキュラム・マネジメントの「組織戦略」は、現行のカリキュラムのどこを改善すべきか、どう改善できそうかに関して、教師が徹底して話し合うなかで決まる。カリキュラム評価はこの決定を根拠づけるものである。教師が実践したカリキュラムの結果を多様なデータから評価し、その結果を目標設定にフィードバックする。「よく見て、話し合う」情報交換が各学校の組織戦略を生み出すわけである。

では、カリキュラム評価に必要なマネジメント・スキルとは何か。カリキュラム評価は、データを扱う関係上、その専門能力の中心は「観察眼と判断力」である。たとえば、第一に、現行のカリキュラムが学習者のニーズに応えているか。その現状と問題点を洞察できる「問題意識とセンス」である。教育のニーズは「お客様のニーズ」とは異なる。このため、ニーズを子どもの興味・関心や欲求として浅く理解してはならない。カリキュラム評価で重視するニーズは「教育への要求」として捉えたい。

教育要求としてのニーズは本人も自覚していない。教師がニーズを発掘し教育要求を生み出す必要がある。カリキュラム評価の観察眼は、紙の上で教育計画を評価する技能ではなく、教育要求の観点からカリキュラムを「診断・処方」できる技能である。ペーパープランから学習経験へ視点を転換すれば、子どもの間に埋れているニーズに敏感になる。カリキュラム・マネージャーはこのニーズを教育要求としてすくいあげ、これをもとにカリキュラムを立ち上げるセンスとスキルをもちたい。

第二に、カリキュラムを値踏みし、その成果と限界を見極める判断力を鍛えたい。そのためには多くのカリキュラムを評価する経験が必要である。経営技能としての評価力は、単純な成果主義では通用しない。事前と事後の変化を慎重にみとり、それを客観的に表現し、眼に見える形で示さなければ、説得力をもたない。多少、オーバーになってもよいから、「奇跡的な伸び」を強調したい。判断力は、妥当性と信頼性に裏打ちされた「強調力」である。カリキュラムが学習者にもたらした変化を説得的に根拠づけるスキルがほしい。

第三に、カリキュラム評価の成果を教師の多くと共有し、それを普及させるコミュニケーション・スキルである。それは、個人単位の技能ではなく、個別学校を単位に発揮される組織的な能力を指す。授業を含むカリキュラムの改善は、各学校の教師が集団として取り組むべき課題であり、この点で「組織の学習能力」(3)が問われる。失敗から学ぶ力は、組織戦略のかなめであるので、「会議力」の向上が求められる。

(5) 教師文化を変えるカリキュラム評価へ

教育課程は教務部か研究部の仕事であり、それ以外の分掌は関係ないという閉鎖性がみられる。カリキュラム・マネジメントは校内のすべての活動と関係しているので、教師全員が関与しなければならない。教師がカリキュラムの改善について提案し、決定に参加し、仕事を分担しながら、改善の成果を確認する。「力のある」教師が異動すると、そのカリキュラムが学校から消えてしまうことが多い。これは「教師につくカリキュラム」である。そうではなく、各学校に定着するカリキュラムを創ることが、学力を保障する道である。

この道は、カリキュラム・マネジャーが変わっても、別の人物がそれを引き継いでバージョン・アップを繰り返していくカリキュラム評価の道である。カリキュラム・マネジメントでは各学校が積み上げた実績がものを言う。一〇年はかかる仕事である。だから、新人や異動してきた教師にはこの実績を申し送る必要がある。そこで、校内研修としてプログラム化し、評価のスキルを習得できるように図りたい。カリキュラム評価は教師を再教育する活動である。

カリキュラム評価は旧来の教師文化を変える挑戦である。教師文化のもつ「負の遺産」を考えるとき、とくに是正すべき点は、第一に教師が横並びする際に設定する基準線であり、第二に相互不干渉の限度である。これまで教育実践の達成水準を校内の「最低ライン」に合わせる傾向があった。「保身に走る」傾向が教師文化の問題点である。教師の「同僚性」が教育力を高める上で機能するとは限らない。それを機能させるには組織戦略を立てる必要がある。カリキュラム評価はその可能性を十分もっている。これが過去のフィールド・ワークから得た筆者の結論である。

おわりに

これまで日本の学校は履修原理によって教育課程を編成してきたけれども、今後は修得原理の考えが強まるだろう。「確かな学力」政策は児童・生徒の原級留め置きまで踏み込む内容ではないが、学力の低下を招いている学校は、公教育の役割を果たしていないとみなされて、対外的に説明を求められる。その際、客観的なデータをもとに原因を説明し、対処策を具体的に提示できなければならない。アカウンタビリティの訳には「言い訳」や「弁解」というニュアンスも含まれている。各学校が妥当で信頼のおける「言い訳」ができるかどうか。説明義務以上に、説明能力が問われる。

カリキュラム評価による改善の進め方は学校によって多様であってよい。その基本線は、「わが子を通わせたいと思える」学校にすることではないだろうか。教師が保護者の立場であれば、子どもの学力を保障してくれる学校を望むだろう。学校選択の幅が見直される中で、各学校は「保護者に選ばれる学校」を追求しているが、その答えを探しあぐねているようにも見える。

カリキュラム評価は「舞台裏」の地道な仕事である。このため、学校評価の「表舞台」に出る機会は少ないが、しかし、表舞台は裏舞台によって支えられている。このことを十分に理解して、カリキュラムを改善する方策を考えたい。「総合的な学習の時間」はその試金石である。カリキュラム評価では、教師の個人技でなく、学校全体の組織力が試される。学校評価において授業を含むカリキュラム評価をどう位置付けられるか。この点が、各学校の組織力を発揮するための大きな課題である。

注

(1) 本章の内容は、田中統治「学校経営を支えるカリキュラム評価とは何か」、「日本の学校評価に必要なカリキュラム評価とは何か」、「カリキュラム・マネジメントに生かすカリキュラム評価の視点」、（田中統治編『カリキュラム評価の考え方・進め方』（教職研修一二月号増刊）教育開発研究所、二〇〇五、八―一一頁、四八―五一頁、五四―五七頁所収）を再構成し、加筆・修正を加えたものである。

（2）　D・ハミルトン著（1989）、安川哲夫訳（1998）『学校教育の理論に向けて』世織書房。

（3）　高間邦男（2005）『学習する組織――現場に変化のタネをまく』光文社新書。

第二章　カリキュラム評価の理論と方法

根津　朋実

「子供が正しい答えをするごとに、すぐ幾切れかのチョコレートを与えることにより綴字の得点をよくするのも一つの方法である。しかし、そのような実践が社会的に望ましいかどうか、道徳的に正しいかどうか、あるいは結果として子供を駄目にしてしまいはしないかどうかを判断することは全く別のことである(1)」

はじめに

本章は、カリキュラム評価の理論と方法とを粗描するものである(2)。

冒頭に示した引用文は、『カリキュラム開発の課題(3)』と題する報告書中、当時イリノイ大学教授であったアトキン（Atkin, J. M.）のペーパーによる。本章での筆者の主張は、この引用文の指摘に凝縮されている。すなわち、学習者の得点を向上させる手段と、その手段自体の社会的な望ましさ・道徳的な正しさ等とは、それぞれ異なる次元に属するがゆえに、別個に評価されなければならない、と。ここに、学習者の「成績」をもっぱら対象とする評価と、学習者に提供されるプログラム／カリキュラムそれ自体を対象とする評価との、決定的な違いがある。前者のみをもって、後者に替えることはできない。もし両者を代替可能とするならば、成績を上げるためには文字通り「何でもあり」になってしまうからである。

そこで、本章の課題を次のとおり定める。すなわち第一に、本章ひいてはこの本の関心事であるカリキュラム評価について、定義および研究の経緯を端的に示す(4)。第二に、カリキュラム評価の目的および方法について、世界的に著名な評価研究者スクリヴァン（Scriven, M.）の論に依拠しつつ、概説する(5)。第三に、近年注目されている学力調査を、カリキュラム評価に活用する際の留意点に言及する。以上の諸点をもとに、今後のカリキュラム評価のあり方について、結論を述べる。

1　カリキュラム評価の理論

（1）カリキュラム評価とはどういう営為なのか

カリキュラム評価を考える際、「カリキュラム」および「評価」という語について、その意味するところを明示する必要があろう。「カリキュラム」については、国家レベルの学習指導要領

(course of study) から、年間指導計画や学習計画、ひいては学習の履歴といった学習者の経験レベルに至るまで、豊富な定義が事典等で詳述されているので、詳細はそちらに譲りたい[6]。議論を進めるために、さしあたり、〈学習活動として開発された一連の内容と配列を有するもの・こと〉、としておく。

むしろここでは、そもそも「評価とはどういう営為なのか」という問いを考える。典型的な回答は「目標と現在とのズレを確認する作業」であるが、これは評価が持つ価値判断の機能を捨象した不完全な——しばしば無意味な——定義であり、速やかに更新されなければならない[7]。今日、学問としての評価 (evaluation) は、根拠 (evidence) をともなう価値判断である、とされる[8]。すなわち、評価は、「良いか、悪いか」、「悪かったら、どこを修正すれば良いのか」という問いに、データ等の根拠をもって答える営為である。やや詳しく定義すると、「評価とは、プログラム・製品・人物・政策・提案・または計画について、それらの形勢・価値・利点・値打・意義・または品質に関し、結論に至る根拠を収集し統合する、応用的な探究過程である[9]」、または「評価とは、利点、価値、意義を決定する手続である。ある評価 (*an* evaluation) は、この手続の産出物である[10]」となろう。

よって、カリキュラム評価とは、〈学習活動として開発された一連の内容と配列を有するもの・ことを対象とし、その利点、価値、意義を決定する手続き〉となろう。

したがって、ここでいう評価という語は、「彼の働きを前向きに評価している」といった日常的な意味や、「生徒のよい点や進歩の状況などを積極的に評価する」[11]といった立場からは、やや離れた位置にある。人間ドックの結果は、異常が見られなかった検査数値だけを記述するわけではない。同様に、学問としての評価は、必ずしも耳あたりの良いことだけを列挙する作業ではない。

評価は価値判断を重視する。ゆえに、ある観点にもとづき情報を整理する「分析」、情報を収集する「調査」、印象に基づく「批評」とは、明らかに区別できる。分析や調査に価値判断は不要であるし、批評は根拠の提示がさほど厳密ではないからである。ただし、この区別は、分析・調査・批評が評価にとって不要であるという主張へと直結するわけではない。むしろ、分析・調査・批評の諸結果を収集し、統合して、ようやく評価に至るのである。つまり、価値判断の根拠を示す必須の作業として、分析・調査・批評は位置づけられよう。

(2) 評価研究はどのような経緯を持つのか

評価は人類の歴史とともにある、という見解もあるが[12]、研究としての評価、とりわけ本章での関心事であるカリキュラム評価研究は、おおよそ一九五〇～六〇年代のアメリカの教育評価研究に源流をもつとみてよい。とくに一九六七年以降の数年間は、今日に続く評価研究のキー・タームが頻出しており、注目に値する[13]。いくつか例を挙げれば、構成的（形成的）評価／総括的評価（Scriven, M.）、「顔」モデル（Stake, R.）、ＣＩＰＰモデル（Stufflebeam, D.）、ゴール・フリー評価論（Scriven, M.）、鑑識眼モデル（Eisner, E.）などが挙げられる[14]。その背景には、一九五七年の旧ソ連による人工衛星スプートニク打ち上げ、その後のアメリカでの大規模な「アルファベット・カリキュラム」「新カリキュラム」の開発、およびそれらの評価への異議申し立て、という歴史的な経緯がある。[15]

今日でも、行動目標にもとづく評価論、構成的（形成的）評価[16]／総括的評価、アカウンタビリティ、相対評価／絶対評価、当事者評価／第三者評価等の論点は、教育研究に限らず、幅広い分野で議論されている。それぞれについて詳細を述べることは、ここでの目的ではない。英語圏が中心となるが、近年では評価そのものを扱った書籍が種々刊行されているので、そちらを参照されたい。[17]

評価を対象とする研究組織もまた、特定の分野によらずに組織されつつある。例として、アメリカではAEA（American Evaluation Association、全米評価学会）、日本では日本評価学会（Japan Evaluation Society, JES）を、それぞれ挙げることができる。いずれも、評価を各領域に固有の問題として扱うというよりも、評価それ自体を一つの学（discipline）とみなし、学際的に扱う傾向を端的に示す例と考えられる。

2　カリキュラム評価の目的と方法

（1）何のためにカリキュラムを評価するのか——カリキュラム評価の目的

カリキュラム評価に限らず、評価の目的は、「何のために」評価をするのか、という問いの形に集約できる。この問いへの答えとして、一九六〇年代に提唱された構成的／総括的評価という有名な古典的区分がある。(18) それぞれ、「改善のため」、「意思決定のため」と要約できる。

カリキュラム評価の場合、構成的評価の典型的な手続きは、カリキュラムを実施する当事者が、運用中のカリキュラムの問題点を発見し改良を施すため、受講者や関係者に簡単な「アンケート」やインタビューを実施する、といったものである。よく似た具体例として、機器等の日常的な点検作業をあげることができる。すなわち、機器等の調子を検査し、「フィードバック」を得て、修理の必要性や安全性の是非等を判断する手続きである。より学校教育に近い例としては、既習分野について教授者が学習者に実力テストを実施し、その結果をもとに誤った箇所を補習する手続きがあげられよう。

他方、総括的評価とは、ある対象に直接関わりを持たない人々が、当の対象を採用するかどうか、他の代替物との比較も含めて決定する、という類の評価である。総括的評価にあたる具体的な例として、各種の製品を購買する行動、入社試験、「コンペ」等があげられよう。いずれも、完成品の出来／不出来や入社希望者の適／不適について、消費者や雇用側等が種々の情報をもとに判断し、意思決定を行う営為である。また、保護者・子どもが各種の情報を参考に進学先を選ぶ場合も、総括的評価の例と考えられる。

カリキュラム評価の場合、〈A校の人々がB校のカリキュラムについて、諸情報をもとに吟味し、参考にする〉という例を想定できる。あるいは、カリキュラム開発が終了した時点で、開発の当事者が行う「反省」「総括」も含まれる。いずれも、評価活動が、すでに開発されたカリキュラムに直接影響を及ぼすことはないという点で、構成的評価とは異なる。

この通り、構成的評価と総括的評価との違いは「評価の目的」にあり、「途中段階のテスト」と「期末テスト」といった、単なる評価実施時点の違いを指すわけではない。(19)

(2) どのようにカリキュラムを評価するのか――カリキュラム評価の方法

評価の方法とは、つまるところ「どのように」評価をするのか、という手続き論である。ともすると、前述した評価の目的以上に評価の方法の議論が先行するきらいがあるが、結局は「どのように」という問いは手段に過ぎない。この点、カリキュラム評価においても、目的と手段とを転倒しないよう、十分に留意すべきである。さもないと、やみくもに調査を行って、膨大なデータを収集したものの、それらの結果をどう整理しどう提示すればよいのか、途方に暮れかねないからである。

カリキュラム評価には根拠となる情報やデータが不可欠である。それゆえ、評価者には必然的に一定の調査スキルが求められる。ここでいう調査スキルとは、倫理面やプライバシーへの配慮はもちろんのこと、基本的な統計処理、関係者へのインタビュー、各種の文書資料の収集と整理、観察記録の集積と処理といった、いわゆる社会調査のノウハウを指す。もちろん、評価活動で用いられる専門用語や各種のツールに関する実践的知識、およびデータを批判的に読み込む調査リテラシーもまた、必須であろう。(20)

このとき、数値によるデータを扱う、いわゆる量的な手法に固執する必要はない。ある種の報告書等に見られる「調査はなんでもアンケートで[21]」、「とにかく数値で、%で」という姿勢は、「科学的」という言葉の意味を明らかに取り違えている。なぜなら、一定の条件下では、事件の目撃証言や当事者による「語り」、および日記や業務日誌といったデータも、「質的データ」として「科学的」とみなされるし、かつ現実的に有用だからである。ただし、数値データに信頼性・妥当性が求められるのと同様に、質的データの扱いにも十分な配慮を要する。

カリキュラム開発のように、複雑かつ多面的な社会的営みを評価する場合、一つの手法に限定するのではなく、複数の手法を組み合わせる方が有用であろう。複数の手法を備えておけば、たとえ一つの手法がうまく使えなくとも、手の打ちようがなくなる事態だけは回避できるからである。

このとき、一人の有能な人物にすべてを委ねるよりも、異なるスキルを持つ人々からなる評価専門の組織を編制することが有益と目される。こうした「評価組織の編制」もまた、「どのように」という評価の方法に関する問いに含まれる。実施・運営組織と評価組織とを同一にすると、実施者・運営者にとって関心が高いデータを収集しやすくなる一方、都合の悪いデータが省略され、評価活動の形骸化を招くおそれがある。評価組織を実施・運営組織とは別個に設け、継続的に独立した状態におくと、第三者的視点からの評価が可能となり、客観性が確保される。しかし、こうした評価結果は、実施者・運営者の関心とは異質であるし、「耳の痛い」内容に終始する場合もあるため、長期的には実施・運営組織のモラール（士気）にかかわりかねない。つまり、「手前味噌」だけではまずいし、「岡目八目」ばかりでもうまくいかないのである。この場合、最初から複数の評価組織を確保しておく方法もある。(22)

ともあれ、最終的には、「良いか、悪いか」、「悪かったら、どこを修正すれば良いのか」という価値判断が求められる。この問いかけに耐えうるデータを収集できるよう、方法面への配慮が求められる。

3 評価結果の利用について
――学力調査をカリキュラム評価に活かすために

近年、学校教育の分野では、国内外の各種の学力調査が実施されている。これらの学力調査は、学習環境の改善に加え、学習内容の見直しを意図する目的が主である。したがって、学力調査はカリキュラム評価の一部を成すといえる。各種の学力調査は、表向きは試験や学力「検査」ではない。つまり、児童生徒の学力ランキングを作成することが主目的ではないし、○○オリンピックといった類のコンテストでもない。いずれにせよ、調査結果をもとにある判断が下される点からみて、各種の学力調査はやはりカリキュラム評価の一種とみなせる。

各種の学力調査は、実施手続きもさることながら、その結果の扱いもまた、今日的な議論となっている。たとえば、当該学年の悉皆調査で行われるはずだった全国学力・学習状況調査（二〇〇七年四月開始）において、愛知県犬山市が独自の判断で参加を見合わせたことは、記憶に新しい。また、自治体レベルで実施した学力調査の結果によって各学校のランキングを作成し、各学校への予算配分を調整する構想[23]や、学力調査の結果を教育委員会が校名入りでインターネットに公表する意図[24]等も、それぞれ調査結果の扱いにかかわる事例である。

そもそも、評価結果・過程等の情報を「公開」することと、それらを「全開」にすることとは、まったく異なる。学力調査のランキング結果による予算配分を構想した教育委員会には、報道発表後に「抗議が殺到」したという[25]。評価に関する情報公開は、評価の目的を考慮しつつ、公開後に多方面でひき起こされうる事態まで想定して、慎重に行う必要がある。また、今日では、調査と同様に、評価に関する情報公開にも、倫理的な配慮が求められる状況にある。よって、そもそも「評価対象としない」、あるいは「評価したが、公表時の影響を考慮して結果は公開しない」という意思決定もまた、カリキュラム評価を含む教育評価においては、十分にありうる。この点、「全開」は、やや問題のある開示手続きと言わざるを得ない。

「公開」とは、文字通り「公」を意識して開示する手続きであろう。とすると、この意思決定は、評価に携わる個人の単位では明らかに限界がある。そこで、組織内に調査（ひいては評価）を専門に行う、評価機関の設置がやはり必須となる。パソコンや統計に強い個人のみに評価結果や調査データを占有させている状況は、セキュリティ面もさることながら、公開性という観点からみた場合、危険きわまりない。前節の（2）で提案した評価組織の編制は、評価結果に関する情報公開という観点からも、支持されるだろう。

4　今後のカリキュラム評価のあり方

ここまで、粗略ではあるが、三つの課題を扱った。これらの結果をもとに、今後のカリキュラム評価のあり方について、結論を述べる。

（1）「カリキュラムを評価する」という発想を

すでに指摘した通り、カリキュラム評価は学習者のパフォーマンスだけを対象とするわけでは、断じてない。学習者に対し提供されるカリキュラム、そのカリキュラムの開発手続き、およびその実施に携わるスタッフの取組みもまた、評価の対象となりうるからである。この点、冒頭に示したアトキンの言は、今日でもなお示唆に富む。学習者のパフォーマンスのみに特化した評価は、パフォーマンスの高低を全面的に学習者に帰属させかねない。そこには、「我々の教え方や内容には問題がないはずだ」という、教える側の一種の思い込みが見え隠れする。はたして、「わからなくなるように我々が教えてしまっている」可能性は、本当にないのだろうか。これは一教員として自省するところでもある。また、くり返し述べてきたように、結果的に学習者のパフォーマンスを向上させれば何をやってもよいのか、という問題にも配慮しなければならない。公的機関が行った学力調査において、「過去問による練習」や「同意手続きを経ないデータの除外」といった事態が起こったことは、記憶に新しい。

現実には、適切にカリキュラムが提供されないと、学習者は十分な成果をあげることができない場合すらありうる。一例をあげる。学力低下という点からいわゆる「ゆとり教育」が巷間批判されて久しい。が、〈そもそも「ゆとり教育」は十全に行われていない〉、〈学力低下は「ゆとり教育」の理念ではなく運用面の不備に起因する〉、という見方もできる。大規模に発生した高等学校の「未履修」問題が好例である。

このとき、いくら学習者を対象とした評価の手続きを精緻化しても、現実的な意味は薄いだろう。むしろ注目すべきは、カリキュラムそれ自体を実施・運営する手続き、そのものだからである。したがって、カリキュラム評価に先立ち、「評価＝学習者に対するテスト」という思い込みや先入観がないかどうか、前提となる認識の確認が必須であろう。

また、授業評価とカリキュラム評価とは別次元にある。[26] 個々の授業評価の総和は、必ずしもカリキュラム評価と同一ではない。行政用語としての教育課程を考えてみても、教科外活動や生徒指導に言及しない「教育課程評価」は、まずありえない。ややもすると、カリキュラムを各教科・分掌に分割し、各部分の評価がよければ全体も問題ないはず、と考えがちであるが、これは、いわゆる「合成の誤謬[27]」にほかならない。ラジオの部品それぞれに何も問題はなくとも、配線図がおかしければ、やはり「故障」なのである。ゆえに、カリキュラム評価を行う際には、個々の授業等を超えた全体に目を向けるとともに、それらの授業等を可能としている人々の関係、つまり組織にも、目を向けなければならないのである。

（2）カリキュラム評価の目的を明確に

果物ナイフを購入する場合を考えてみる。果物ナイフという道具自体は、暴力や犯罪に直結するわけではない。果物ナイフそれ自体は、故意ではなくとも、取り扱いによっては十分危険な道具と化す。しかしそれ以上に問われるのは、果物ナイフを購入する人間の「動機」であろう――こうした性質は、他の製品、たとえば自動車や医薬品にもあてはまる。問われるのは、その道具を用いる「人間の意図」、つまり目的意識なのである。

評価という営為もまた、果物ナイフや自動車や医薬品と変わるところはない。しかも、評価は万能薬では決してなく、むしろ「取扱注意の劇薬」であると筆者は考える。文字通り、「毒と薬は紙一重」なのである。ただ評価を行えばよい、というわけではない。ましてや、精緻な方法を用いているから優れた評価である、とは到底言い切れない。評価の目的、すなわち「何のために」という意識が希薄なまま評価活動が進むならば、どれだけ分厚い報告書を残しても無意味である。それどころか、目的意識の点で吟味不十分な評価活動は、現実的には害をなす場合すらありうる。

以上の議論から示唆される通り、カリキュラム評価において「何のために」評価をするのかという問いは、「どのように」評価をするのか、という問いよりも、確実に優先されるべきである。もちろん、現実的には、時間的に「どのように」にあたる活動が「何のために」という問いに先行して行われる場合も、十分にありうる。とくにカリキュラム評価を目的とせずに、資料や情報を収集している場合が、それにあたる。たとえその場合であっても、カリキュラム評価の実施を決定した段階で、「何のために」という問いに対し、明確に答える努力が求められる。その答えを検討しつつ、調査活動から評価活動へと、担当者の意識を切り換える必要があろう。

(3) 評価の方法――チェックリスト法の提案

ここまでの二つの論点は、「カリキュラム評価のあり方」として、いわば前提に属する部分であり、抽象的な論にとどまる。そこで、「では、どのようにすればよいのか」というきわめて実践的な関心に対し、荒削りではあるが筆者なりの回答を例示する。

近年、筆者が注目するカリキュラム評価の方法として、チェックリスト法(checklist method)があげられる[(28)]。前述した通り、「評価=学習者に対するテスト」、あるいは「調査はなんでもアンケートで」、「とにかく数値で、%で」という先入観は、なお非常に根強く持たれている。こうした先入観の対極にある方法が、チェックリスト法といえる。対比的に表すならば、「評価=カリキュラムに対する点検」、「人から話を聞くのも評価のうち」、および「数値や%ばかりがデータじゃない」、となろうか。

表2-1は、スクリヴァンのチェックリストを参考に、筆者がカリキュラム評価のために作成し

表 2-1　日本版カリキュラム評価のためのチェックリスト

1	（記述）	評価を行うカリキュラムは、どういうカリキュラムなのか？
2	（背景および文脈）	なぜこのカリキュラムを実施しようとしたのか？ 　また、このカリキュラムにより何が意図されているのか？
3	（消費者）	このカリキュラムは、誰に直接はたらきかけるのか？ 　また、間接的には誰が影響を受けるのか？
4	（資源）	このカリキュラムを実施するにあたり、必要を感じているものは何か？
5	（価値）	このカリキュラムの目標は何か？
6	（過程）	目標を達成するための、カリキュラム上の手続はどのようなものか？
7	（結果）	このカリキュラムの結果はどうだったか？ 　また、それをどのように把握したのか？
8	（コスト）	このカリキュラムに、どのくらい＜お金、時間、人手、会議、場所、手間＞をかけたのか？
9	（比較）	このカリキュラムの替わりになるものはあるのか？ 　また、他校の実践等と比べてみたか？
10	（一般化可能性）	他の学校でこのカリキュラムを実施できると思うか？ 　またそれはなぜか？
11	（意義）	以上の 1〜10 からみて、このカリキュラムは 100 点満点で何点か？
12	（改善点）	どこをなおすともっとよくなると思うか？ 　また、どこが優れていると思うか？
13	（報告の機会）	このカリキュラムはどういうやり方で外部に報告されるのか？
14	（メタ評価）	以上の 1〜13 の評価結果を、他に評価する人は誰か？

使用法
・各チェックポイントとも、短文で回答する。
・判断の根拠としたデータを適宜添付することが望ましい。
・チェックポイント 1〜10 については、各 10 点満点で点数もあわせてつける。その総計をチェックポイント 11 として加算し、かつコメントを付す。
・チェックポイント 1〜11 までは必須であり、12〜14 は任意である。

たチェックリストである。[29] 言うまでもなく、表に示したチェックリストは、カリキュラム評価の道具に過ぎない。この道具を、何のためにどう使うかという点こそ、重要かつ配慮が必要である。

筆者はこのチェックリストを用いて、高等学校の「総合的な学習の時間」のカリキュラム開発を総括的に評価した。[30] その際には、このチェックリストをそのまま用いるのではなく、実践者である教員向けに「現場用語」を交えて改編した版も、あわせて用いた。そして、教員によるカリキュラム評価の結果と、筆者によるカリキュラム評価の結果とを照合し、大きな齟齬がないことを確認した。この照合作業を欠くと、筆者の独断と偏見に終始するおそれがあるからである。

なお、他の分野で表に示したチェックリストを用いる場合には、それぞれの分野に応じた改編が必要となるだろう。表中では「カリキュラム」や「学校」としている部分を、それぞれ「ボランティア活動」、「上半期の施設運営」、あるいは「今年の職員研修」などと読み替え、読者の関心にあわせたチェックリストを作成し、試行してみることもできる。今まで行ってきた調査や評価活動の結果を無理なく適用できると同時に、あまり意識してこなかった評価の観点に気付く契機になるかもしれない。

おわりに

本章では十分論じきれなかった点を二つ、記しておく。

ひとつは、実践者が有する「カンとコツ」をどうカリキュラムのレベルで評価するか、という問題である。実践者がカリキュラム開発を通じて何となくわかっていることや、実践者間で暗黙の了解としている事柄について、調査ひいては評価は、意識化し言語化する契機をもたらしうる。もちろん、耳あたりのよいことばかりではないだろうが、実践の意外な良さや巧みさ、そして豊かさを、実践者にも部外者にも提示できる可能性がある。この点、カリキュラム評価と、実践知・暗黙知といったキー・ワードとを結びつけて検討する余地は、大いにあると思われる。

もうひとつは、評価活動が盛んになると、「評価の評価」が求められる、という点である。この世に唯一絶対の評価手続きがない以上、カリキュラム評価の質、ひいては評価者の質を高めていくためには、「Aが行った評価を別の評価者Bが評価する」という手続きが不可欠である。つまり、実験結果の追試と同様に、カリキュラム評価の結果もまた、「追評価」されうる。これは、「メタ評価」と呼ばれる。[31]ということは、「追評価」に耐えるだけの十分なデータが、カリキュラム評価にもやはり求められるわけである。

注

（1）アトキン（1975）一五九頁による。
（2）本章の内容は、根津（2007）を大幅に再構成したものである。
（3）このセミナーは、一九七四年三月に、ＯＥＣＤ-ＣＥＲＩ（経済協力開発機構、教育研究革新センター）と文部省とが協力して開催された。報告書は、文部省（1975）として刊行された。カリキュラム研究においては、教育課程よりも幅広いカリキュラム概念の提起、「学校に基礎をおくカリキュラム開発」(School-based Curriculum Development, SBCD) ならびに「目標にとらわれない評価」goal-free evaluation の紹介、および「工学的接近」対「羅生門的接近」の区分の提案、などの諸点で、今日でもなお重要な研究上の意義を有する。

(4) カリキュラムとプログラムとの違いを詳述することは、ここでの目的ではない。評価研究においては、通常、カリキュラムは学校教育におけるプログラムの一種とされ、プログラムがより広い概念とされる。以下の叙述では「カリキュラム評価」に表記をそろえるが、内容的にはプログラム評価研究に多くを負う。

(5) スクリヴァンの人物像については、根津 (2006) 二七五―二八九頁を参照のこと。なお、スクリヴァン教授は、(財) 国際開発高等教育機構 (Foundation for Advanced Studies on International Development, FASID) および外務省が開催した国際シンポジウム「開発途上国における効果的援助のための評価の役割」(二〇〇七年七月一〇日、於国際連合大学) に講師として招聘され、初来日した。そのおり、チェックリスト法および goal-free evaluation が紹介され、参加者の強い関心を呼んだ。

(6) たとえば、日本カリキュラム学会編 (2001) 一―四頁を参照のこと。

(7) 評価を「目標と現在とのズレを確認する作業」とする定義は、一九七〇年代以降、スクリヴァンが批判してきた。根津 (2006) 六九―七四頁を参照のこと。

(8) 類語として、assessment を評価と訳す場合もある。アメリカ合衆国とイギリスとの違いはもちろん、アメリカ合衆国内であっても、分野や立場の違いに起因する用法の違いがある。ここでは、evaluation を中心に扱うこととする。詳細は、根津 (2006) 三〇頁を参照のこと。

(9) Fournier (2005) 一三九頁による。

(10) Scriven (2007) 一頁による。これは、注 (5) に記した国際シンポジウムで発表された論文である。

（11）文部科学省（2004）一二頁。

（12）Shadish and Luellen（2005）一八三頁による。

（13）Guba and Lincoln（1989）三〇—三一頁による。

（14）注（13）に同じ。

（15）注（13）に同じ。

（16）formative evaluation を形成的評価と訳すか構成的評価と訳すかは、一九七〇年代から議論がある。詳細は、根津（2006）九五—九六頁を参照のこと。

（17）本章で頻繁に参照した Scriven（1991）、Mathison（2005）が好例である。翻訳されたものでは、Patton（1997＝訳 2001）がある。日本では吉田（2006）がある。

（18）Scriven（1967）による。あわせて、根津（2006）九二—一〇一頁を参照のこと。

（19）注（16）を参照のこと。この点、吉田（2006）一一〇—一一五頁の見解は、日本での歴史的経緯をやや看過していると思われる。

（20）谷岡（2000）を参照のこと。

（21）用語「アンケート」に関する議論は、佐藤（1992）四六—五一頁を参照のこと。

（22）この点については、根津（2006）二五六—二六四頁を参照のこと。

（23）たとえば、東京都足立区の例があげられる。二〇〇七年一月二三日、Yomiuri Online による。

（24）たとえば、大阪府枚方市の例があげられる。二〇〇七年二月二一日、Yomiuri Online による。

（25）注（23）に同じ。

（26）根津（2006）一二三—一二六頁を参照のこと。

（27）濵嶋他編（1997）一七二—一七三頁を参照した。

(28) 根津（2006）一八一—一八七頁で先行研究を検討した。
(29) Scriven（1991）二〇四—二一〇頁等を参考に、独自に作成した（根津 2006）一八七—一九三頁。なお、Western Michigan University のホームページより、スクリヴァンによるチェックリストの最新版（二〇〇七年二月）を入手できる（http:// www.wmich.edu/evalctr/checklists/kecfeb07.pdf）。
(30) 詳細は、根津（2006）一九三—二四八頁を参照のこと。
(31) Scriven（1991）三二八—三三一頁、Scriven（2005）を参照のこと。

参考文献

アトキン、J・M（1975）「カリキュラム開発における教授・学習過程と評価」文部省 大臣官房調査統計課『カリキュラム開発の課題』（カリキュラム開発に関する国際セミナー報告書）、一五四—一六一頁
Fournier, D. M.（2005）“EVALUATION”, in Mathison, S.（ed.）, *Encyclopedia of Evaluation*, Sage, pp. 139–140
Guba, E. G. and Lincoln, Y. S.（1989）*Fourth Generation Evaluation*, Sage
濵嶋朗・竹内郁郎・石川晃弘編（1997）『新版 社会学小辞典』有斐閣
Mathison, S.（ed.）（2005）*Encyclopedia of Evaluation*, Sage
文部省 大臣官房調査統計課（1975）『カリキュラム開発の課題』（カリキュラム開発に関する国際セミナー報告書）
文部科学省（2004）『高等学校学習指導要領』（平成一五年一二月 一部改正）
根津朋実（2006）『カリキュラム評価の方法 ゴール・フリー評価論の応用』多賀出版

根津朋実（2007）「カリキュラム評価研究の立場から見た福祉教育・ボランティア学習の評価」『日本福祉教育・ボランティア学習学会年報』Ｖｏｌ・12

日本カリキュラム学会編（2001）『現代カリキュラム事典』ぎょうせい

Patton, M. Q. (1997) *Utilization-Focused Evaluation* (3rd ed.), Sage.＝パットン、M・Q著　大森彌監修　山本泰・長尾眞文編（2001）『実用重視の事業評価入門』清水弘文堂書房

佐藤郁哉（1992）『フィールドワーク』新曜社

Scriven, M. "The Methodology of Evaluation", in Tyler, R., Gagné, R., &Scriven, M. (1967) *Perspectives of Curriculum Evaluation*, Rand McNally & Co., pp. 39-83

Scriven, M. (1991) *Evaluation Thesaurus* (4th ed.), Sage

Scriven, M. "METAEVALUATION", in Mathison, S. (ed.) (2005) *Encyclopedia of Evaluation*, Sage, pp. 249-251

Scriven, M. (2007) "The Nature of Evaluation", paper presented at FASID/MOFA International Symposium, "The Role of Evaluation in Enhancing Development Effectiveness" (United Nations University, Tokyo)

Shadish, W. R. and Luellen, J. K. "HISTORY OF EVALUATION", in Mathison, S. (ed.) (2005) *Encyclopedia of Evaluation*, Sage, pp. 183-186

谷岡一郎（2000）『「社会調査」のウソ　リサーチ・リテラシーのすすめ』（文春新書一一〇）文藝春秋

吉田新一郎（2006）『テストだけでは測れない！　人を伸ばす「評価」とは』（生活人新書一七六）日本放送協会出版

第三章　小学校英語カリキュラムの評価

金　琄淑

1　小学校英語[1]カリキュラムの評価をめぐる問題

本章では、「卒業生調査による小学校英語カリキュラム評価」を取り上げる。この研究は文部科学省指定の研究開発学校一校の事例を追跡調査したものである。小学生時代に英語を学ぶ経験は、その後の彼らの英語学習にどのような影響を及ぼしているのか。その答えを探るため、カリキュラム評価のもつ可能性と課題を考える。

日本では二〇〇二年度から小学校の総合的な学習の時間において、国際理解に関する学習の一環として外国語会話が導入され、二〇〇八年三月に告示された小学校学習指導要領の改訂では、小学校五、六年で週一コマ必修として「外国語活動」が実施されることになった。そこでは、「外国語を通じて、言語や文化について体験的に理解を深め、積極的にコミュニケーションを図ろうとする態度の育成を図り、外国語の音声や基本的な表現に慣れ親しませながら、コミュニケーション能力の素地を養う」(『小学校学習指導要領』二〇〇八、一〇七頁)ことが目標として掲げられている。公立小学校における英語の動向は、「国際理解に関する学習の一環」という位置づけは薄れて英語教育の方が強調されつつあるが、これまでの英語教育の研究からは小学校で英語をやらざるを得ない必然性を見出すことができない。白畑(2001)は、国際理解教育の指定を受けた研究開発学校の卒業生のうち、英語学習の有無によってグループ分けした中学校一年生を対象に、音素識別能力、発音能力、発話能力について調べた。その結果、二つのグループの間で英語運用能力はまったく変わらなかったという[2]。これは、小学校英語カリキュラムの効果は英語技能の側面だけでは明らかにできないことを意味する。

一方、韓国では、一九九七年度から正式に教科として小学校三年から週二時間の英語教育を実施してきた[3]。この間〝活動〟や〝遊び〟中心の指導、低学年から音声中心の指導を中心に英語教育が行われてきた。しかし、近年の早期英語教育の過熱現象は深刻な社会的問題となり、その実効性や副作用が多く論じられている。さらに、英語格差(English Divide:英語ができるかどうかで、その人の社会的地位や収入や仕事内容が左右されること)が深刻な水準に達している(韓国朝鮮日報、二〇〇五年一一月二二日)。

両国の小学校英語導入の仕方は、韓国の場合、FLES（Foreign Language in the Elementary School：基礎的な外国語運用能力（特に口語面）での習得、ならびに文化理解を目的とした「小学校外国語プログラム」）に、日本の場合、FLEX（Foreign Language Experience/exploratory：外国語・外国語文化紹介を行い、異文化への意識を高めることを主となる目的とした「外国語体験プログラム」）に、それぞれ近い。この導入の仕方の違いにより、小学校英語の効果に差異はあるだろうか。吉田（2004）は、韓国、日本、中国の高校生を対象に二〇〇三〜二〇〇四年、二回にわたって行われた生徒の英語能力の調査で、三か国の総合得点を構成する下位技能は各国に差（韓国はリーディングとリスニング、日本はライティング能力に優勢）があるものの、平均到達レベルはさほど大きな違いはないと分析している。[5] すなわち、韓国と日本の小学校英語の効果はそれほど変わらないということである。韓国における私教育の影響、および異文化理解を重視する日本の実践が英語運用能力を測るだけで教育効果を捉えきれないという状況を考えると、技能に重きをおく英語の成績のみをもって小学校英語カリキュラムを評価するのは、やや一面的である。小学校英語カリキュラムに関する先行研究は、立場論が多数で、データをもとにカリキュラム評価を行っている研究に乏しい。現在韓国と日本で必要なのは、英語教育の有無による効果ではなく、カリキュラムの問題として、学習内容の違い、活動の違い、指導体制の違いが生徒たちにどのような影響を及ぼしているかを詳細に検討し、カリキュラムを改善する手がかりを得ることだろう。したがって、丁寧な追跡調査と、特徴的な実践の内に一般化への示唆を見出すことが求められる。

カリキュラム研究の役割は、カリキュラムの特徴が生徒の学習経験にどう痕跡を残しているかについて、より深く細かく分析することである。これは、カリキュラム効果を生徒のカリキュラム経験から捉え、時系列的に分析する視角を提案している田中（2001）による。田中は、カリキュラムのもつ多層性に注目し、「教育意図と学習経験の乖離」を前提に、カリキュラムのもたらす流動的な「効果」を質的に解明する方法の一つとして、卒業生調査の有効性を強調している(6)。卒業生調査によるカリキュラムの事例分析は、小学校英語という分野についても有効であると考えられる。

そこで本章では、筆者が行ったA小学校の卒業生への質問紙調査を事例として取り上げながら、カリキュラムの影響・効果を概観する。

2　カリキュラム評価のための質問紙作りの方法

まず、小学校英語カリキュラム評価のための具体的な質問紙の作り方について述べる。カリキュラムの影響をみるためには、量的調査法である質問紙調査と、インタビュー調査を用いる質的調査法がある。これらの対象と方法の組み合わせは、調査の目的に合わせて相互補完的に考慮されるべきである。バトラー後藤（2005）は、日本、韓国、台湾の小学校英語の評価に関する研究を次のように分類しているが、アンケートや聞き取りによる研究が一番多いという(7)。

（1）アンケートまたは聞き取りによるもの（意識調査）
・中学に上がった生徒に小学校英語の経験を聞く。
・中学教師に、小学校で英語を経験してきた生徒の英語の習熟状況を聞く。
・保護者、校長などに小学校英語教育または英語教育政策に対する意見を聞く。
・小学校に英語の授業に対する興味、関心、意欲などを聞く。
（2）言語テスト結果をグループ間で比較したもの
・小学校で英語を経験した生徒と経験してこなかった生徒を中学で比較する。
（3）目標達成の度合いをみるテストを使ったもの
・カリキュラムに合わせたテストを作成し、目標達成の度合いを見る。

小学校英語の場合、英語能力の側面での効果を測定するのは難しいので、興味や関心などの情意的な側面を尋ねる方法として、質問紙調査が有効であろう。この場合、注意しなければならないことは質問の内容である。日本の場合、小学校英語カリキュラムが正式な教科ではなく、研究開発学校での多様な実践と教育特別区域での特色ある試みが行われているので、一律に同じ質問紙で調査をするのは有効ではない。質問紙を作成するにあたって配慮を要するのは、まず彼らが受けたカリキュラムを細かく分析し、それに対応した質問紙を作ることである。

筆者はA小学校の卒業生への調査のために質問紙を作成する際、数回A小学校に向かい実際の授業を観察した。かつ、予備調査として、A小学校の卒業生が多く通うB中学校の英語科教員に、面接調査（二〇〇一年八月二七日）を実施した。その結果、英語教員からみた小学校で英語を受けた生徒たちの変化には、①外国人に接したときに物怖じしなくなった、②聞く・話すことに抵抗感がなくなった、③英語の成績の面では過去と比べて変化がみられない、という傾向があった。一方、小学校で英会話を実施する際の課題と展望として、①中学校で十分な受け入れ対策ができていない、中学校側として小学校でどんな内容を勉強してきたかをもっと知る必要がある、②関心、意欲、態度に関する評価の工夫、③小学校での英語の取り組みが中学校の英語を変えていくだろう、という三点が挙げられた。この予備調査の結果をもとに、彼らが受けた国際理解に重点をおくカリキュラムの分析を行い、調査項目を作成した。質問紙の中でもっとも配慮したのは、技能中心の英語のテストで測定されない「生徒たちの物怖じしない、恥ずかしがらない態度、会話への抵抗感がないこと」を評価できる項目を設けることであった。これらの態度は、彼らが受けたカリキュラムの影響によるものだと考えたからである。以上の手続きを経て、A小学校の卒業生への第一回目の調査内容は、次の七つの事項で構成された。

Q１　異文化への関心と態度（一七項目）
Q２　はじめて中学校で英語授業を受けた時の感想（七項目）
Q３　中学校英語学習への意識（一六項目）

Q４　英語学習の動機（二一項目）
Q５　本人の性格と人間関係への積極性（二〇項目）
Q６　異文化への意識（七項目）
Q７　本人の特性と属性（一一項目）

項目数がやや多くみえるが、各事項には仮説を確かめる上で核になる質問が必ず存在する。例えば、Q１の異文化への関心と態度では、「サメの肉を入れたカレーを食べられるか」、「旅行先ではじめて会った人から話を聞いてみたいか」といった側面から、異文化への許容度を尋ねた。また、実践的なコミュニケーション活動への積極性を尋ねるために「外国人が地図を見ながら迷っているとき」、および「外国人に英語で話しかけられたときどうするか」という項目を、Q６では「英語・英米文化偏重」の傾向を尋ねるため、「外国人と友人になるのなら、英語圏の人がいい」などの項目を鍵になる質問として作った。いずれも、外国人との直接交流、会話を経験したA小学校の卒業生たちの異文化間コミュニケーションへの積極性を確かめるためである。

この種の質問紙調査は、一過性では意義が薄いので、丁寧に継続する必要がある。数回の調査により、ようやくみえてくるものもあるからである。

3　卒業生の追跡調査による事例分析

異文化理解力の育成を目的として出発した後、文字学習を導入して英語科へと推移したA小学校の英語カリキュラムは、卒業生たちに何らかの影響を及ぼしているのではないか。筆者はこう考え、ここ数年調査を実施してきた。本節では、①文字学習が英語学習にどのような影響を与えるのか、②外国人との直接交流は生徒たちにどのような影響を与えるのか、という問いのもと、二回の追跡調査の結果に限って紹介する。

(1)　調査の対象と方法

調査の対象は、C県のB中学校の生徒たちである。筆者が調査対象校としてB中学校を選んだ理由は、異なるタイプのカリキュラムを経験したA小学校の卒業生が在籍しているからである。A小学校はC県にある全校九七三名（二〇〇三年）の公立小学校であり、二〇〇八年の時点で四回目の文部科学省研究開発学校の指定を受けている。古くからの門前町として栄えてきた地域を校区とする学校で、商店街の子どもが多く、外に一歩出ると多くの外国人に出会うことができる環境である。

調査Ⅰは、B中学校の生徒三九〇名を対象に二〇〇一年一一月、留置法による質問紙調査を実施したものである。そのうち、A小学校の出身者は三〇一名（女子一五八名、男子一四一名、性別不明

表3-1　分析対象の特性

（　）は%

		調査Ⅰ	調査Ⅱ
学年	1年生	109（36.2）	90（31.4）
	2年生	96（31.9）	100（34.8）
	3年生	96（31.9）	97（33.8）
英語の成績	0〜60点	**137（45.5）**	**132（46.0）**
	61〜80点	85（28.2）	82（28.6）
	81〜100点	74（24.6）	69（24.0）
	不明	5（1.7）	4（1.4）
小学校での校外学習		（39.6）	（42.5）
中学校での校外学習		（52.2）	（57.1）
海外旅行の経験率		（34.0）	（32.7）

二名）であった。調査Ⅱは、同じくB中学校の生徒三六〇名を対象として、二〇〇四年三月に同様に実施した。うち、A小学校の出身者は、二八七名（女子一四六名、男子一三九名、性別不明二名）であった。調査Ⅰの結果に基づき、調査Ⅱの内容は、異文化への関心と態度、英語学習への意識と意見、中学校英語学習への意識、卒業生の回顧的評価などの六事項で構成された。

表３－１は、A小学校出身者に限って、調査対象者の概要をまとめたものである。注目すべきは、調査Ⅰ・Ⅱとも、英語の成績を〇〜六〇点と答えた割合が四五％を超えている点である。A小学校出身者の多くが、中学校の英語にやや不適応を起こしていることがわかる。

ここで、調査Ⅰ・Ⅱのそれぞれの時点で、卒業生たちが経験したA小学校の英会話学習の特徴についてふれておく。表３－２は、A小学校英語カリキュ

表 3-2　A 小学校英語カリキュラムの特徴

	第 1 期の研究開発（調査 I に対応）	第 2 期の研究開発（調査 II に対応）
目標	・身近に出会う外国人と簡単なコミュニケーションを進んでとることができる。 ・人と人との出会いを大切にすることができる。	
時数	週 1 時間（20 分間授業を週 2 回）	週 2.5 時間（20 分間授業を週 5 回）
指導体制	ALT、HT、JTE、ゲストの TT（ALT と HT との TT、ALT と HT と JTE との TT）	ALT、HT、JTE、ゲストの TT（ALT と HT との TT が週 3 回、JTE と HT との TT が週 2 回）
英語学習	・低学年：ゲームやリズム遊び中心 ・中学年：簡単な英会話と場面設定を組み合わせる ・高学年：実際に外国人とコミュニケーションを図ることができる会話や場面を設定	・低学年：ことばで遊ぶ。「聞く・話す」中心（1〜3 年生） ・中学年：会話で遊ぶ。文字にふれる（4 年生） ・高学年：会話を楽しむ、文字に慣れる ・全学年を通して、英語で歌う・踊る、英語を聞く、英語で演じる
文字学習		・4 年生：身近な単語にふれる ・5 年生：身近で必要感のある単語を読んだり書いたりする ・6 年生：身近で必要感のある単語やあいさつの文を読んだり書いたりする
国際交流活動	・外国人を招待してふれあい活動を楽しむ：学習した英会話を使ってみる場 ・○○活動：校外で外国人と直接英会話をさせる活動 ・授業で身につけた英語を使って、コミュニケーションを図ることが中心	・1〜4 年：交流活動（学校に外国人ゲストを招待してふれ合う活動） ・5,6 年：○○活動（校外で外国人と直接英会話をさせる活動） ・ハッピータイム：学校に突然訪れる外国人と一緒に楽しむ活動

注）ALT（Assistant Language Teacher：外国人指導助手）、HT（Homeroom Teacher：学級担任）、JTE（Japanese Teacher of English：日本人英語教師）、TT（Team-Teaching）。
表は A 小学校の研究開発実施報告書に基づいて、筆者が作成。

ラムの特徴をまとめたものである。A小学校のカリキュラムの特徴は、第一期（調査Iに対応）は国際理解を重視した「英語を通しての国際理解教育タイプ」、第二期（調査IIに対応）は文字学習を重視し教科化をめざした「国際理解の基礎として英語学習タイプ」と、明らかに異なる。

第一期では、二〇分間のモジュールを週二回という形態だった。学習活動として、低学年ではゲームやリズム遊び、中学年では簡単な英会話と場面設定を組み合わせ、高学年では実際に外国人とコミュニケーションを図る試みを行っていた。年に二〜三回行われる国際理解活動は、「英語授業で身につけた英語を生かしてコミュニケーションを図る活動」として、カリキュラムの中に位置づけられていた。特に、五、六年生において、校外で外国人と直接英会話をさせる活動が特徴的である。それ以外の交流活動は、外国人ゲストを招待してふれ合う、ALTと仲良くなるといった活動が中心であり、対人コミュニケーションの基礎として「Big Voice, Eye Contact, Open Mind」をカリキュラムの中に目標化していた。ただし、内容は多文化を強く意識しているものではなかった。

第二期では、第一期と同じモジュールを、週五回実施する形態だった。第二期の特徴は、週二・五時間の文字学習を含めた英語科のカリキュラムを、小学校のときに一〜三年間受けたことである。彼らが受けた文字学習の内容は、四年生の場合「復唱したり自分の名前を書く」、五、六年生の場合「文字と音声表現を連結してインプットする、絵や文字を手がかりにして英語をとらえる、音声と文字を結びつけて英語表現を理解したり、文字をみて言い方を想起する」といった活動が中心だった。カリキュラムの中で国際理解の位置づけが弱くなった分、A小学校で独自に作った学習教材

図 3-1　中学校英語学習への意識傾向の差違（調査別）

（上段は調査 I、下段は調査 II）

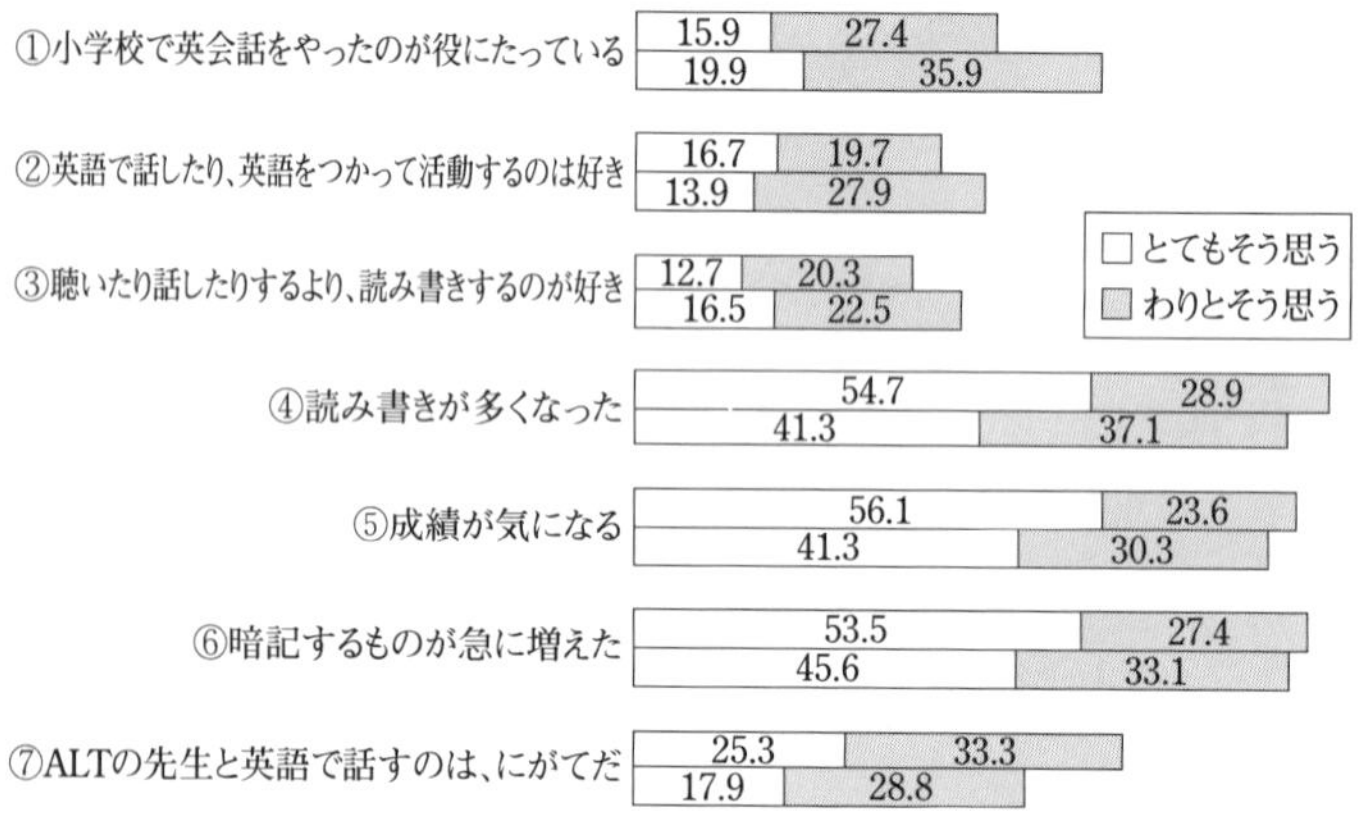
①小学校で英会話をやったのが役にたっている
15.9
27.4
19.9
35.9
②英語で話したり、英語をつかって活動するのは好き
16.7
19.7
13.9
27.9
③聴いたり話したりするより、読み書きするのが好き
12.7
20.3
16.5
22.5
④読み書きが多くなった
54.7
28.9
41.3
37.1
⑤成績が気になる
56.1
23.6
41.3
30.3
⑥暗記するものが急に増えた
53.5
27.4
45.6
33.1
⑦ALTの先生と英語で話すのは、にがてだ
25.3
33.3
17.9
28.8
□とてもそう思う
□わりとそう思う

注）数値は 4 件法のうち、「とてもそう思う」、「わりとそう思う」の百分比

（テーマブック）を使った、英語科中心の学習を経験したことになる。また、第二期の調査のとき中学一年生だった生徒たちは、継続的に中学で約一年間「小・中の連携を試みた英語科学習」も経験していた。

（2）卒業生への質問紙調査の分析

① 文字学習の影響

まず、「小学校で経験した英会話が中学校の英語学習に役立ったか否か」を尋ねたところ、調査Iでは四三・三％、調査IIでは五五・八％が肯定的に評価した。この一二・五ポイントの増は、文字学習を取り入れた英語科カリキュラムの影響と思われる。

図3-1は、中学校英語学習への意識を尋ねた一二の項目のうち、「とてもそう思う」と「わりとそう思う」の回答率において、調査I

表 3-3　中学英語初期に感じた困難度（全学年）

	発音		ALT		聞き取り		テスト		長文の読解		文法	
	調査I	調査II	調査I	調査II	調査I	調査II	調査I	調査II	調査I	調査II	調査I	調査II
全体	56.3	59.5	51.0	53.7	62.1	50.2	77.7	68.5	79.0	73.4	75.5	70.1
差	3.2		2.7		▲11.9		▲9.2		▲5.6		▲5.4	

注）数値は「とても難しい」+「わりと難しい」の百分比。「差」は、調査Iから調査IIを引いた値で、▲は減を示す。

とIIの間で差がみられる項目を示したものである。図中、項目①〜③にみられる通り、相対的に調査IIの対象者の方が、読み書きや会話に適応していることがわかる。中学校になって急に増える、④読み書き、⑥暗記、⑦ALTの先生と話すといった各項目にも、抵抗がやや少ない。これらの結果から、英語科カリキュラムを経験した調査IIの生徒の方が、中学校英語に適応しやすい傾向を示している。

次に、英語の技能面から文字学習の有用感の差異を調べてみた。表3-3は、中学一年生に進学した当初、英語の授業を難しいと感じたか、その程度を技能別に尋ねた結果である。「発音」と「ALTとのやりとり」は調査Iより調査IIで若干難しさを感じているものの、他は約五〜一〇ポイントの減であり、やや適応しやすくなっていることがわかる。

次に、文字学習の影響をより詳しく検討するため、小学校のときに三年間文字学習を経験した、B中学校の一年生に注目する。表3-4は、中学一年生が入学当初に感じた困難度である。全体的にみると、調査Iより調査IIでは、「聞き取り」「テスト」「長文の読解」について難しさを感じなくなっていた。しかしここでも、英語学習への困難

表 3-4　中学英語初期に感じた困難度（中学 1 年生）

	発音		ALT		聞き取り		テスト		長文の読解		文法	
	調査Ⅰ	調査Ⅱ	調査Ⅰ	調査Ⅱ	調査Ⅰ	調査Ⅱ	調査Ⅰ	調査Ⅱ	調査Ⅰ	調査Ⅱ	調査Ⅰ	調査Ⅱ
全体	55.0	58.9	48.6	54.4	53.2	42.2	84.4	75.5	70.6	67.7	67.0	74.2
差	3.9		5.8		▲ 11.0		▲ 8.9		▲ 2.9		7.2	

注）数値は「とても難しい」＋「わりと難しい」の百分比。「差」は、調査Ⅰから調査Ⅱを引いた値で、▲は減を示す。

表 3-4-1　中学英語初期に感じた困難度（中学 1 年生：男女別）

	発音		ALT		聞き取り		テスト		長文の読解		文法	
	調査Ⅰ	調査Ⅱ	調査Ⅰ	調査Ⅱ	調査Ⅰ	調査Ⅱ	調査Ⅰ	調査Ⅱ	調査Ⅰ	調査Ⅱ	調査Ⅰ	調査Ⅱ
男子	57.4	76.2	55.6	66.7	51.9	59.6	87.1	81.0	70.4	80.9	66.7	78.1
差	18.8		11.1		7.7		▲ 6.1		10.5		11.4	
女子	52.7	42.5	41.8	42.6	54.6	25.6	81.8	70.2	70.9	55.3	67.2	70.2
差	▲ 10.2		0.8		▲ 29.0		▲ 11.6		▲ 15.6		3.0	

注）数値は「とても難しい」＋「わりと難しい」の百分比。「差」は、調査Ⅰから調査Ⅱを引いた値で、▲は減を示す。

度の感じ方は、表３－４－１のように男女別にみると若干異なっていた。男子の場合、調査Ⅱにおいて、「テスト」以外すべての項目で約七～一九ポイントの増と、より難しさを感じていた。女子の場合、調査Ⅱで「文法」「ＡＬＴとのやりとり」以外の項目で、調査Ⅰと比べて大幅に難しさを感じなくなっていた。特に、「聞き取り」の困難度は二九ポイントの減と、目覚ましいものがある。

ここまでの結果から、文字学習を取り入れた英語科カリキュラムは、女子の場合、長文の読解や文法だけでなく、発音や聞き取りといった会話と関わる部分に影響を与えていることがうかがえる。一方、男子の場合、発音に代表される会話だけでなく、全般的により困難度を感じる傾向にあった。

また、塾や英語教室といった校外での英語学習の経験をみると、調査Ⅰと調査Ⅱの結果を通じて、全体で約四〇％とさほど変わらない。校外で文字学習を経験したり、英語の書物に接したりした者も、全体で約四〇％だった（調査Ⅱのみ実施）。ただし、これも男女別にみると、女子が約六六％、男子が約三三％であった。女子の方が男子よりも英語学習に困難を感じない背景の一つとして、校外で受けた文字学習等の影響も示唆される。

② 異文化意識の分化

次に、カリキュラムのタイプの違いが生徒の異文化意識にどのような影響を及ぼすのかを分析した。

図3－2に示す通り、調査Ⅰに比べ調査Ⅱでは英語の重要性（項目①）がより高く評価されていて、コミュニケーションへの積極性にも効果（④）がみられる。けれども、異文化学習の重要性（③）についての意識はより低く、やや「英米文化偏重」の傾向（①、②）がみられる。英語以外の外国語の学習意欲（⑤、⑥）は調査Ⅱで若干低くなる。これらの結果から、カリキュラム上の異文化学習の位置づけが、生徒たちの異文化意識に何らかの影響を与えていることが示唆される。このとき、前項で明らかになったように、異文化意識においても男女差がみられる可能性がある。

そこで、異文化意識に関わる各項目を男女別に集計した。表3－5は、男女差が一〇ポイント以上みられた項目を抜粋した結果である。異文化への許容度、異文化への興味・関心、他の外国語へ

図3-2　外国語や異文化に対する意識

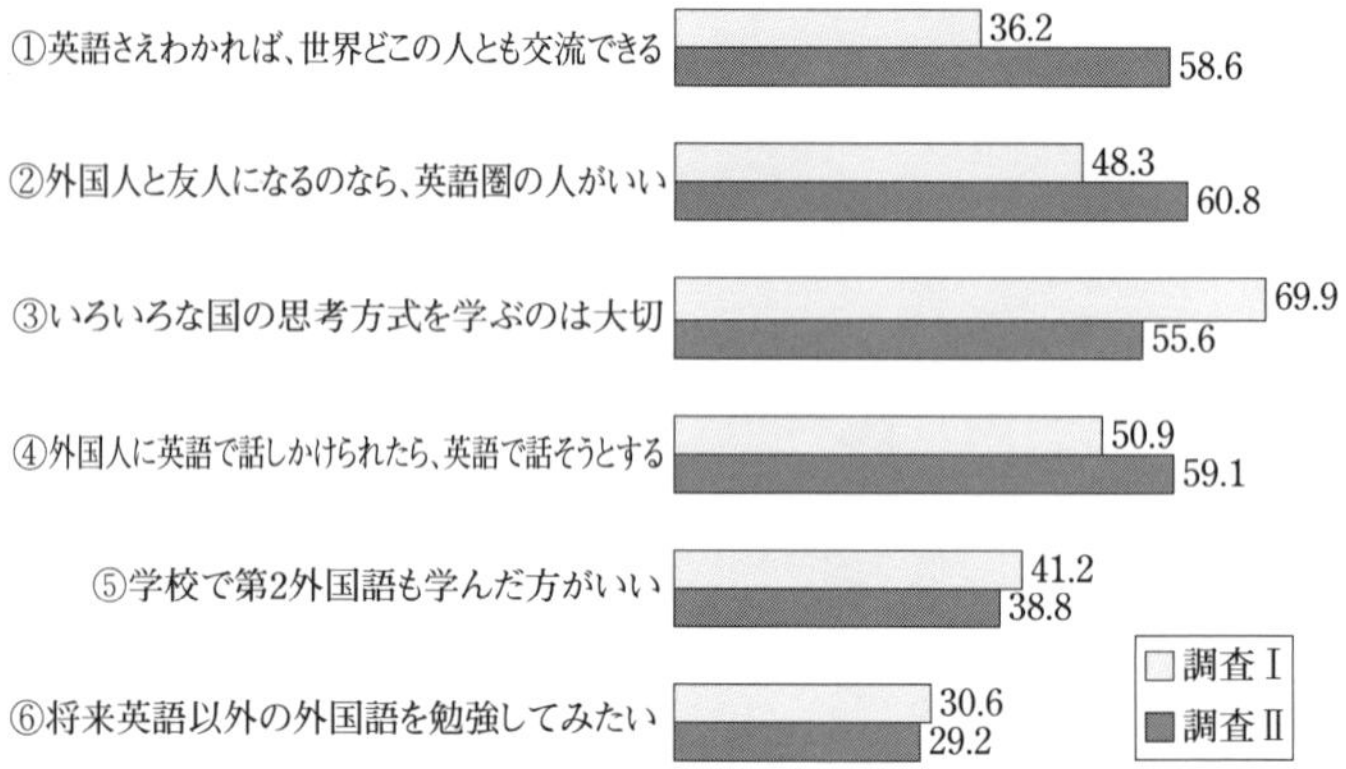
①英語さえわかれば、世界どこの人とも交流できる
36.2
58.6
②外国人と友人になるのなら、英語圏の人がいい
48.3
60.8
③いろいろな国の思考方式を学ぶのは大切
69.9
55.6
④外国人に英語で話しかけられたら、英語で話そうとする
50.9
59.1
⑤学校で第2外国語も学んだ方がいい
41.2
38.8
⑥将来英語以外の外国語を勉強してみたい
30.6
29.2
調査Ⅰ
調査Ⅱ

注）数値は、4件法のうち「とてもそう思う」＋「まあそう思う」の百分比

表3-5　異文化意識に表れた男女差（調査Ⅱの場合）

項　　目	男子	女子	カイ2乗検定結果
①英語以外のことばに興味がある	35.9	64.3	＊＊＊
②外国人と話している人をみるとあこがれる	56.1	77.4	＊＊＊
③学校で英語だけではなく、他の外国語も学んだ方がいい	28.0	48.9	＊＊＊
④外国人が転校してきたらすぐに話しかける	32.8	53.1	＊＊＊
⑤家で外国人をホームステイさせてみたい	9.6	29.0	＊＊
⑥もっといろいろな国の人々と交流してみたい	41.7	60.3	＊＊
⑦世界の人々の生活やものの考え方を理解したい	57.6	69.2	＊
⑧いろいろな国の文化を学ぶことは大切だ	50.7	61.0	＊＊

注）数値は百分比。＊＊＊ p＜.001　＊＊ p＜.01　＊ p＜.0.5

表 3-6　学年別にみた英語授業への満足度（調査Ⅱの場合）

	英語のゲーム	教科書やプリント	英語で話せたとき	外国の話を聞く	ALT の授業	最高値－最低値
全体	69.0	65.5	55.2*	48.6*	47.4	21.6
1 年生	77.3*	61.1	54.0*	43.8*	51.1	33.5
2 年生	70.0	71.0*	62.0*	51.0	51.1*	20.0
3 年生	59.8	63.9*	49.4*	50.5	40.2	23.7

注）数値は 4 件法のうち「とてもそう思う」＋「まあそう思う」の百分比。
＊は男女の差が 10 ポイント以上のもの（結果は割愛）。

の関心、及び学習意欲の諸項目で、男子より女子の方が肯定的だった。詳細は省略するが、こうした男女差は、調査Ⅰの時点ではあまりみられなかった。

Ａ小学校の卒業生が経験した異文化学習は、表３－２で示した通り、「校外で外国人と直接英会話する」「外国人ゲストを招待して触れ合う」「ＡＬＴと仲良くなる」といった国際交流活動が主な内容であり、調査Ⅰと調査Ⅱの対象者が学んだ内容はそれほど変わらない。ただし、文字学習が導入され、英語科カリキュラムになることで、異文化学習の比重がやや弱くなっている。カリキュラム上での異文化学習の位置づけの変化にともない、なぜ異文化意識において男女差が生じるのか、今後も検討を要する。

次に、中学校の英語への不適応者を減らすにはどのような工夫が必要かを明らかにするため、調査Ⅱで生徒たちに「楽しいと感じる」英語授業の特徴を尋ねた。その結果を表３－６に示す。全体では「英語のゲーム」、「教科書を利用した授業」が望まれることがわかる。学年別に分析すれば、上学年ほど教科書

表 3-7　英語授業への満足度（中学 1 年生）

（%）

	教科書	ゲーム	外国の話	ALT	英語で話せた	最高値—最低値
男子	60.4	68.4	42.4	43.9	47.5	26.0
女子	69.8	69.8	55.2	50.7	63.4	19.1
差	9.4	1.4	12.8	6.8	15.9	

注）数字は、4 件法のうち「とてもそう思う」+「まあそう思う」の百分比

中心の授業を望む傾向がみられる。とはいえ、ここにもいくつかの事項で男女差が認められる。

以下、小中連携の英語科カリキュラムを中学校で約一年間経験した一年生に注目し、授業の楽しさの感じ方を細かくみていく。まず、男女別に集計したところ、表3－7が得られた。全体的に女子の方が男子より英語授業への満足度が高い。ゲームを利用した授業は男女とも好んでいるが、異文化学習（外国の話）と英会話に関わる授業では、一〇ポイント以上の男女差がみられる。また、女子の場合、最高値の「教科書、ゲームを利用した授業」と最低値の「ALTとの授業」との差は一九・一ポイントである。男子の場合、最上位の「ゲーム」と最下位の「異文化学習と関わる外国の話」との差は二六・〇ポイントもある。

この学年の生徒は、小学校一、二年のとき週一時間、三年生から週二時間半の英語を学習して、四年生からは文字学習を行ってきた。女子の場合、中学英語にも適応し、英語の授業にも比較的バランスのとれた興味をもっている。しかし、男子は前述の表3－4－1と同様に中学校英語にあまりなじめない傾向がみられる。

表 3-8　英語授業への満足度（中学 1 年生：成績別）

(%)

	教科書	ゲーム	外国の話	ALT	英語で話せた
下位（0〜60 点）	59.9	71.3	41.2	42.4	48.9
中位（61〜80 点）	75.6	76.8	47.6	51.2	59.8
上位（81〜100 点）	65.2	55.1	62.3	52.2	62.3

注）数字は、4 件法のうち「とてもそう思う」＋「まあそう思う」の百分比

補足として、生徒たちに分かりやすい英語授業の工夫を自由記述で尋ねたところ、一年生の場合、「ゆっくりと、分かりやすく、楽しく、もっとゲームを、プリントを活用、映画を利用、ALTを活用してほしい」が全体の多数意見だった。男子の場合「単語練習を充実、単語の使い方を説明」、女子は「少人数で、身近なことを利用し、応用問題、外国の文化、食べ物、リスニング、発言機会を増やす、反復、復習、整理、身ぶり・手ぶり、TTの活用」という意見の違いがみられた。すなわち、男子は知識としての英語学習を望んでいる傾向があり、女子はスキルだけではなく多様な文化への関心に応えてくれる教育方法を望む傾向がうかがえた。

次に、英語授業への満足度と英語の成績（自己申告による）との関係はどうだろうか。表３－８は英語授業の満足度を成績別にクロス分析した結果である。すると、成績が上位の生徒たちは「教科書を利用した授業」、「異文化学習（外国の話）」、「英語で会話する授業」を六〇%台のほぼ同じ比率で好んでいる。成績下位の生徒たちはゲームをする授業を約七〇%が好む一方で、他の授業方法は四〇〜六〇%の満足度にとどまる。このように成績の区分の違いにより、楽しいと感じ

る授業方法は明らかに異なる。

ここまでの結果から、研究開発学校一校のみの卒業生を対象にした事例研究であるが、複数回の調査により、文字学習と異文化学習による教育効果の一部を明らかにできた。その一つは、適切な時期の文字学習の導入が「会話」と関わる基礎的部分に影響しているのではないかという点である。しかも、その受け止め方には男女差があることが示唆される。もう一つは、カリキュラムのタイプによって異なる異文化学習の位置づけ、つまりその比重のかけ方と単元構成が、生徒たちの異文化意識の特徴に影響を与える点である。ここでも性別や成績によってその受け止め方が違う。

では、これらの結果から導き出される課題について、A小学校・B中学校の教員たちは、どのように受け止めているのだろうか。

(3) 教員の調査結果の受けとめ方

筆者は、ここまでの調査の結果を二〇〇四年七月に教員四三人に報告した。そこでの調査結果に対する教員の話し合いは、現場において具体的に何が課題なのかを明らかにするためであった。また、教員に英語学習における男女差と英米文化への偏りに関する質問紙調査を行った結果、六五%の教員が英語学習での男女差を感じており、八一%の教員が各授業の中で先生が工夫すべきだと考えていた。次の自由記述の中にその様子がみられる。

「男子の方が意欲に欠けている様子がある」、「集中力が切れる生徒の大半が男子である」、「小学校高学年になると、ゲームを楽しむという点では男女差がないが、英語学習になると（どれだけ正確に身につけているか）すでに差が見られる」、「文字学習、英語に興味がない男子児童が多くなった」、「小学校低学年では、男子の方が積極的だが、集中力となると女子の方が高い。高度なことを求められると、男子はどんどん消極的になる」

また、異文化学習については、異文化に親しむ多様な学習の必要性を感じている教員は八五・四％であり、その中の三三・三％は工夫の仕方がわからないと答えた。自由記述では、「偏見のない国際理解が大切、アジア圏への興味ももたせること」など、異文化の多様性を強調する意見も多くみられた。この意識は、小・中学校英語カリキュラムの一貫性において具体化される必要があろう。それは、小学校段階から中学校段階への学習の連続性をどう生み出すかという課題に結びつく。これからの小学校英語カリキュラム開発は、小・中の連携による系統性ある単元作りが必要である。そのとき「異文化学習」は一つの鍵になるはずである。異文化学習の結果として何を目標にするのか考えたうえで、体系的なカリキュラム開発、教材の見直しなどが期待される。中学校において異文化学習の連続性を確保する努力は、今後小学校英語カリキュラムの成果を高める鍵になるのではないか。

以上の通り、複数回にわたる卒業生調査により明らかになった結果を教員へフィードバックすることで、小学校英語カリキュラムを振り返り、実践上の問題を整理する機会を得られた。さらに、その問題にどう対処すればよいか、教員自身に考えてもらうきっかけを提供することができた。このように卒業生調査の結果は、学校側にとってカリキュラムを改善していく上で、有益な実証的データになることがわかる。

今後も、継続的な調査及び卒業生へのグループインタビュー等により、カリキュラムの変化による効果の度合いをさらに明らかにする必要がある。今回の調査結果として出てきた、男女による英語の捉え方の差異も、継続的な調査によりカリキュラムのタイプによる影響であるかどうかをより詳細に確かめることができるだろう。

4　まとめ

本章では、卒業生調査によるカリキュラム評価を、①卒業生が経験した時期のカリキュラムを調査→②カリキュラムに関する質問紙を作成→③個人情報利用の了解を得る→④調査主体を明記し、郵送→⑤収集されたデータを分析→⑥調査結果のフィードバック、といった手順で行った。これらの手順を踏まえたカリキュラム評価は、学習者に経験されたレベルでカリキュラムの影響を解明できる利点がある。他方、現場の教員にとっては望外の結果も含め、必ずしも好ましいデータばかりが得られるわけではない。卒業生調査によるカリキュラム評価の課題は、得られたデータを多面的に読み取り、それをもとに改善点を探ることであろう。

特徴あるカリキュラム開発を行った学校が、卒業生を対象に追跡調査を行う場合、個人情報に配慮しつつ名簿を適切に管理しておく必要がある。さらに、学校側も研究者と協力し、継続的に調査を行うことで、経験レベルでのカリキュラム評価が可能になることを認識し、卒業生調査によるカリキュラム評価に積極的に取り組むべきであろう。

注

（1）日本では「国際理解の一環としての外国語会話」として始められており、現在も「外国語活動」の用語が使われているが、本章では「英語」と呼ぶ。

（2）白畑知彦（2001）「追跡――研究開発学校で英語に接した児童のその後の英語能力」『英語教育』一〇月増刊号、大修館書店、五九―六三頁。

（3）二〇〇一年から小学校三、四年生は週一時間に授業時数が減った。しかし、二〇〇八年の政権交代とともに英語教育が重要視され、二〇一〇年度からは小学校三、四年生の英語時数が週二時間に、二〇一一年度からは五、六年生の英語時数が週三時間に拡大される予定である。

（4）「英語圏へのホームステイや海外に行って、英語体験を楽しめる最低限レベル」である。

（5）吉田研作他（2004）「日・韓・中の英語教育の現状と今後の課題」『英語教育』大修館書店、五三（八）、六六―七二頁。

（6）田中統治（2001）「教育研究とカリキュラム研究――教育意図と学習経験の乖離を中心に」山口満編著『現代カリキュラム研究――学校におけるカリキュラム開発の課題と方法』学文社、二一一三三頁。

（7）バトラー後藤裕子（2005）『日本の小学校英語を考える――アジアの視点からの検証と提言』三省堂、二二五―二二六頁。

第四章　カリキュラム評価の常態化

佐藤　進

1　北条小の研究

（1）カリキュラムの歴史

館山市立北条小学校には、「北条プラン」という独自のカリキュラムがある。戦後まもなく着任した和泉久雄校長による「教育内容は子どもの現実生活から、生活そのものを取り上げ、その経験の原則をもって、生きた内容構成をなさねばならない」のスローガンのもと、コアカリキュラムの作成に着手したことに始まり、一九四九（昭和二四）年に全国公開研究会を実施した。発表された教育課程は、当時、川口プラン、明石プラン、桜田小プランとともに一つの特色を示すものだった。

戦後のこの時代は、それまで使っていた教科書がいたるところ墨で黒く塗りつぶされ、教科書の内容がわずかしか示されていない状況であった。このような時代背景から、学校独自のカリキュラムを作成する必要性に結びついていったのである。

その後、教科の細分化とともに、知識・技能の習得を徹底する時期がくる。そんな中、一九六四年にティームティーチングを提唱し、一九七二年には夏休みの学習を評価するために通知票の二期制導入を実施している。また、細分化された教科で教えるだけではなく、生きて働く力を育成すべきだという点に職員は着目する。その理念を具現化する学習を、北条小では「統合学習」として位置づけた（一九七七年）。これは、現在の総合的な学習の時間にほかならない。この頃の北条小では、教科学習の重点化と精選を徹底的に行い、同時に「統合学習」の理念と実践を北条プランに反映させ、定着させた。

このように、当時のカリキュラム「北条プラン」は、考え方にしても実践にしても、かなり独自色の強いものであったといえる。

北条小学校では、その後も独自の教育課程「北条プラン」の編集を継続し、二〇〇〇年には「北条プランⅨ」（自己実現と共生）二〇〇七年に「北条プランX」（生きることに有能な子）を刊行し、現在に至る。

（2）研究の内容

「たくましく現代に生きる子どもの育成」これは、北条小の不変の学校教育目標である。「現代」について、今現在の社会を様々な視点から分析的にとらえ、それをもとに「たくましく生きる」ための子ども像を模索し、人間像や学力観、それらを育む学校像を含めて教育理念としている。二〇〇七年現在、「生きたつながりを創造する子どもたち」という教育理念のもと、それを各教科で具現化し、実践を積み重ねている。そのため、北条小の研究に教科の制限はなく、学校生活全体を通して実践検証される。だからこそ、「北条プラン」はカリキュラムとして作成されるのであり、理念の具現化のために存在するのである。また、北条プランはカリキュラムである前に、学校のグランドデザインであるともいえる。それは、学校としての教育理念を描くことに始まり、それをもとに各教科の方針、そして単元の構想、単元構成まで、一貫した方針のもとに作成されているからである。作成されたプランは、その後数年間にわたっての教育実践の指針・よりどころとなる。

2　カリキュラム「北条プラン」の評価とその実践検証システム

（1）北条プランの評価（公開研究会）

完成した北条プランは、自主公開研究会の実践を通じて世に提案されている。公開研究会の評価を受け、また新たなプラン作成に取りかかる。そして数年後、実践が蓄積されて修正・更新されたプランは、更に一歩進んだ理念とともに提案される。そしてまた次のプラン作りへと進んでいくのである。次のプランへ進むためには、現行のプランを実践し、検証し、評価する過程が不可欠である。現在までプラン作成を継続して行うことができたのも、このような一連の過程がシステムとして確立されていたからだといえよう。それらのシステムについて、一つずつ具体的に述べていくこととする。

（2）カリキュラム管理室

北条小学校は、カリキュラム管理室と呼ばれる特別な部屋を二つ持つ。一つは、第一カリキュラム管理室と呼ばれ、教務主任や専科教員、ＴＴ教員などの担任外の教員の部屋となっている。これらの職員を本校ではカリ管職員と呼び、この部屋の職員をまとめるのは、カリキュラム管理室長と呼ばれる職員である。この部屋には、印刷機や教育機器などが置かれており、いわば北条小の心臓部である。後に詳しく述べるが、各学年や職員が印刷する原稿一枚とっても、それはプランに関わるものとして保管される必要がある。その管理を行っているのがカリキュラム管理室である。現在は北条小ＨＰ上のブログに関してもカリ管職員によって更新されている。さらに、各学年の動きを常に把握し、印刷の補助、学年の補助なども行っており、北条小にはなくてはならない部分である。

もう一つは、第二カリキュラム管理室と呼ばれ、この部屋は約四〇年前に創設された。この部屋には、学年・教科・月別に分かれた六六〇の棚がある。棚の中には、指導案・ワークシート・子ど

第１カリキュラム管理室（上）

印刷の原本を入れる棚（右）
使ったものはとりあえずここに一時保管される。第２カリキュラム管理室への納入は、反省後、プランチェック後に。簡単だからこそ、使えるシステムとなる。

もの活動記録、写真などが指導者の反省とともに納められている。

この六六〇の棚が創られた当初の大きなねらいの一つは、「指導の平準化」であった。初任の教師もひとたび子どもの前に立てば、質の高い指導を求められる。先輩が指導した資料がすぐに手に入ることで、その基礎を学ぶことができる。また、担当学年の実践についても、人に頼るのではなく、この部屋に行けば、前年度までの資料が手に入る。

このように、カリキュラム管理室は、実践した資料を職員の共有財産とし、自由に使えるというルールになっているのである。

この理念は、教員の資質向上、学校全体の系統性、学力を向上させる効果をもたらす。つまり、カリキュラム管理室の棚は、単に資料保管のための役割だけではなく、カリキュラムを開発、実践、評価・改善し更新していく営みに重要な役割を果

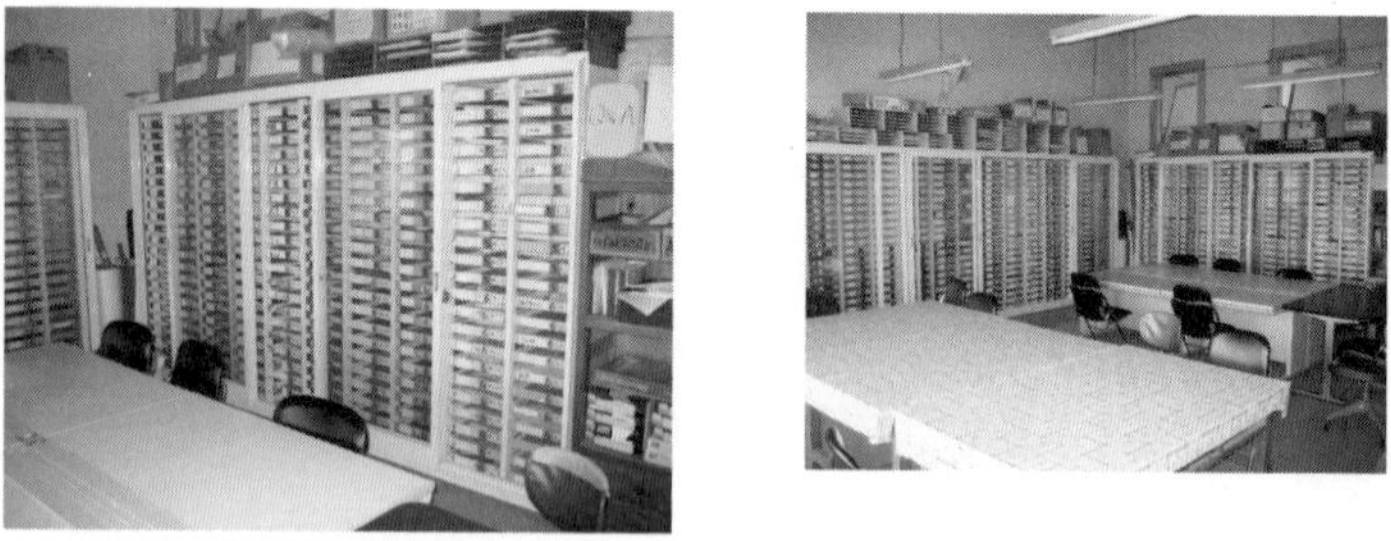

第2カリキュラム管理室
660の棚は、学年ごとに色が分かれている。さらに学年の棚は一つの列が教科ごとに分かれ、上から月別になっている。実践するために入りきらない教具や資料は、段ボールなどにまとめてある。

たしているのである。プランは、その営みの結果としての産物である。言い換えれば、プランが出来上がった時点でそのプランは修正の対象であり、修正されて蓄積された実践が積み重なってまた新しいプランへと生まれ変わるといえる。カリキュラム管理室は、これらが日常的に作用するためのシステム（ハード面）である。

（3）プラン実践検証システム

実際にカリキュラム管理室（以下、カリ管）の資料を使って、どのような営み（ソフト面）が行われているかをここで述べたいと思う。その営みは、学年会を中心としたプラン実践検証システムと呼ばれている。そのシステムのあらましを整理してみた（図4－1参照）。

◇PLAN◇　各学年三〜四名の教員は、それぞれが担当教科を分担する。現在は一人二教科程度である。その教科の担当者（以下、教科担当）は、カリ管に保管されている翌月の資料に目を通す。昨年度の実践の仕方や、使用した

図4-1　プラン実践検証システム

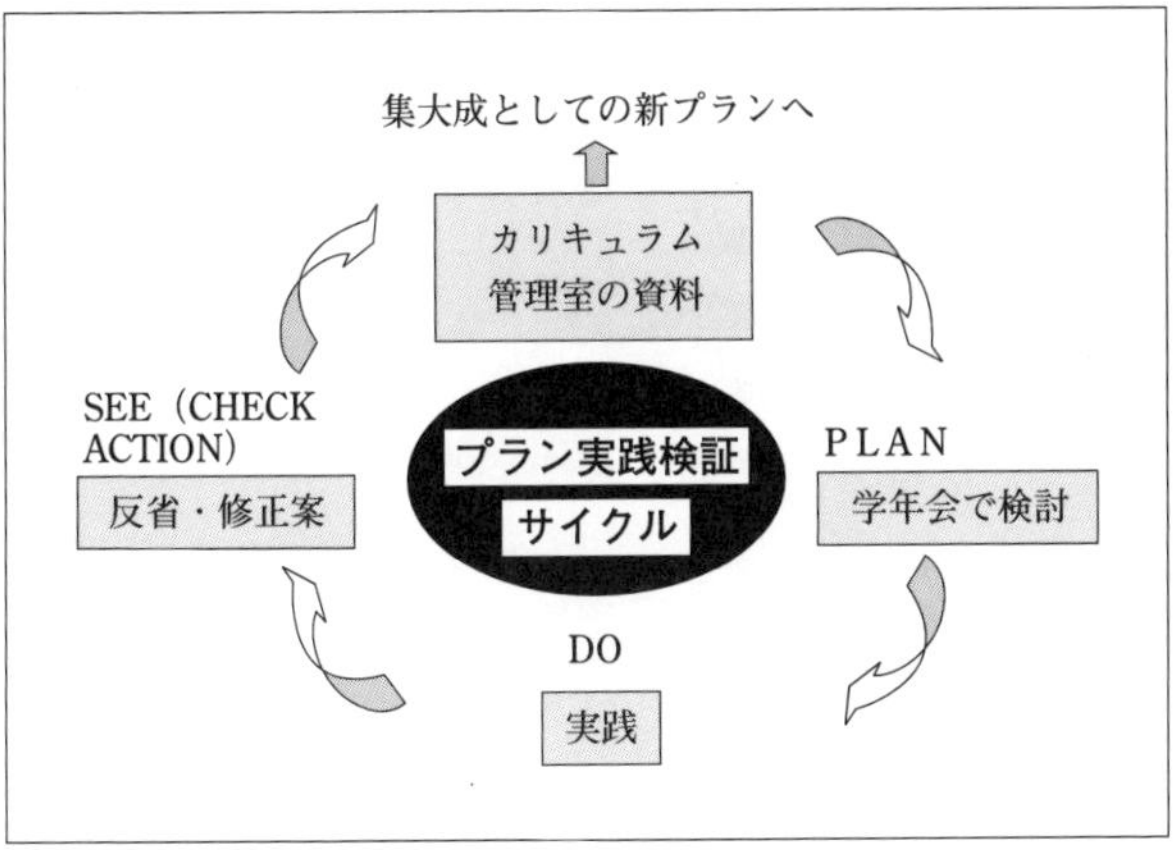

集大成としての新プランへ
カリキュラム
管理室の資料
PLAN
学年会で検討
DO
実践
SEE（CHECK
ACTION）
反省・修正案
プラン実践検証
サイクル

教材、ワークシート、そして反省と改善案を読む。そして、その年の指導計画を提案する。提案は、毎週金曜日に設定されている学年会で行われる。そこでは、提案されたものをもとに、子どもの実態と照らし合わせながら検討し、実践の仕方が決められる。これがPLANである。

◇DO◇　実践は、クラスの実態を考慮しつつ、各クラスで実践される。ここでは、原則として同じ方法で実践する（学年の共同実践）。つまり、一つの提案されたプランは複数のクラスで検証されることとなる。

◇CHECK◇　実践の結果を再び学年会にて話し合う。主に反省と課題、来年度への改善点が話し合われる。それらは反省用紙に記入され、実際の資料とともにカリ管の棚へ納入される。また、学期に一度程度プランチェック日を研修で設け、不足している資料の納入、実施時期の修正や、反

統合学習「マイプランタイム」
資料の内訳（右上）
過去 8 年間分の実践記録。子どもたちの発表資料綴りや場の設定などの写真も入っている。

6 年生「算数」10 月の棚（左上）
体積の指導に関するワークシートや指導記録が入っている。過去の研究授業指導案も。
反省には指導のポイントが明記されている。

プランチェック（上）
毎学期の終わりに設定されている。自分の担当教科について、
未記入の実践した資料を納入している様子。
学年単位で動いている。

省の追加などが行われる。

◇ACTION◇　実践の結果から反省を含めて、不足している部分を補う意味での実践となる。それらも含めて今年度の実践としてとらえるため、CHECK・ACTIONについては順序性を問わない。

右に述べた一連のシステムを、「プラン実践検証システム」と呼ぶ。北条プランにまとめられた実践は、教科担当によって提案され、学級という複数の組織によって実践され、学年会で評価される。この営みこそが、カリキュラム評価である。しかも評価は日常的に行われ、一年だけでなく毎年の積み重ねとして修正・改善がなされていく。

このように棚の資料が蓄積されていくに従い、新しい教育の方向性（教育理念）が形作られていく。この両者の充実期に、次のプランは刊行されていくわけである。

3　システムを機能させる学校体制

（1）学年会

北条小には職員室がない。学校の経営面は、学年にゆだねられている場面が多い。各学年には学年室と呼ばれる部屋があり、そこでは、金曜日の学年会以外にも活発に学年ごとの会議が行われている。学年会の中で行われる教科担当の提案については前に述べたが、学年経営が非常に重視されている学校といえる。

このことは、新たな発想や思い切った実践を実行に移しやすいというメリットにつながっている。また、時にはそれまでの実践をリセットし、その学年の実態を考慮した新たな突出した実践が開発される。それらは評価され、よいものならば次年度以降も継続され、よくなければ精選されていく。このシステムがあるからこそ、創意工夫を存分に発揮できる学年経営と、突出した実践が許される雰囲気を持つ学校になるのである。

(2) 研究教科グループ

教科担当とは別に組織されるが、教科担当は一人二教科程度の分担であるのに対し、教科グループは、自分の専門性を生かすために原則一人一教科である。プランを執筆するのは、この教科グループが主体となっており、教科として、教科の本質や研究テーマとの関わりを追究する研究を進めていくグループであるといえる。ここでは、研究授業に向けての指導案検討や、授業を相互に参観し合いながら、授業開発や教科としての主張を考えていく。教科担当は学年の担当教科に責任を持つ(横軸)のに対し、教科グループは、学校全体のその教科について責任を持つ(縦軸)ものである。

教科グループの長は教科主任と呼ばれる。月に一回程度、教科主任会が行われる。ここでは、各教科の実践の様子や、プラン実践検証の状況、各教科の情報交換などが行われている。教科主任はその教科の実践全体に責任を持ち、各学年への実践の要請や、系統性の確認、修正などを行っている。

(3) 校内研修

毎年四月に行われる研修の全体会は、以下のような内容となっている。

第一回　校内研修　四月十三日　研究・研修計画提案
・研究と実践にあたって
・研究の経過
・研究テーマと今年度の重点課題
・研究の進め方
・研究、研修組織
・研究、研修日程
第二回　校内研修　四月十九日　教科経営・教科構想提案①
・各教科主任による、本年度の教科の構想、経営案の提案。(国・社・算・理・統・とびら)
第三回　校内研修　四月二十六日　教科経営・教科構想提案②
・各教科主任による、本年度の教科の構想、経営案の提案。(音・図・家・体・特・学友会)

図 4-2　研究の組織図

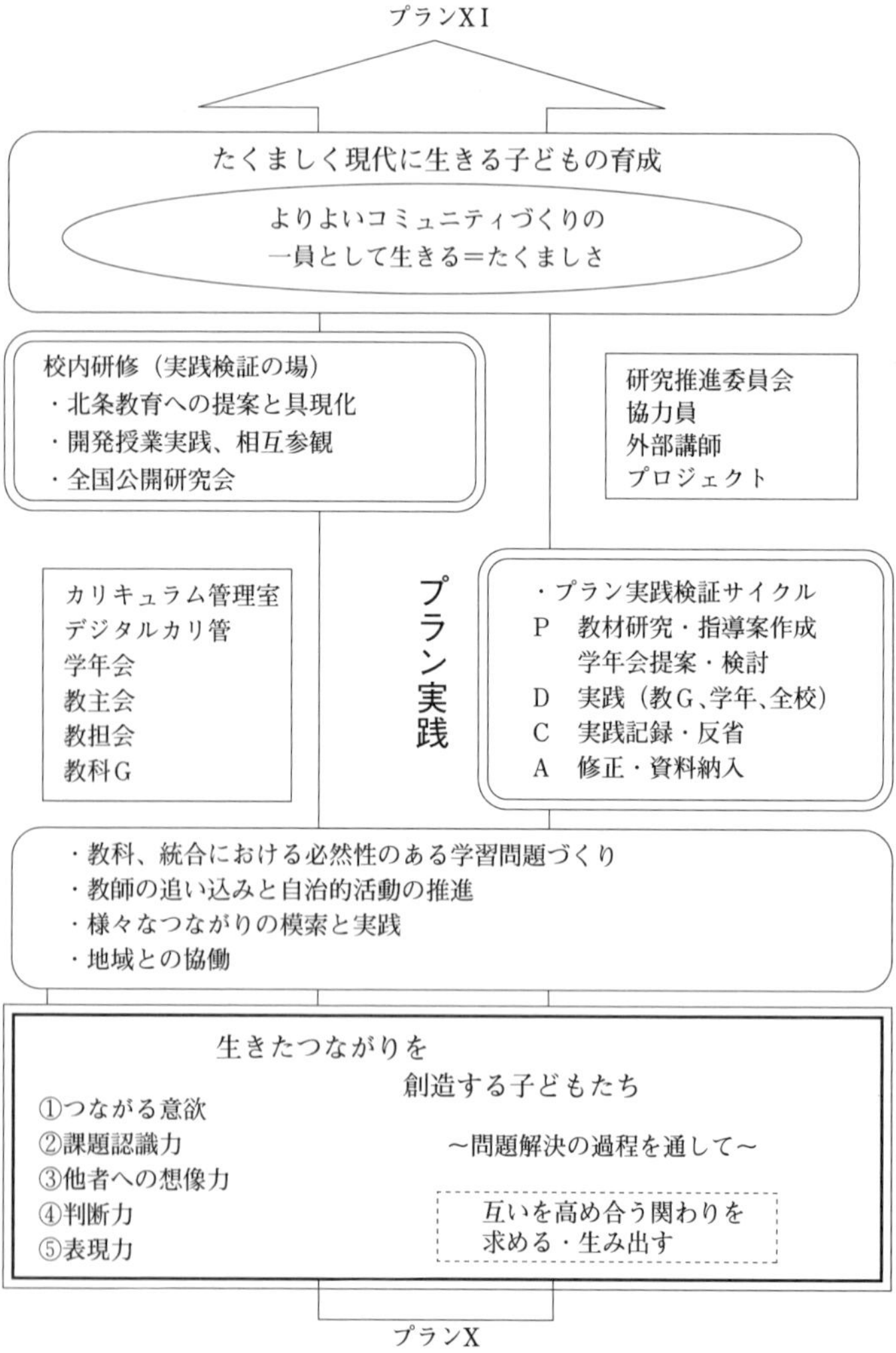
プランXI
たくましく現代に生きる子どもの育成
よりよいコミュニティづくりの
一員として生きる＝たくましさ
校内研修（実践検証の場）
・北条教育への提案と具現化
・開発授業実践、相互参観
・全国公開研究会
研究推進委員会
協力員
外部講師
プロジェクト
カリキュラム管理室
デジタルカリ管
学年会
教主会
教担会
教科G
プラン実践
・プラン実践検証サイクル
P　教材研究・指導案作成
学年会提案・検討
D　実践（教G、学年、全校）
C　実践記録・反省
A　修正・資料納入
・教科、統合における必然性のある学習問題づくり
・教師の追い込みと自治的活動の推進
・様々なつながりの模索と実践
・地域との協働
生きたつながりを
創造する子どもたち
①つながる意欲
②課題認識力
③他者への想像力
④判断力
⑤表現力
～問題解決の過程を通して～
互いを高め合う関わりを
求める・生み出す
プランX

研究テーマ、各教科の方針が全体の場で提案されている。各教科とも、研究テーマの具現化に向けてそれぞれが教科の主張を持ち、教科の中での目指す子ども像を持っている。このような共通理解をする場が重要で、その年の研究経営や教科経営に大きな影響を及ぼす。以上、システムを機能させるための研究組織を示したのが図4-2である。

4 現在の課題と対応策

(1) 職員数の減少

少子化による学級数の減少は、学年会を構成する教師の人数減をもたらした。以前は、一学年最大七クラスだった規模が、二〇〇八年現在は、学年四クラスである。その結果、教師一人あたりの教科担当は複数教科となり、物理的な仕事量は増えている。さらに、放課後の時間の確保が年々難しくなるとともに、時代に対応した様々な学習(プランにはないもの)も盛り込まれ、より一層一人あたりがかかえる仕事量が増えつつある。その中で、全教科での十分なプラン実践検証サイクルが機能しにくくなっている現状がある。これから先、カリキュラムとしての研究(全教科による研究)が可能かどうかや、プラン実践検証サイクルの修正、効率化についてを検討していく時期にきている。

（2）資料のデジタル化

このデジタルカリ管構想は、充実を図ることをこれからの課題ととらえているが、（1）に述べた人数減による仕事量の増大に対する対応策ともいえる。二〇〇三年、北条小学校では、ネットデイという試みが行われた。これは、保護者、地域のボランティア、教師、子どもが参加し、パソコンのLANケーブルを校内に敷設し、全ての教室からインターネットに接続できるようにする試みである。これがデジタルカリ管構想への第一歩であった。校内LANが結ばれたことにより、カリキュラム管理室に足を運ばずとも、資料の検索や納入ができるようになった。しかし、以前まで紙ベースであったカリキュラム管理室の資料を全てデジタルにすることは容易ではない。また、二つを比較してみると、紙ベースでの保存の方が使いやすい、扱いやすいという場合もある。たとえば教員同士が顔をつき合わせて議論する場合には、資料は以前の紙ベースによるカリキュラム管理室の資料がよい、という結論になったのである。そこで、実践資料は、デジタルと紙ベースとの共存が重要と考えている。

現在のデジタルカリ管には、主に校務分掌に関わる資料や実践の記録写真、あるいは、様々な申告書や事務的な書類などが保存・更新されている。仕事を効率化させ、プラン実践検証サイクルをより円滑に機能させるために重要な役割となっている。

5 まとめ

カリキュラムは学校全体の方向性を示す。したがってカリキュラムをよりよいものにする営みは、特定の職員の手で行うのではなく、全職員の手で作成され、評価、改善されることが重要なのである。北条小学校では、その営みをプラン実践検証サイクルが機能することと、カリキュラム管理室を設置することによって実現させてきた。戦後から脈々と続いてきた北条教育の更なる発展のために、これらのシステムに修正を加えながら守り続けていきたい。

第五章　授業評価を起点としたカリキュラム評価

古川　善久

1　授業評価を起点としたカリキュラム評価の必要性

授業評価を起点としたカリキュラム評価とは、まず授業評価を行い、その評価結果を単元評価に生かし、そして単元評価結果をカリキュラム評価に生かしていくという、カリキュラム・マネジメントの考え方を取り入れた一連の評価のことである。それを図示すると図5－1のようになる。

授業評価を起点とすることにより、授業評価を授業改善につなげることができ、その結果を単元計画・評価等の改善にまでつなげることができる。さらに、その結果をカリキュラム評価にも生かすことができ、教育課程の編成をよりよいものにしていくことができる。

図 5-1　授業評価を起点としたカリキュラム評価のイメージ図

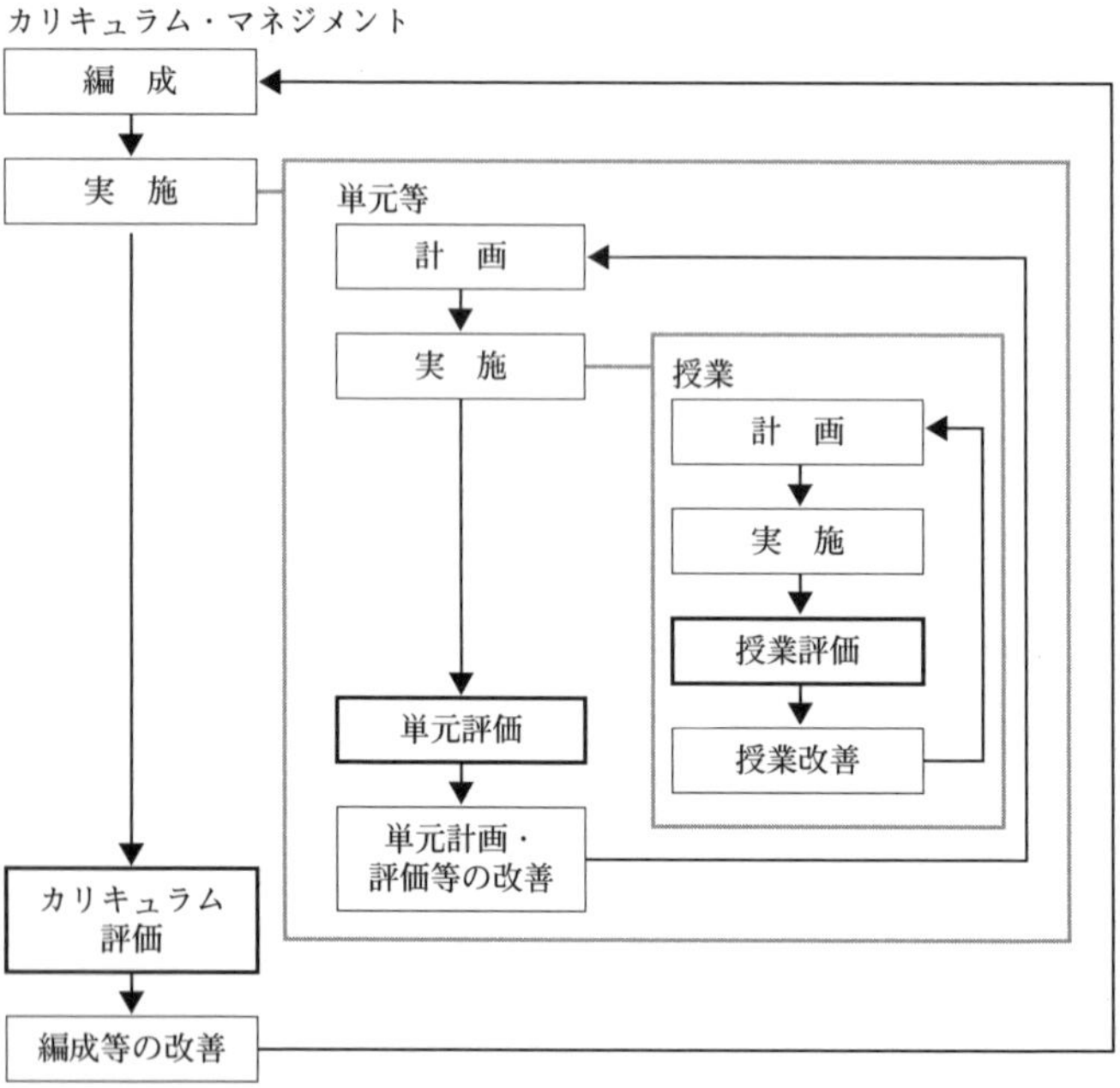
カリキュラム・マネジメント
編　成
実　施
単元等
計　画
実　施
授業
計　画
実　施
授業評価
授業改善
単元評価
単元計画・評価等の改善
カリキュラム評価
編成等の改善

すなわち、授業評価を起点としたカリキュラム・マネジメント評価は、カリキュラム・マネジメントを進める上で、評価の客観性、円滑性の面で有効な手立てである。

2　授業評価の進め方

(1)　授業評価とは

授業評価とは、児童生徒の授業の理解度や授業者の指導内容、指導形態、指導法等の適切性を調査し、単元評価の資料を得ること、授業改善（指導力の向上）を図ることである。授業評価の評価者としては、授業者、児童生徒、授業参観者（同僚教師、

表5-1　授業評価の内容と方法

評価者	評価内容例	評価方法等
児童生徒	授業への興味・関心、授業内容の理解度、授業への要望等	毎時間行うのではなく、計画的・継続的に行う。特に単元末の授業評価を大切にする。
参観者（同僚教師、校長等）	学習への取組状況、学習内容、指導内容、指導法	研究授業や教員評価にかかる授業観察等の機会に行う。具体的な助言を大切にする。
参観者（保護者等）	学習への取組状況、指導内容、指導法、感想	自由記述できる欄を設け、率直な感想等を拾い上げられるようにする。
授業者	授業のねらいの実現状況、指導内容、指導形態、指導法等	上記の評価者による評価結果を踏まえ、授業の成果や改善点を明確にし、単元評価の資料とする。

図5-2　授業評価のイメージ図

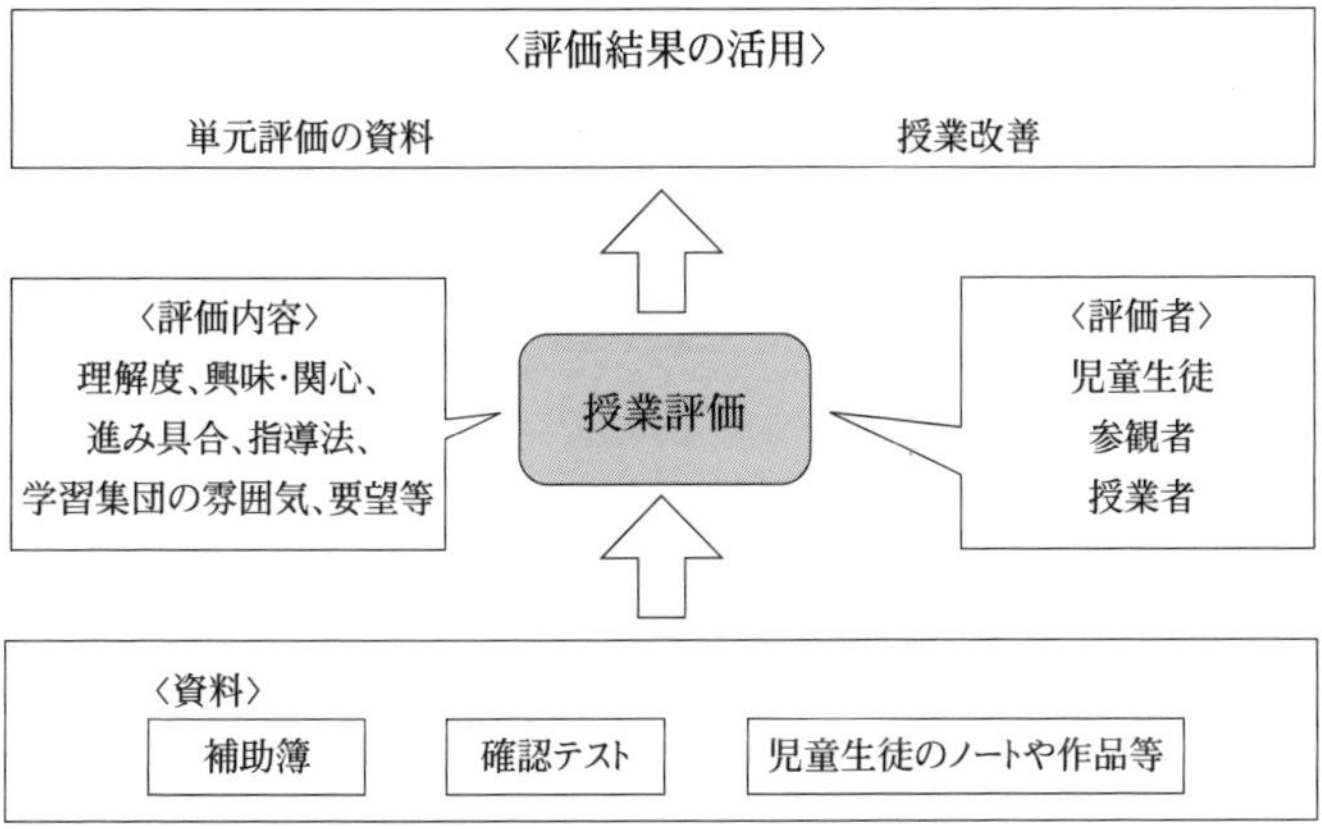
〈評価結果の活用〉
単元評価の資料
授業改善
〈評価内容〉
理解度、興味・関心、
進み具合、指導法、
学習集団の雰囲気、要望等
授業評価
〈評価者〉
児童生徒
参観者
授業者
〈資料〉
補助簿
確認テスト
児童生徒のノートや作品等

校長・教頭、保護者等）があげられ、評価者に応じた評価内容と評価方法等を考えることが重要となる（表5－1、図5－2参照）。

（2）授業評価の手順

授業評価の目的、方法等の理解

授業評価を実施するにあたり、授業者自身が授業評価に対する抵抗感をもつ場合が少なくない。その抵抗感を和らげるためにも、授業評価を行うにあたり、目的は「単元評価の資料を得ること」であるという共通理解を図る必要がある。また授業者として、授業が適切であったかを、授業を受けた児童生徒や授業参観者から情報を得て、評価することが授業力の向上、ひいては学力等の向上につながることを理解することも大切となる。

また、授業評価の評価時期、回数も明確にしておく。児童生徒による授業評価は、全教科等、毎時間行うことは現実的には無理であり、教科等をしぼったりして、単元末に継続して実施する。保護者による評価は授業参観日に、同僚教師は研究授業の参観時に、学校長や教頭は教員評価による授業観察の折に行う。

授業評価の実施と改善策の明確化

各評価は、評価者に応じた評価シートを活用して授業評価を行うことが効果的である。この評価シートには、評価者に応じた評価項目や評価内容を示し、感想等も記入できるようにしておく。

図5-3　授業評価シート（算数）

授業についてのアンケート

6年　　組　　番　氏名

このシートは，みなさんから意見を聞き，授業をよりよくしていくためのものです。
授業をふりかえって，自分の思うとおりに答えましょう。
（A：とてもそう思う　B：そう思う　C：あまりそう思わない　D：そう思わない）

	質問項目	自分の評価
1	「問い」の意味が分かりましたか。	A　B　C　D
2	「問い」を自分でとく時間は十分ありましたか。	A　B　C　D
3	練習問題をとく時間は十分ありましたか。	A　B　C　D
4	学級に何でも言える雰囲気はありましたか。	A　B　C　D
5	友達の意見を聞いて「なるほど」と思ったことはありますか。	A　B　C　D
6	先生は黒板に分かりやすく授業内容を書いていましたか。	A　B　C　D
7	先生が説明する速さはちょうどよかったですか。	A　B　C　D
8	分からないところを先生に聞きやすかったですか。	A　B　C　D
9	体積の求め方が分かりましたか。	A　B　C　D
10	今日の授業は楽しかったですか。	A　B　C　D

AやBと答えた理由

CやDと答えた理由

授業について「こんなふうにしてほしい」ということを書きましょう。

評価結果の累積

授業評価結果や明確にした改善策をコンピュータ等を活用して累積し、単元評価等で活用できるようにする。

（3）児童生徒による授業評価の実践例

図5－3は、筆者の勤務校において、第六学年の算数「直方体と立方体」の単元末で活用した授業評価シートである。評価者に何を評価してもらうか、どのような評価が可能かを明確にした上で、評価項目を設定することが大切である。児童生徒に、授業の楽しさ（満足度）や授業

図 5-4　授業評価シート（道徳）

授業についてのアンケート

6年　　組　　番　氏名

このシートは，みなさんから意見を聞き，授業をよりよくしていくためのものです。
授業をふりかえって，自分の思うとおりに答えましょう。
（A：とてもそう思う　B：そう思う　C：あまりそう思わない　D：そう思わない）

	質　問　項　目	自分の評価
1	資料を読んで,資料に書かれてある内容が分かりましたか。	A　B　C　D
2	興味の持てる資料でしたか。	A　B　C　D
3	役割演技を見ていて,資料の様子が具体的に分かりましたか。	A　B　C　D
	それはなぜですか。	
4	自分から進んで発表することができましたか。	A　B　C　D
5	自分の意見を発表しやすい雰囲気でしたか。	A　B　C　D
6	友達の意見を真剣に聞くことができましたか。	A　B　C　D
7	友達の意見を聞いて,自分の意見が変わったりしたことがありましたか。	A　B　C　D
8	先生の発問は分かりやすかったですか。	A　B　C　D
9	先生は黒板に分かりやすく授業の流れをまとめていましたか。	A　B　C　D
10	先生の授業を進める速さはちょうどよかったですか。	A　B　C　D
11	これから誰に対しても親切にしようという気持ちが強く持てましたか。	A　B　C　D
12	最後に先生の話を聞いて,考えたことはありますか。	A　B　C　D

道徳の時間について「こんなふうにしてほしい」ということを書きましょう。

の理解度、教師の説明や板書が分かりやすかったかどうか、授業について「こんなふうにしてほしい」という具体的な改善策等、評価項目を工夫して、率直に評価してもらうことが、授業改善につながり、単元評価のよりよい資料となる。また、教科や単元によっては、「協力し合って学習に取り組めたか」等の隠れたカリキュラムと言われるものについても評価項目に加えることが大切である。

次の図5－4のアンケートは、道徳の時間で活用した、児童による授業評価シートである。道徳の時間に特に重視している点を項目に入れている。また、授業改善や年間指導計画の改善のための資料として活用できるように評価項目を設定している。

(4) 保護者による授業評価の実践例

保護者による授業評価では、授業を参観しての感想を記入してもらうだけでも有効な資料となる。ここでは、授業者の特に重視した指導内容や、指導方法等にしぼって評価項目を設定し、我が子の学習の様子をもとに評価してもらう方法を紹介する。

次に示す評価項目は、県内の特別支援学校で実践した授業評価シートの評価項目である。

- お子さんの課題に合っている内容だと思いますか。
- お子さんにとって分かりやすい内容だと思いますか。
- お子さんが、自ら進んで学習に参加しようとする場面が見られましたか。
- お子さんに使われた教材は、工夫され分かりやすかったですか。
- お子さんに対して、適切なことばかけがなされていましたか。
- お子さんにあった机の配置やグループ分けが行われていたと思いますか。

図 5-5　授業評価シート

授業観察の視点

月　日(　)　　時間　　教科(　　　　　)

教諭(　　　　　)

	観　点	評価	備　考
1	ねらいの明確化 (実態に応じた課題の妥当性)		
2	導入時の工夫 (話,資料による意欲づけ)		
3	活動場面への配慮 (活動の楽しさ,おもしろさ,真剣さ)		
4	発問の工夫 (分かりやすい内容,受け入れと方向性)		
5	板書の工夫 (流れや大切なことが見える)		
6	学習形態の工夫 (本時授業に最適)		
7	支持的雰囲気 (発言,協力)		
8	個への指導 (適切な指導助言)		
9	子どもの理解度 (納得,充実感)		
10	時間配分 (適切な流れ,活動)		

これらの各項目に対して、評価欄（四段階評価：そう思う、だいたいそう思う、あまりそう思わない、そう思わない）とアドバイスを記入できる欄を設けている。また、評価シートの下段には、意見や要望を記入してもらう欄も設けている。

(5) 同僚教師、校長・教頭による授業評価の実践例

図5－5に示す授業評価シートは、同僚教師、校長、教頭による評価のために筆者の勤務校で作成・活用し

図 5-6　学習活動案（算数）

（　　月　　日　　時間目実施）

6年　　組　　算数　　　学習活動案　　　　　　　　　　　　教諭名

1	単元（題材名）直方体と立方体
2	本時のねらい
	複合図形の体積を,直方体に分割したり,欠損部分をひいたりする考え方で求めることができる。
3	活動内容
	(1) 導入　体積を求める公式を復習する。 (2) 課題把握　問題を読み,複合図形の体積を求める。 (3) 自力解決　各自が作った模型を使いながら,複合図形の体積の求め方を考え,プリントに記入する。 (4) 発表・比較検討　各自の考えを発表し,全体で検討する。 (5) まとめ 二つの直方体に分割すれば直方体の求積公式が適応できる。 大きい直方体から,欠損した直方体をひく考えを用いれば,直方体の求積公式が適用できることが分かる。 「立方体」の用語が分かる。 (6) 適応練習 分割の仕方が二通りあることを確認する。 (7) 練習問題 練習問題を行う。
4	授業評価のポイント
	・個別→グループ→一斉の学習形態は,比較検討をするのに有効であったか。 ・比較検討場面での意見の取り上げ方と類型化は適切であったか。

ているものである。評価項目については、実際に参観した際に評価できるもの、学校として特に大切にしているもの等から項目をしぼり、ねらいの明確化、導入の工夫、発問の工夫等を検討の上、一〇項目を設定している。また備考の欄には、評価した理由や特に優れている点、気になる点、具体的なアドバイス内容等を記入している。また余白のところには、板書事項や学習形態、児童の発言、反応、活動等を記録している。

同僚教師による授業評価については、お互いに遠慮したり、適切な評価であるか自信が持てなかったりして、甘い評価になりがちである。そうならないようにするためにも、評価者は、授業参加後に助言等を記入した評価シートを授業者に

表 5-2　児童による授業評価の集計結果一覧

	氏名	1	2	≀	9	10	自由記述	要望
		2	2		3	3	グループで話し合ったこと	このままでよい
		4	4		4	4	自分の意見が発表できたこと	楽しい授業を
		3	4		4	4	友達の意見を聞いて納得できたから	ありません
		4	2		4	4	グループで問題が解けたから	問いの黒板の位置は左がよい
		4	4		4	4	いろいろな求め方が分かったこと	これからもコの字型で授業を
		3	2		3	3	いろいろな求め方出てきたところ	いろいろな人を指名してほしい
		4	4		4	3	自分で問題が解決したこと	話すスピードをゆっくりと
		3	3		4	4	友達の意見をたくさん聞けたこと	班活動をもっと行いたい
		4	3		4	3	協力し合えたこと	プリント問題をたくさんやりたい
		3.4	3.1		3.6	3.4		

渡すだけでなく、評価シートに記入した内容について説明したり、お互いの意見交換を行う時間を短時間でもよいから設定したりすることが重要となる。

校長や教頭が行った評価結果については、教員評価の個別面談等を活用して、具体的に助言を行うことが大切である。

また、授業者は、授業評価を受けるにあたって、本時の授業のねらい、内容、授業評価で特に見てもらいたい点を前もって評価者に示しておくことも大切である。本校では、図5－6のようなシート（A5判サイズ）を活用して事前に参観者に提示している。参観者は、それを事前に読み、授業を参観している。参観時間が限られている場合には、授業者が特に重視している場面を重点的に参観するようにする。

（6）授業者による授業評価の実践例

授業者自身による授業評価も重要である。前述した児童生徒や保護者、同僚教師、校長・教頭等参観者による授業評価結果や評価シート、本時の理解状況が示されているプリント、ノート等を資料として、授業者自身も授業評価を行うようにする。

表5－2は、前述の「直方体と立方体」の単元末に実施した、児童による授業評価結果一覧の一部分である。

授業者による授業評価では、このような児童生徒の声をはじめとして、様々な資料をもとに評価を行うが、単元評価の資料にも活用できるように具体的な指導計画等の改善策を明らかにするとともに、自己の指導力の改善策を明確にしておくことが大切である。

3　単元評価の進め方

(1) 単元評価とは

単元評価とは、単元（題材、活動のまとまり）目標の実現状況や児童生徒の活動状況をとらえ、単元等に配当した時間、指導内容、指導形態、指導法等を評価することである（表5－3）。単元等は、授業者自身が計画し、実施するため、それが適切であったかを評価し、改善につなげていくことが必要である。また、その実施した単元評価の結果は、年間指導計画の改善のための資料等としても活用する（図5－7参照）。こうした単元評価は、各教科や総合的な学習の時間だけでなく、特別活動等でも実施していくことが大切である。

(2) 単元評価の手順

単元評価の目標状況の把握

単元評価では、まず、児童生徒一人一人の単元目標の実現状況と、児童生徒全体の単元目標の実現状況の分布について把握する。

学習活動状況の確認

児童生徒がどのように学習活動に取り組んでいたか、児童生徒の学びの様子を確認する。

表 5-3　単元評価の内容と方法

評価者	評価内容例	評価方法等
授業者 同じ単元を指導した同僚教師	単元目標	観点別学習状況の評価の集計結果等をもとに、単元目標の実現状況の分布をとらえる。
	学習活動	授業評価結果や児童生徒の学習に関する記録等をもとに、児童生徒の学習状況を評価する。
	単元の指導・評価計画と実施	単元指導・評価計画にそって単元を展開できたか評価する。
	指導内容、教材、配当時間、指導形態、指導法、学習環境、評価規準等	授業評価結果や上記の評価結果をもとに、指導内容等を評価し、改善策を単元の指導・評価計画の余白等に記入する。

図 5-7　単元評価のイメージ図

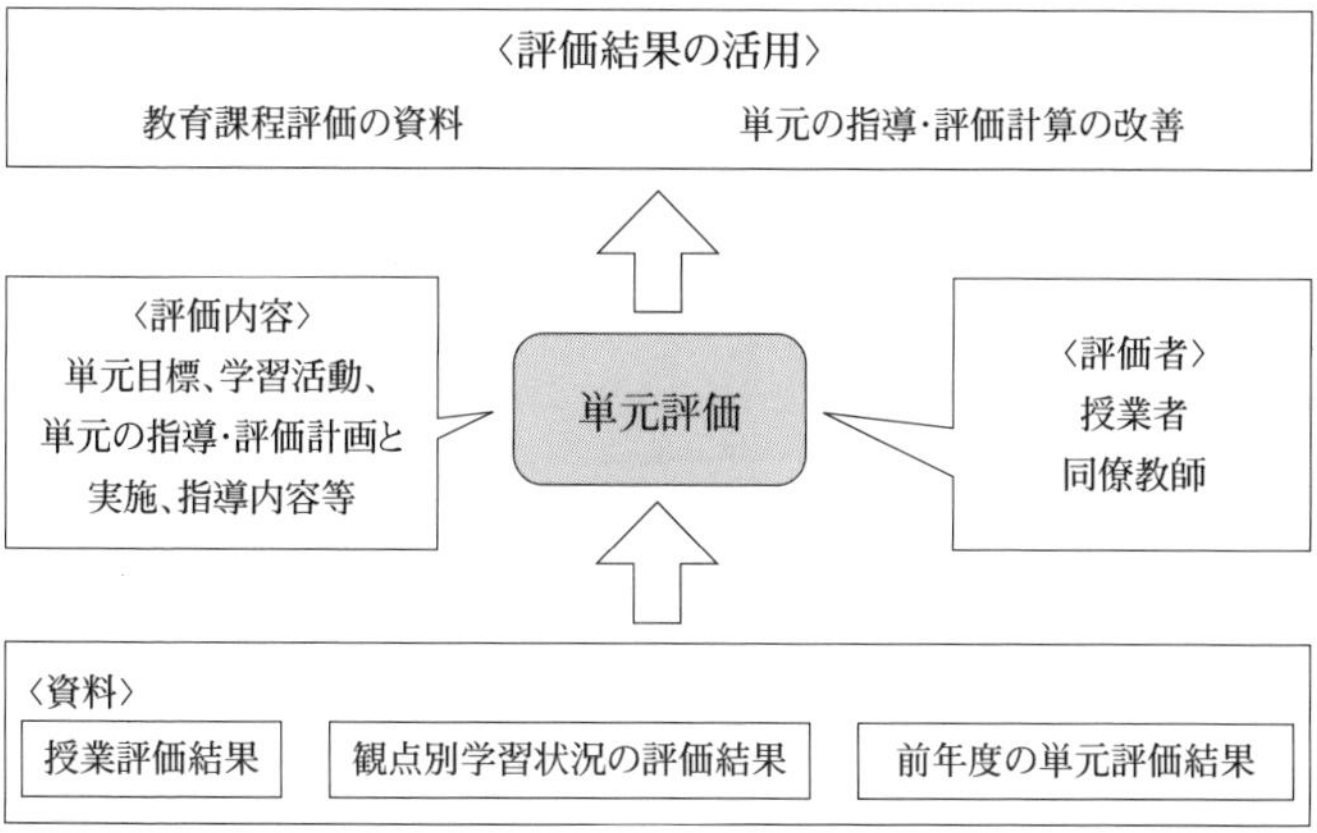
〈評価結果の活用〉
教育課程評価の資料
単元の指導·評価計算の改善
〈評価内容〉
単元目標、学習活動、
単元の指導·評価計画と
実施、指導内容等
単元評価
〈評価者〉
授業者
同僚教師
〈資料〉
授業評価結果
観点別学習状況の評価結果
前年度の単元評価結果

指導及び評価計画の評価と改善策の明確化

単元評価シートを活用して単元の指導及び評価計画を評価する。単元評価では、授業評価結果や単元目標の実現状況、学習活動等をもとに、「改善の必要があるか」「どのように改善するか」をとらえることが大切である。その際、学年会や教科部会での同僚教師による話し合いが重要になる。学年主任や教科主任のリーダーシップによって、話し合いの中で、よりよい改善策が見出され、改善策を実践していこうとする意欲が高められる。また、単元評価を学年会や教科部会で組織的に行い、継続していくことによって、教師の評価力や指導力が高まり、学校全体としての教育活動の質も高まっていくのである。

話し合いの結果、明確になった改善策をもとに、その都度指導計画や評価計画を修正していく。その際、紙媒体に印刷されたものに朱書していくだけでなく、電子媒体に保存されている指導計画や評価計画を直接修正していくようにすると効率的である。

(3) 単元評価の実践例

授業者自身が、単元終了後にこのような評価シートを活用して、単元を振り返り、特に、どこをどのように改善していけばよいのかを明確化していくことが大切である。

前述の算数「直方体と立方体」では、授業者が単元終了時に、単元評価シートに図5－8の内容を記入した。

図 5-8　単元評価シート

平成　年　月　日
記入者（　　　　）

教科	算数	単元名	直方体と立方体
学年・組	6 年　組	実施期間	月　日　～　月　日

評価（○：課題なし，改善の必要なし△：課題あり，改善の必要あり）

項目	評価内容	評価	気付いた点及び改善策等
学習状況	1　単元の目標を実現できたか。	○	具体物を使い展開図をかいたり,そこから直方体や立方体を使ったりしたことにより,興味・関心が高まった。
	2　興味・関心をもって学習していたか。	○	
	3　協力し合って学習していたか。	○	
指導計画	1　単元目標や内容の改善の必要性	○	小単元1と小単元2については,学習内容を一緒にして指導した方が,指導しやすく,理解もしやすい。精選の意味からも,それらの配当時間を1時間減らし,小単元3の配当時間を1時間増やす。
	2　教材・教具・資料の改善の必要性	○	
	3　単元構成の改善の必要性	△	
	4　指導時数や実施時間の改善の必要性	△	
指導形態方法	1　指導形態の改善の必要性	○	TT同士の打合せを綿密に行い,指導方法の一層の共通理解を図る。
	2　指導方法の改善の必要性	△	
評価	1　評価基準の改善の必要性	○	単元テストのみではなく,展開図の評価（考え方）と組み立て方の評価（表現）が必要。
	2　評価方法の改善の必要性	△	
	3　単元テストの改善の必要性	△	
その他			

その後、このシートをもとに、学年会において、他の学級の担任と、それぞれが記入してきたこのような単元評価シートや授業評価結果、単元テストの結果（児童の得点一覧）、児童のノート、年間指導計画を持ち寄り、単元評価シートに示された項目にそって、単元評価を行った。具体的にその手順を示す。まず、単元評価シートに示されている単元の目標が実現されているかを確認し合う。テスト結果等をもとに、

観点別学習状況で努力を要する児童がいなかったか、十分満足できる状態にある児童が、期待どおりの人数となっているか等を確認する。これらのことを踏まえ、指導計画の検討に入る。単元評価シートに示されている△について、具体的に課題や改善策について説明し、他の教師の意見も聞き、学年として指導計画を具体的にどのように改善するのかを協議し、改善策の共通理解を図る。指導形態や指導方法、さらに、評価についても改善策の共通理解を図る。同じ単元の授業者が複数いる場合には、こうした学年会において協議することによって、単元評価もより適切なものとなり、改善策の共通理解もいっそう図られる。

学年会で協議した具体的な改善策については、コンピュータを使って、効率よく単元指導計画（年間指導計画）を修正し、次年度の指導計画（案）の改善につなげていった。

このような単元評価は、全教科、道徳、特別活動、総合的な学習の時間すべてにおいて全員で実施することが望ましいが、実際には時間的な問題や学校規模から、困難である。よって、学校として特に力を入れている教科等に絞って取り組んでいき、徐々に教科等の数を増やしていくことが現実的である。大規模校においては、教科等の担当を決め、担当が中心になって多くの教科等の単元評価を、単元評価シートを活用して行い、担当が作成した評価シートを活用してその結果を学年会で協議する方法も考えられる。

4　カリキュラム評価

（1）カリキュラム評価とは

カリキュラム評価は、各教科等（各教科、道徳、特別活動、総合的な学習の時間等）の目標の実現状況や年間指導計画・評価計画等の実施状況、さらに、教育課程の編成や諸条件について評価し、カリキュラムの改善策等を明確にするとともに、学校経営の評価の資料を得ることである（表5－4、図5－9参照）。よって、カリキュラム評価はかなり広範囲にわたる評価と言える。

（2）カリキュラム評価の進め方

カリキュラム評価は、授業評価や単元評価と比べ、より組織的な取り組みが求められるため、時間の確保の面等を含めて実施には困難さを伴う。

次のような手順で根気強くカリキュラム評価を進め、充実させていくことが大切である。

評価計画の立案

カリキュラム評価は、組織的に、年間を通して行うため、年間の評価計画が必要となる。管理職のリーダーシップのもとに、教務主任をリーダーとするカリキュラム・マネジメントを推進する部会が中心となって、この評価計画を立案する。

表 5-4　カリキュラム評価の内容と方法

評価者	評価内容例	評価方法等
教職員	各教科等の目標	単元評価結果の蓄積、学力テスト（校内テスト、学力調査等）の結果、学期や年間の観点別学習状況の評価結果をもとに、各教科等の目標の実現状況を評価する。
	各教科等の年間指導・評価計画	単元評価結果等をもとに、年間指導計画・評価計画の実施状況を評価し、年間指導・評価計画の改善策を年間指導・評価計画等に記載する。
	編成に関する内容	指導内容の選択、指導内容の組織、授業時数等について評価し、改善策を記録する。
	編成と実施を支える諸条件	学級経営、学年経営、生徒指導、進路指導、教育資源等について評価し、改善策を記録する。

図 5-9　カリキュラム評価のイメージ図

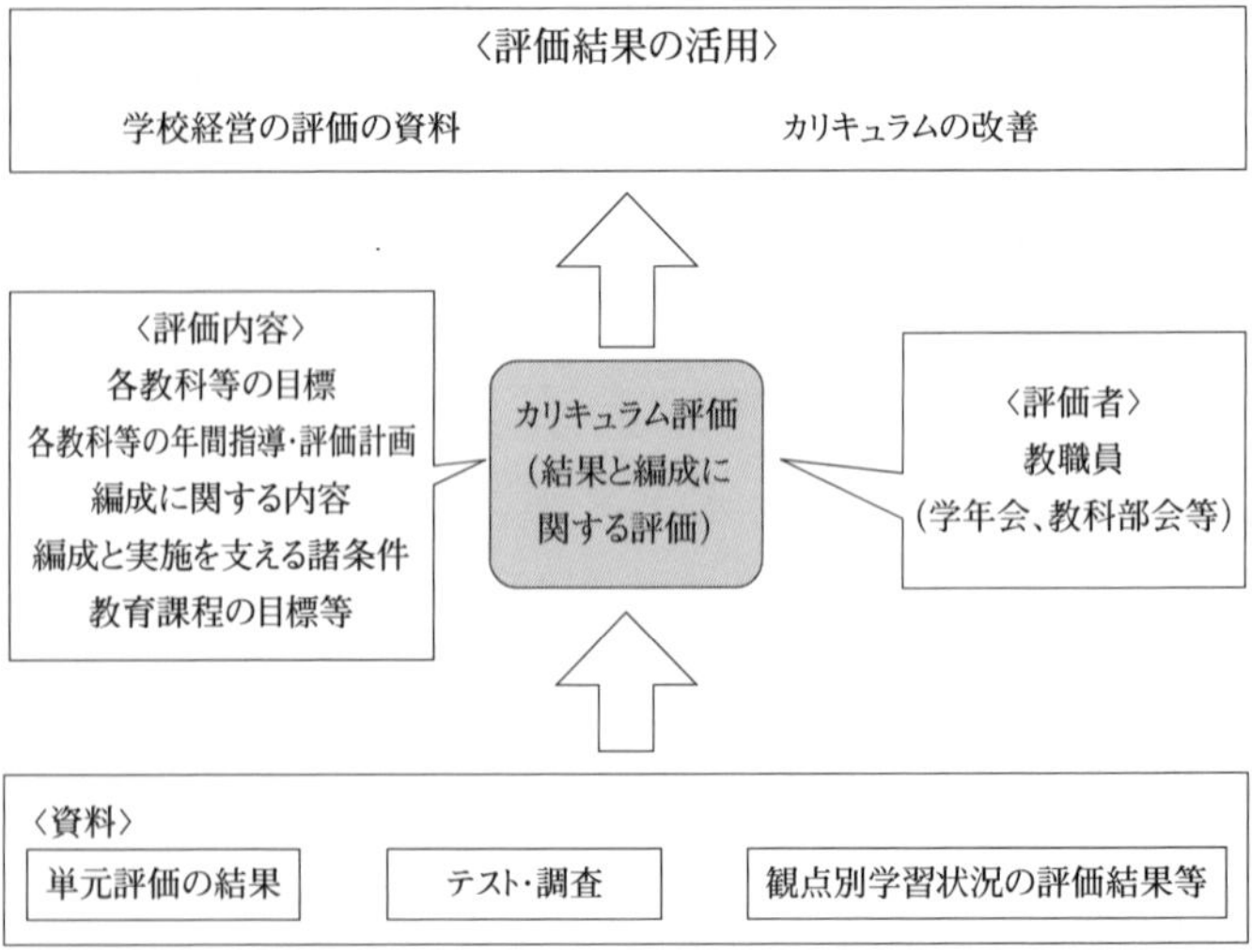
〈評価結果の活用〉
学校経営の評価の資料
カリキュラムの改善
〈評価内容〉
各教科等の目標
各教科等の年間指導・評価計画
編成に関する内容
編成と実施を支える諸条件
教育課程の目標等
カリキュラム評価
（結果と編成に
関する評価）
〈評価者〉
教職員
（学年会、教科部会等）
〈資料〉
単元評価の結果
テスト・調査
観点別学習状況の評価結果等

評価に対する共通理解

カリキュラム・マネジメントを推進する部会が中心となって、評価計画をもとに、全教職員でのカリキュラム評価についての共通理解を図る。学年会や教科部会の取り組みの確認にとどまらず、教師各自が、いつ、誰と、どのような内容を、どのように行えばよいかまで具体的に確認する。

学期ごとの評価と改善策の明確化

カリキュラム評価には、学期ごとの評価と年度の評価とがある。

学期ごとの評価では、学年会や教科部会等での話し合いをもとに、累積された単元評価結果や観点別学習状況の評価結果等を資料として、その学期に実施した各教科等の年間指導計画及び評価計画を見直し、成果と改善策を明確化し、年間指導計画及び評価計画に朱書したり、コンピュータを活用して具体的に修正したりしていく。

また、学期ごとのカリキュラム評価は、学期末に行うのは最小限にとどめ、評価の時間を確保しやすい長期休業期間等に集中して行うようにする。

年度の評価と改善策の明確化

年度の評価では、学年会や教科部会等での話し合いを大切にしながら、カリキュラムの「結果」についての評価を行う。教科に関する評価では、観点別学習状況の評価結果に加えて、学校独自の学力テストの結果、都道府県・市町村単位の学力テストの結果、全国的規模の学力テストの結果等を活用して多面的に年間の教科の目標の実現状況をとらえる。また、これらの学力テストの結果と前年度までの結果とを比較したり、学習習慣や生活習慣と学力テストの得点分布状況との関連をとらえたりすることにより、成果と課題がいっそう明確になる。道徳、特別活動、総合的な学習の時間についても、単元評価の結果や学期ごとの評価結果を資料として、それらの年間の目標の実現状況をとらえる。

次に、教育課程の編成に関する評価を行う。ここでもまず、学年会や教科部会等での話し合いを大切にしながら、これまでの評価結果をもとに、各教科等の指導内容、指導時期、授業時数、指導形態、指導方法、また、各教科等の指導内容の系統性や各教科等間の指導内容相互の関連性、そして、諸条件（隠れたカリキュラムを含めて）等についての改善策を明らかにしていく。

その後、カリキュラム・マネジメントを推進する部会で、学年会や教科部会等が中心となって取り組んだ評価の結果をもとに、全校的な視野に立って教育課程の編成について検討し、成果や課題、そして、課題に対する改善策をまとめ、次年度の教育課程の編成のための資料とする。

こうした年度の評価についても、学校として時間を確保し、評価計画に基づき計画的に取り組んでいく必要がある。また、このような取り組みを円滑に進めていくためには、学校の実態に応じてこの組織のメンバーの構成を工夫することや、日常的にメンバーのカリキュラム・マネジメントに関する能力の育成を図っていくことが、管理職に求められる。

評価結果の累積

カリキュラム・マネジメントを推進する部会が中心となってコンピュータ等を活用して評価結果

を累積し、学校経営の評価及び次年度以降のカリキュラム評価の際に有効に活用できるようにしておく。

5 まとめ

授業評価を起点としたカリキュラム評価について、授業評価、単元評価、カリキュラム評価それぞれの評価の目的や評価の手順・方法等について述べてきた。学校経営の主たる領域がカリキュラム・マネジメントである。そして、その中核に位置するのが、単元での一連の取り組みである。授業評価を起点として改善、計画、実施していくことにより教育活動の質が向上していく。今、授業評価を起点とした単元評価、カリキュラム評価を組織的に行っていくことが求められており、教師一人一人にこのような取り組みを行える資質能力が必要とされている。

参考文献

具体的な実践例は、龍ケ崎市立龍ケ崎小学校宮本浩貴教諭の実践によるものである。

古川善久（2005）「授業評価を起点としたカリキュラム評価の進め方」田中統治編『カリキュラム評価の考え方・進め方』教育開発研究所

古川善久（2005）「単元評価から始めるカリキュラム評価の試み」田中統治編『確かな学力を育てるカリキュラム・マネジメント』教育開発研究所

茨城県教育研修センター（2005）『学校改善につながる学校評価Q＆A（平成一六年度版）』
茨城県教育研修センター（2006）『豊かな心をはぐくむカリキュラムの改善Q＆A（平成一七年度版）』
茨城県教育研修センター（2005）『研究報告書第五一号　学校評価に関する研究　学校改善につながる学校評価の在り方　平成一五・一六年度）』

第六章　中高一貫校のカリキュラム評価

吉田　信也

1　カリキュラム・マネジメント

（1）カリキュラム・マネジメントとは

一九九八年の学習指導要領の改訂により、教育課程の大綱化・弾力化が行われ、学校の裁量が拡大した結果、学校の自主性・自律性に基づいた学校改善への取り組みが可能になった。この点をはっきりと認識する意味からも、カリキュラム・マネジメントが強調されるようになってきた。

中留武昭氏によるカリキュラム・マネジメントの定義は、以下の通りである。

教育課程行政の裁量拡大を前提に、各学校が教育目標の具現化のために、内容、方法とそれを支える条件整備との対応関係を確保しながら、ポジティブな学校文化を媒介として、カリキュラムを作り、動かし、これを変えていく動態的な営みである。

カリキュラム・マネジメントは、すべての学校に必要なことである。特に中高一貫教育を行う学校においてこの観点が抜けてしまうと、「一貫した中等教育」を行うはずの学校が、単なる「中学校教育＋高等学校教育」を継ぎ接ぎで行う学校でしかなくなる。右記の定義中に、「ポジティブな学校文化を媒介として」とあるように、中高一貫教育を行うには、学校の組織だけではなく文化をも変えていく必要がある。その中心として、カリキュラムづくりがある。

（2）中高一貫カリキュラム

中高一貫教育校としては、中等教育学校、併設型、連携型の三種類の学校があり、それぞれに応じた特色あるカリキュラムの編成が必要である。しかしながら、まだまだ

カリキュラム＝教育課程＝学習指導要領

という図式で表されるような、カリキュラムは「お上」から与えられるものという意識が強い。

カリキュラムは現場で教師が開発するものであり

評価と開発を繰り返しながらダイナミックに変化するもの

という視点をもたなければ、六年間という長い期間を生かした、本当の中高一貫カリキュラムは編成できないであろう。単に教科の内容を前倒しするのではなく、教科内で六年間の内容を入れ替え、教科間の連携を図り、生徒の発達段階に応じた活動を取り入れた、六年間を見通したカリキュラムの開発が必要である。

（3）PDSIからSIPDへ

教育活動において、

計画（Plan）—実践（Do）—評価（See または Check）—改善（Improvement または Action）のサイクルの重要性はいうまでもない。カリキュラム開発についても、このサイクルに基づいて行われる。

カリキュラム開発をPDSIの順序で計画（Plan）から行おうとすると、すごく大変なことのように思える。しかし、これをSIPDの順序で考え、まずは現在のカリキュラムを点検・評価し（See または Check）、改善すべき点を見つけて明確にし（Improvement または Action）、その部分を変える（Plan）と考えればよい。このようにしてできあがったカリキュラムを実践し（Do）、また点検・評価へ戻るサイクルを繰り返すのである。これが、カリキュラム・マネジメントの基本である。

2　中高一貫カリキュラムの開発

（1）中高一貫教育カリキュラム開発（第一次）

筆者の勤務する奈良女子大学附属中学校は、創立以来約一〇〇年の歴史をもつ国立大学附属学校として、三〇年以上の中高一貫教育の経験をもっている。

前身である「奈良女子大学文学部附属中学校・高等学校」時代の一九七三年に、高校入試を廃止して「中高完全六年一貫教育」に踏みきった。国立大学附属校の「エリート主義」教育への批判を踏まえて、奈良県内随一の進学校から「普通」の学校への変革を図ったのである。その結果、抽選制の導入と高校入試がないことから、高校段階で「学力」差が大きくなり、次第に授業や特別活動に停滞が見られるようになった。そして、中高六年一貫教育の具体化は、カリキュラム編成に関してはあまり進まず、教育実践研究も個人レベルにとどまっていた。

このような現状を目の前にして学校改革に踏みだし、管理職と一部教師が中心となって教育内容を点検・評価した。その結果、中高一貫教育のためのカリキュラムが編成できていない、「学力」差が存在する中でも実践できる教育内容や方法をもっていない、などの課題がはっきりとしてきた。

そこで、一九八九年度〜一九九一年度に文部省（当時）の研究開発学校の指定を受け、新たな中高六年一貫教育の内実づくりがカリキュラム上から試みられた。その結果、総合教科「奈良学」

「環境学」が創設され、英語二〇人授業が導入された。また、五・六年（高校二・三年）では、大幅な自由選択制度を導入した。これらの研究・実践は、二〇〇二年度から実施された学習指導要領における「総合的な学習の時間」や、少人数授業の先駆けとなった。さらに、情報教育や国際交流教育にも力を入れ、学校的規模で教育研究が前進し、公開授業も毎年開催されるようになった。

当時はっきりとは意識していなかったと思われるが、前節で述べたような、状況の点検・評価より始めるＳＩＰＤのサイクルをとる形でカリキュラム開発が行われた。

（2）中高一貫教育カリキュラム開発（第二次）

第一次研究開発で編成したカリキュラムを実践しながら学校改善は進んでいったが、さらに中高一貫教育を推し進めるために、新しく創設される学校「中等教育学校」への移行を目指すこととなった。そのためには、各教科においてさらに中高一貫を徹底したカリキュラムの編成、六年間を見通した総合学習のカリキュラムの編成が必要だとの改善すべき点が見えてきた。そこで、一九九九年度〜二〇〇一年度に「中高六年一貫カリキュラムの開発」をキーワードに、文部科学省の研究開発学校の指定を受け、再びカリキュラム開発を行うこととなった。

このときには、まだ組織的にカリキュラムの評価を行うまでにはいかなかったが、一〇年間の実践によって見えてきた課題を基に、学習指導要領の改訂や中等教育学校への移行計画等の「外圧」にも助けられながら、新しいカリキュラム開発に乗り出したのである。不完全ながら、やはりＳＩ

PDのサイクルをとっていたことになる。

なお、この研究の過程において、二〇〇〇年度には国立大学附属学校としては初の中等教育学校として、本校は再スタートをきった。

以下、第二次研究開発におけるカリキュラム編成の基本的な考え方について簡単に述べる。

① 中高一貫六年間の分節化

中高一貫教育のカリキュラムを考えるとき、六年間を中学三年間と高校三年間を単純に足しあわせた三＋三年と捉えると、中高一貫教育の本来の目的は達成されない。六年間を完全に一体のものとして捉え、その上で六年間を分節化することがポイントである。
本校では、第一次カリキュラム開発において、六年間を二年間ずつに分節化する「2―2―2制」をカリキュラムの枠組みとして取り入れ、現在まで受け継いでいる。そして、新しいカリキュラムでは、この分節化した各期の発達段階と目標を、次のように設定した。
低学年（一・二年）：「周囲への依存と個の萌芽」の段階
　目標：基本的学力及び基本的学習方法の習得
中学年（三・四年）：「個の発見と模索・探求」の段階
　目標：自主的・体験的学習による幅広い学力の習得
高学年（五・六年）：「個の形成と自立への展望」の段階
　目標：個性・能力・進路に応じた学力の習得と自立した人格の育成

②「2―2―2制」の各期におけるカリキュラムの構造化

六年間を分節化したとき、各二年間のカリキュラムにおける具体的な目標の設定や構成は、以下のように行った。

■低学年（一・二年）における基礎・基本の定着

「基礎・基本」の定着は、学校教育の不易の部分であると位置づけ、一・二年の中心目標に据えた。各教科における「基礎・基本」の内容については、習熟すべき知識や概念・技能、自己学習力・思考力・表現力などの諸点から多面的に検討を行った。

■中学年（三・四年）における中高の内容の互換と総合、選択

中学年は、六年一貫教育の特色がいちばん出るところであり、各教科において中学と高校の学習内容を整理し、「総合・統合・融合」をキーワードに、合理的で系統的なカリキュラムを作成した。

■高学年（五・六年）における選択制の拡大

「個の形成と自立への展望」を目標とする高学年においては、進路・適性に応じた大幅な選択制をとることで、生徒の個性・適性をさらに伸ばすことができると考えた。

③ 各教科の分類によるカリキュラムの構造化

本カリキュラムでは、各教科が次の三つの領域に分かれるという仮説をたて、それぞれの特徴を踏まえた上で六年間のカリキュラムを考え、構造化を図った。

■基礎的能力育成に関わる領域：保健体育科、創作科（芸術科、技術・家庭科）

人間が生きていくのに必要な、身体・精神・技能の育成に深部で関わるもので、非言語的表現が中心である。家庭教育・社会教育との関連も深く、生涯教育との連携を踏まえたカリキュラムづくりが必要である。

■基本的学力に関わる領域：国語科、英語科、数学科、（理科、社会科）

「読み、書き、そろばん」に属する領域で、人間が生きていく上で必要な学力・技能に属する部分である。この基本的学力が形成されないことには、中高一貫教育が目指す個性に応じた多面的な学力は身につかない。この領域の学力習得には、他教科以上に「反復による訓練」を必要とするので、中等教育初期の段階において、学習指導要領における標準単位数より多めの単位を設定した。

■多面的な学力に関わる領域：社会科、理科、情報科

「基礎的能力」や「基本的学力」の領域を前提にして成り立つ領域であり、体験学習・観察学習による知的好奇心の育成が大きな意味を持つ領域でもあるので、カリキュラム編成上一・二年より三年以降に比重を高める方が有効であると考えた。

④ ガイダンス機能の充実

生徒に自分の適性を考えさせ、進路を決定させる指導は、これまでは学年や進路指導部の仕事として行ってきた。しかし、これらは学校全体のカリキュラムとして編成する必要があると考え、種々のガイダンスを設置することとした。

以上の方針によりデザインされた現在のカリキュラムは、図6-1のようになる（カリキュラム

図 6-1　奈良女子大学附属中等教育学校　カリキュラム構造図

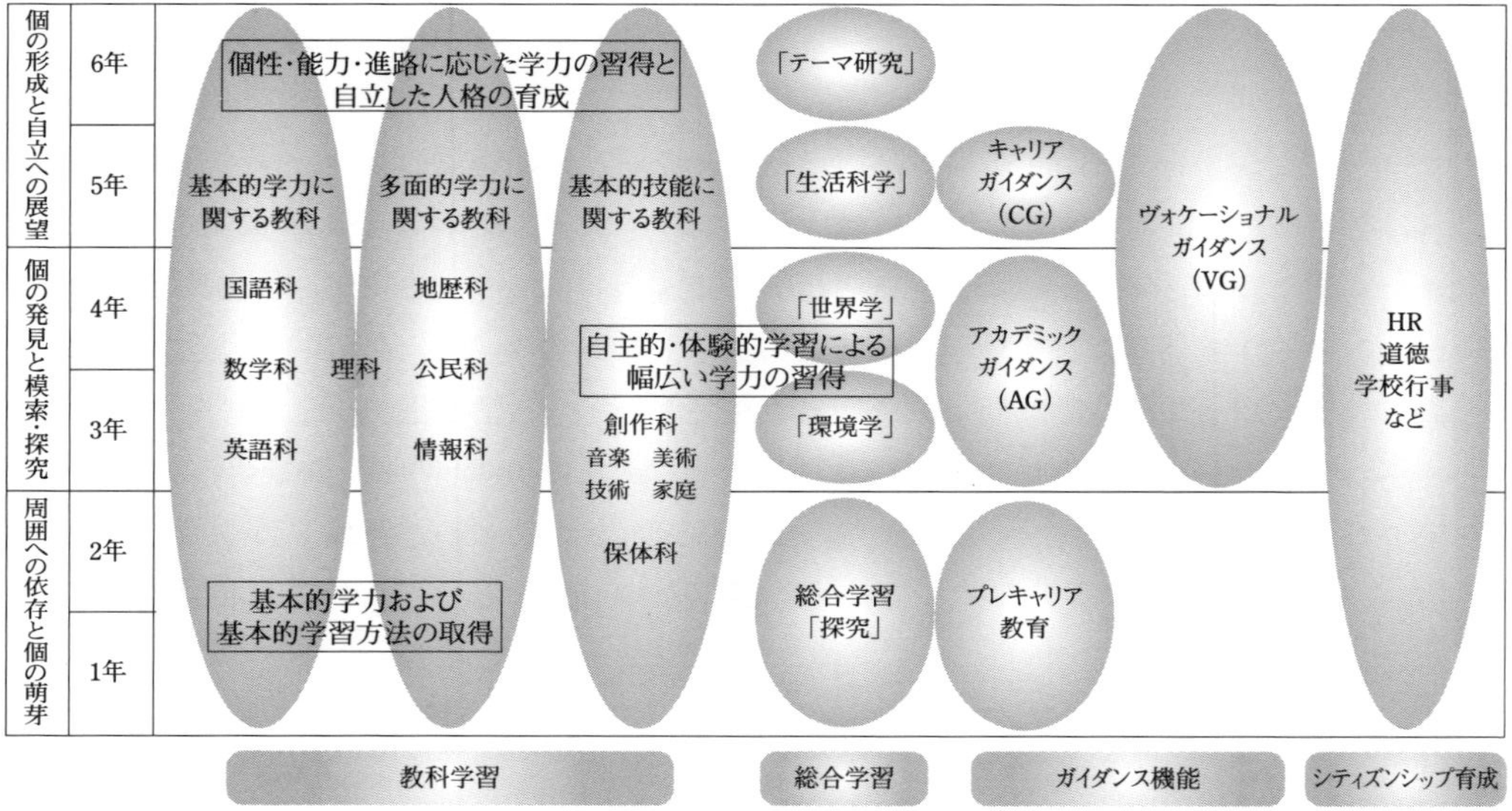
個の形成と自立への展望
個の発見と模索・探究
周囲への依存と個の萌芽
6年
5年
4年
3年
2年
1年
個性・能力・進路に応じた学力の習得と
自立した人格の育成
基本的学力に
関する教科
国語科
数学科
英語科
理科
多面的学力に
関する教科
地歴科
公民科
情報科
基本的技能に
関する教科
創作科
音楽　美術
技術　家庭
保体科
自主的・体験的学習による
幅広い学力の習得
基本的学力および
基本的学習方法の取得
「テーマ研究」
「生活科学」
「世界学」
「環境学」
総合学習
「探究」
キャリア
ガイダンス
(CG)
アカデミック
ガイダンス
(AG)
プレキャリア
教育
ヴォケーショナル
ガイダンス
(VG)
HR
道徳
学校行事
など
教科学習
総合学習
ガイダンス機能
シティズンシップ育成

評価の結果と二〇〇五年度からのスーパーサイエンスハイスクール（ＳＳＨ）の指定により、開発当初からは変更されている）。

3　カリキュラム評価

（1）研究開発学校としてのカリキュラム評価

前節で述べた中高一貫教育カリキュラムの開発では、第一次、第二次ともに現状の点検・評価（See）を行って改善点（Improvement）をはっきりさせることから始め、ＳＩＰＤのサイクルをとっていた。しかしながら、組織的にデータを収集してカリキュラム評価を行ったとは言い難い。そこで、二〇〇二年度〜二〇〇四年度に「中高一貫カリキュラムの評価」をテーマに、引き続き文部科学省の研究開発学校の指定を受け、学校全体で組織的にカリキュラム評価を行うことにした。カリキュラム評価の対象は、各教科のカリキュラム、ガイダンス機能、総合学習であった。以下、教科カリキュラムの評価方法に焦点をあてて述べる。

（2）授業評価を基軸とするカリキュラム評価

本校ではカリキュラム評価を行うにあたり、授業評価を基軸とした。授業評価は、各教科の教育目標や教育内容がいかに生徒に学ばれたのかという学習評価を問題とする。この際の教育目標や教育内容は、一時限または一単元に限定され、教師の教育技術や生徒の学習法に焦点化される。この授業評価を積み重ねて、学期単位・学年単位・学校単位の教育目標や教育内容を対象として、それらの系統性や構造、妥当性を評価していくのがカリキュラム評価であると考えて、研究を進めてきた。

具体的には授業評価を、教科カリキュラムを一緒に作成した同じ教科の教師による授業観察、教科カリキュラム作成にはタッチしていない他教科の教師や保護者・評議員による授業観察、公開研究会等による公開授業などで行ってきた。

例えば、開発した数学科のカリキュラムにおいては、関数の学習（比例・反比例、一次関数、二次関数）を三年の「解析Ⅰ」でまとめて行う構成になっていた。この「解析Ⅰ」の授業について、教師や保護者・評議員による授業評価を行い、それに基づいて関数をまとめて学習するカリキュラムの評価を行うということである。これに、生徒へのアンケートの結果や他教科との関連面も加味して数学科内で議論した結果、「比例・反比例」は一年または二年で学習した方がよいということになり、カリキュラムの再構成を行った。

(3) カリキュラムを開発し、授業を実践した教師自身による評価

各教科の2—2—2制における目標は、本校のカリキュラムの枠組みである2—2—2制の各期の目標を、各教科の目標に落としたものである。各教科のカリキュラム評価の基本は、教科・科目の目標を達成できたかどうかを検証・評価することである。そのために、評価規準・基準を明確に

し、それをもとにした実践結果の分析を各教科で行うことにしたが、教科による特性の違いもあるので、具体的な進め方は各教科に任せられ、組織的・統一的な方法で行うことはなかった。この方法による各教科のカリキュラム評価は、新科目や少人数授業、ティームティーチングなどに重点をおいて行われ、成果をあげることができた。詳細については、研究開発実施報告書を参照願いたい。

このような、各教科の授業をその教科の教師が評価する方法は、当然のことながら「目標に準拠」したものである。カリキュラム評価においては、カリキュラム作成者によって設定された目標が達成されているかどうかを、作成者が検証・評価するのがいちばんの基本であると考える。しかし、そこには「視点の固定化」という問題が存在するであろう。すなわち、作成者が設定した「目標」という視点から離れて検証・評価することが難しく、他の視点が入りにくい。カリキュラムを検証・評価する際には、このことを留意しながら行う必要がある。

(4) 独立評価者による評価

カリキュラム開発者による評価の限界を考慮し、カリキュラムを開発した者以外による評価をねらいとして、次のような「独立評価者」による授業観察を実施した。

■他教科の教師および、異学年を指導している同じ教科の教師による授業観察

■保護者・評議員による授業観察

「独立評価者」については、根津朋実氏の論文よりヒントを得た。根津氏はカリキュラム評価に

図 6-2　外部評価者の位置づけ

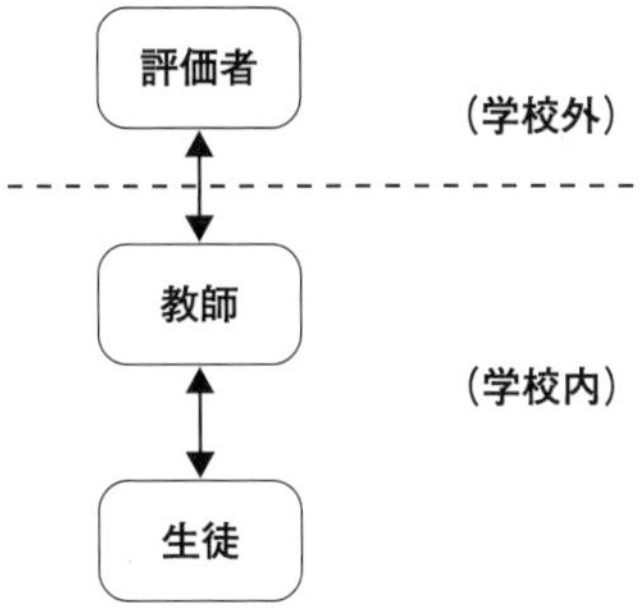

図 6-3　独立評価者の位置づけ

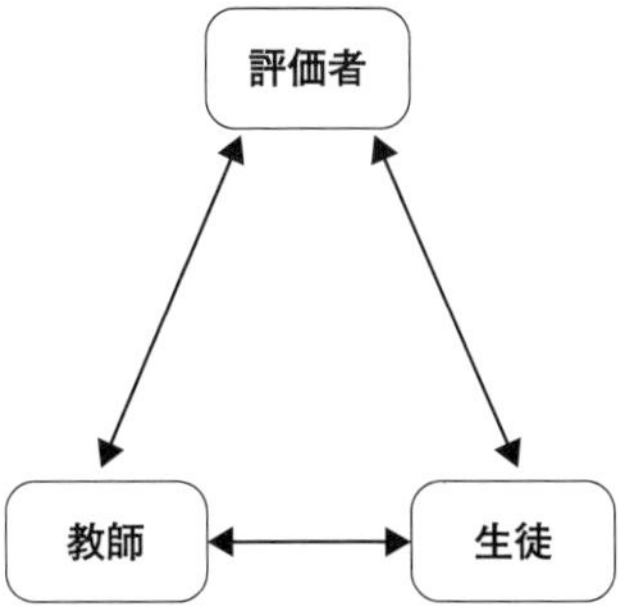

おける「多元的な視点」の重要性に触れ、多元的な視点を具体化したものとしての「独立評価者」について考察し、「外部評価者」（図６-２）と「独立評価者」（図６-３）を比較検討している。

たとえ本校の教師であっても、教科の違う教師は他教科のカリキュラムの作成には直接タッチしていないという意味で、「独立評価者」と捉えたのである。

(5) 本校教師の授業観察による評価

「独立評価者」による評価の一つとして、他教科の教師および、異学年を指導している同じ教科の教師による授業観察を以下のように実施した。

（一）期間：五月の一週間

（二）要領

① 各教科から、複数の教師の複数の授業を公開する

② 授業公開者は、その週の授業目標・授業計画、授業内容のわかる資料を用意する

表6-1　研究開発の概要

年度	授業公開教師数	公開授業時間数	教師の観察した平均時間数
2003年度	25人	86時間	5時間
2004年度	23人	83時間	4時間

③　各教科は、観察者に対して授業観察の観点を指示してもよい
④　各教科は、カリキュラム評価の際に利用できる資料を収集してもよい
⑤　各教師は、他教科の複数の授業を観察する

（三）研究協議を行う

研究開発で実施した二年間のデータは、表6－1の通りである。

カリキュラム評価に利用するために、授業を観察した教師にアンケートを実施した教科も多かったが、教科の特性や検証・評価しようとする対象によって、形式はまちまちであった。例えば、数学科はたくさんの観察の視点をあげて四段階での評価を求めるのが主となっている形式であり、英語科は少数の観点をあげて、それについて自由記述の回答を求めた。

アンケートは扱いやすい方法ではあるが、回答項目によって視点・観点を固定化することに留意する必要がある。観察された教科の知りたい事項についてのデータは収集できるが、項目にはない事柄について観察者が気づいた情報は得られない恐れがある。そこで、授業・カリキュラムの何に目をつけ、それをどのように記述するのかも観察者の自由に任せる方法が考えられる。

国語科はこの方法を取り入れた。A４一枚程度（一六〇〇字程度）の自由記述により、他教科から新しい視点をいくつも得ることができて参考になったとの総括がなされている。

この授業観察では、他教科のカリキュラム・授業をよりよく知ることができたので、有意義であった。観察した際に各教科が実施するアンケートの結果等の資料や、研究協議での意見は、それぞれの教科でのカリキュラム評価の際に大いに参考になった。

このように他教科の授業やカリキュラムに意見することができるのは、本校の教師間で信頼関係が構築されているからである。もたれ合い、馴れ合いではなく、前向きに批判的に議論しながらカリキュラムの開発・評価を進められる教師間の関係の構築（同僚性の構築）が、非常に重要である。また、この校内授業観察は、研究開発終了後の現在も継続して実施しており、授業研究・カリキュラム評価に大いに役立っている。

(6) 保護者・評議員による授業観察による評価

もう一つの「独立評価者」による評価の実践として、保護者・評議員による授業観察を以下のように実施した。

（一）期間：一〇月の三日間

（二）要領

①　授業公開者は、その週の授業目標・授業計画、授業内容のわかる資料を用意する

② 授業観察者は、以下の四者とする
a 今年度のPTA役員（会長、副会長三人、学級役員三八人）
b 学校評議員（四人） c 昨年度のPTA役員
d PTA役員以外の保護者で、観察を希望される方
③ 自分の子どもが受講していない授業を観察してもらう
④ 観察者aには、PTA役員会の日に、カリキュラムと授業観察の目的の説明を行って趣旨を徹底する
⑤ 学校から用意したアンケートおよび教科独自のアンケートへの回答や資料収集も行う

(三) 座談会を行う

当初の観察者はa、bのみであったため、実施に際しては次のようなジレンマを抱えていた。
・単なる授業参観とはせずに、カリキュラムを評価してもらうための授業観察とするには、丁寧なカリキュラムの説明を行い、カリキュラムの目標や構造を理解してもらう必要がある。
・しかし、説明を受けることで、「外部評価者は「素人の見方」を捨て、中途半端な実践者になる。結果的に、多元的な視点は設定されない。」（根津）という意見もある。

この点ではかなり迷ったのであるが、観察期間が三日間と短いこと、教師でない保護者・評議員にカリキュラムを評価してもらうためにはカリキュラムをある程度知っておいてもらわなければ無理だろう、と考えて事前のカリキュラム説明会を行った。

表 6-2　授業観察の概要

年度	観察者数	公開授業時間数	観察授業時間数
2003 年度	31人(PTA役員27人、学校評議員 4 人)	66 時間	172 時間
2004 年度	80人(PTA役員42人、学校評議員 4 人、旧PTA役員12人、一般保護者22人)	73 時間	227 時間

その上で、観察者総体の多次元的な視点を確保するために、観察者c、dを加えることとなった。

研究開発で実施した二年間のデータは、表6-2の通りである。

観察者は授業観察の後、アンケートに答えると同時に、座談会にも参加してもらった。座談会に参加することにより、アンケートの質問項目で十分言い表せなかった点を補充したり、他の観察者の意見を聞くことによりさらに自分の考えを深めてもらう機会とすることができた。

アンケートの概要は、以下の通りである。詳しくは、研究開発実施報告書を参照願いたい。

一、授業の四段階評価

「教科のカリキュラム目標に沿っており、目指す力を身につけることができる授業である」という項目に対して、5〜2の四段階で評価する。

二、授業の自由記述による評価

①授業全般、②よかった授業、③よくなかった授業の三つの観点から自由記述する。

三、カリキュラムの評価：（一）〜（四）は自由記述

（一）カリキュラム全般について　（二）本校のカリキュラムが優れていると思われる点

（三）どこを直すともっとよくなるか　（四）他の学校でも実施可能か

（五）一〇点満点で評価すると何点か

一については、5と4の合計が二〇〇三年は八八％、二〇〇四年は九七％、三、（五）については、平均が二〇〇三年が八・三点、二〇〇四年が八・二点となり、自由記述も含めて非常に高い評価を得ることができた。

自分の子供のクラスの授業を見るのではなく、他のクラスや他学年の授業を見ることで、客観的にカリキュラムを意識した授業観察ができ、授業の評価に関して様々な視点からの意見を多数得ることができた。しかし、授業を評価した意見は多数述べられていたが、カリキュラムの内容まで踏み込んだ意見はやはり少なかった。

なお、日本カリキュラム学会で発表した際に、「保護者などの外部評価を入れることは対外的な説明としてはいいことで、また、そこから何か得られるものもあるかもしれない。しかし、他教科の教師による観察の評価と同じレベルで扱うべきものではないことを、きちんと了解しておくべきである。」という意見を大学教員から頂いた。この点についての、教師全体の共通理解が必要である。

（7）「教育課程実施状況調査」のデータによる評価

国立教育政策研究所教育課程研究センターが、二〇〇二年一月、二月に全国規模で実施した「教育課程実施状況調査」を利用することで、本校生徒の各教科における目標達成度を知ることができると考えた。そして、そのデータを基にして各教科のカリキュラムを検証・評価することにした。

本校では、二〇〇三年～二〇〇六年に、二年（中学二年）～四年（高校一年）の生徒を対象に、国語・数学・英語の調査を行った。全国で行われた調査は、当該学年の三学期に実施されているが、本校では新年度の四月当初に実施することとした。学年は一つ上になっているが、実質学年は同じであると考えている。教科は生徒への負担等も考えて、国語・数学・英語の三教科に絞った。

二〇〇三年度から二〇〇六年度までの四年間の経年変化を見ると、各教科とも通過率の変動は小さく、クラスの雰囲気や、担当教師の指導力の違いといった個別の要因の影響が、比較的少ないことがわかった。すなわち、カリキュラムの善し悪しが子どもたちの実力養成に大きな影響を及ぼすことが改めて確認できた。

各教科における各項目についての分析では、ほぼすべての項目について全国平均を上回っていた。教科によっては全国平均を下回った項目もあるが、それぞれの教科で分析を行った結果、大きく取り上げるべき問題点は指摘されなかった（詳細は、研究開発実施報告書を参照）。例として数学科の分析を簡単にまとめると、次のようになる。

全国通過率より本校の結果が下回っている設問が各学年に数問あるが、これらは本校独自のカリキュラムにより、まだ学習していない分野である。既習事項についてはいずれも、全国通過率に比べてよい結果が出ている。文章を読んで方程式を作る問題や、関係式から理由を述べる問題など、単に問題を解いて答えを出すだけでなく、その説明が必要な分野では全国通過率を大幅に上回っている。

一方、因数分解などの計算問題では、通過率が全国平均並みの部分もある。この結果から、特に低学年を中心に演習時間をしっかり確保し、反復練習にも力を入れる必要がある。

以上のように、「教育課程実施状況調査」を利用して、前期課程の国語・数学・英語の一定のカリキュラム評価を行うことができた。二〇〇七年度からは「全国学力・学習状況調査」が実施されることになったので、今後はこの全国調査をカリキュラム評価に活用することにした。

(8) 生徒・保護者へのアンケートによる評価

カリキュラム全体に関するアンケートを、生徒・保護者に対して実施した。これは、教科の枠を離れた観点から、両者それぞれの立場でカリキュラムを考えてもらうことにより、カリキュラムの検証・評価を行おうという試みであった。質問項目は、生徒・保護者に共通の質問を多く用意し、さらに生徒に対しては、実際の授業に関する項目を用意した。共通の質問については、回答の傾向が同じである部分と違っている部分を考察することで、カリキュラム評価につなげることができた。

回答は四択であり、主なアンケート項目を抜粋すると、以下のようになる。

■一・二年、三・四年、五・六年の二年ごとを区切りとする2―2―2制を基本にしていることを知っている。

■本校のカリキュラムは、他の学校と比べて特色があると思う（全体、各教科）。

■授業では、実験・観察・実習などの時間がたくさんある。

■授業で自分の考えをまとめたり、発表することがよくある。

■授業でコンピュータを使う機会が多い。

■少人数授業では、人数の少なさを生かした授業が行われている。

なお、このアンケートは、その趣旨を生かしながら、より広い視点から生徒・保護者の評価を知るための「学校外部評価アンケート」に引き継がれて、現在も実施されている。

4　カリキュラム評価の成果と課題

（1）評価方法のまとめ

すでに述べたように、できる限り評価の視点を固定することなく、多元的な視点で評価できるよ

図6-4　カリキュラム評価の方法

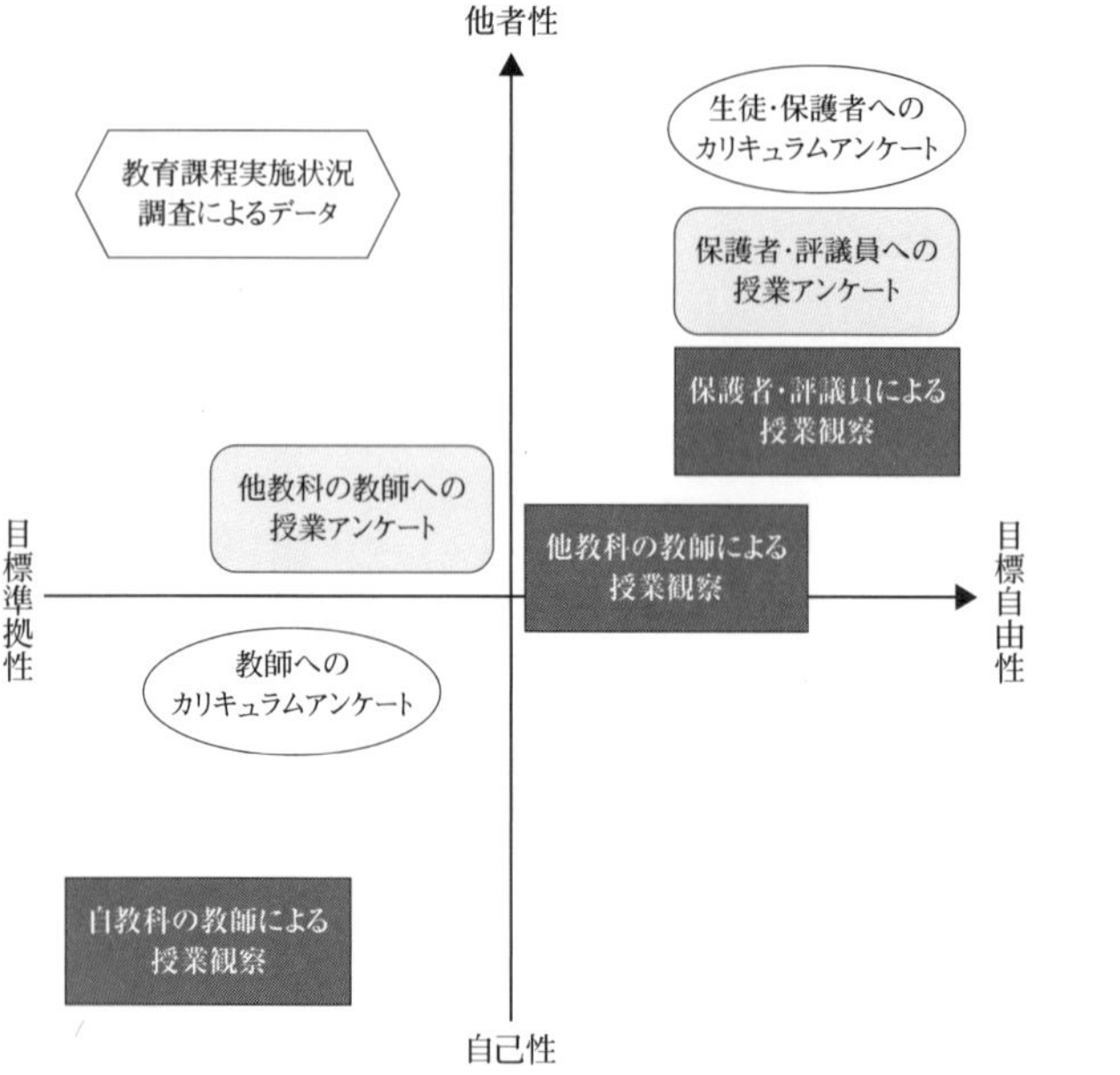

うなカリキュラム評価の方法を考えて実践してきた。カリキュラムの作成者であり実践者である教師が、カリキュラムの目標から自由になり、カリキュラムを客観視して評価することはかなり難しいと考えたからである。

　これらのカリキュラム評価の方法を、カリキュラムの目標からの自由性と、評価に対する他者性の二次元でイメージ的に分類してまとめると、図6－4のようになる。

(2) カリキュラム評価の成果

　このたびのカリキュラム評価では、各教科が中心となって教科カリキュラムの評価を行い、それらをまとめる方法をとることにより一定の研究成果があった。図6－4で表されているような方法を実践し、多くの視点からカリキュラム評価を行うことができたことは、大きな成果であると考える。その結果、評価の高いカリキュラムの部分は継続されているが、課題が見つかった部分や、評価の低かった部分においてはカリキュラムが変更された。

例えば、三年（中学三年）の国語総合で行っていた「表現」の少人数授業を、当初の週に二時間から一時間に減らした。これは、カリキュラム評価を行った結果、次のことがわかったからである。

・新カリキュラムの当初のねらいの一つであった、三年生に古文の基礎を学ばせることが十分に行えていないため、時間を捻出する必要がある

・「表現」を三年間実践して評価した結果、内容を精選すれば週一時間に減じても、十分に二時間と同じだけの教育効果をあげることのできるノウハウが蓄積された

また、数学科と英語科が組んで、三・四年（中学三年・高校一年）において、三クラス一二〇名を三〇人四講座展開して数学と英語の授業を行うカリキュラムを変更し、クラス単位の授業に戻した。これは、カリキュラム評価を行ったところ、三〇人ではそれほど授業効果が上がらないことが、他教科の教師の指摘も含めてわかってきたからである。そしてその頃、国立大学法人化に伴って講座時間数の削減が求められてきたので、カリキュラム評価の結果から、削減するなら数学科・英語科の三〇人講座であろうとなったからである。

（3）カリキュラム評価の課題

学校文化・風土・校風や教室の雰囲気、生徒や教師を取り巻く人間関係など、「教育課程」には含まれないが、結果的に生徒が身につけた能力を生み出した教育内容を「潜在的カリキュラム」という。本校でいえば、「自由・自主・自立」の校是であり、学園祭を中心とした生徒の自主的な活動などであろう。この「潜在的カリキュラム」を含んだカリキュラム評価を、十分には行えていないことが課題である。問題意識はあるが、「潜在的カリキュラム」を含んだ評価まではなかなか進めない点は、本校だけではなく全国の学校において課題として残されているのではないかと考える。

また、「カリキュラムの枠組みである2―2―2制が素晴らしいというのなら、その根拠を示してほしい」という疑問に対して、十分に答えられたとはいえない。もちろん、本校教師は「2―2―2制」の枠組みが六年一貫教育において有効であることは実感しているし、それは間違っていないと考えている。しかしながら、例えば、特定の生徒の成長を具体的にインタビューなどを行いながら追跡し、確かに中学年（三・四年）で幅広い力をつけて成長していることを示す、等のことができなかった。この点については、今後何らかの形で追究していきたい。

（4）カリキュラム・マネジメントと教師研修

カリキュラム評価は、教育内容・指導内容が妥当であるかどうかを検証する授業研究・授業評価を積み重ねることで進められ、このことを通じて教師の授業技術や授業の力量が開発されていく。

また、カリキュラムの開発・評価では当然、教師の研修を伴う。この研修においても教師の力量が伸びていく。逆の面から見ると、教師の力量を上げないとカリキュラムの開発力・評価力はつかないし、教師の力量に応じたカリキュラム開発、カリキュラム評価しかあり得ない。

すなわち、カリキュラム・マネジメントのためには、教師の力量を上げる必要があり、そのためには十分な研修・授業研究・授業評価が必要となる。したがって、教師が自由に質の高い研修を受けられる環境や勤務条件の整備、授業研究・授業評価を日常的に行えるような雰囲気づくり、研究推進の体制づくりを、管理職・研究主任・教務主任などが進めていくことがキーポイントである。本校は、同僚性を損なうことなく、望めば十分な研修を行うことができるように配慮している。「校長裁量経費」を設けていることがその一つである。これは、教師の誰もが応募することができ、申請して採用されれば、一年に数回は学会に参加して発表・研修を行うことができるだけの旅費や、教材・研修用図書購入費、教材製本費等を得ることができる。

最後に、カリキュラム・マネジメントを進めるためには、ぜひとも常設の組織が必要であると考える。本校では、一九九九年度より「教育課程委員会」を組織し、全教諭から互選で四名の委員が選出され、管理職とともにカリキュラム・マネジメントの中心として活動している。

参考文献

田中統治編（2005）『学力向上をめざす管理職の実践課題　第一巻　確かな学力を育てるカリキュラ

ム・マネジメント』教育開発研究所
根津朋実（1998）「『ゴール・フリー評価』(goal-free evaluation）の方法論的検討」日本カリキュラム学会編『カリキュラム研究』第七号
奈良女子大学附属中等教育学校（2004）『文部科学省研究開発学校　研究開発実施報告書（平成一五年度第二年次）』
奈良女子大学附属中等教育学校（2005）『文部科学省研究開発学校　研究開発実施報告書（平成一六年度第三年次）』

第七章　選択教科・科目制カリキュラムの評価

岡部　善平

1　選択教科・科目制の展開とカリキュラム評価

中等教育カリキュラムの開発・研究の主要な課題の一つに、「選択制をどのように取り入れるか」というテーマがある。とりわけ一九八〇年代から二〇〇〇年代半ばにかけては、中学校での選択教科制の拡大施行、生徒による「自由な科目選択」を掲げる高等学校「総合学科」および単位制高校の創設、高等学校での学校設定科目の導入など、学科、コース、教科・科目において多様な教育内容を設定し、生徒に選択させる仕組みを作ることが、カリキュラム改革の方向性の一つとなってきた。

選択教科・科目制は、カリキュラムの「特色化」「多様化」を促し、生徒の個性や関心、進路に応じた教育内容を提供できるという点で、生徒の学習意欲の喚起や学力の向上に対する有効な手段となることが期待されている。しかし一方で、選択教科・科目制は、これまで常に批判ないし懸念の対象となってきた。たとえば、「安易な選択」と呼ばれる現象である。選択教科・科目の授業を生徒が特定の友人との合流の場とする、特定の人気教師が担当する授業や気楽に受けられる科目に生徒が集中する、といった事態にどう対処するかという問題は、これまでも繰り返し議論されてきた(1)。また、一部の生徒が受験対応の科目に集中し、結果として受験に特化した選択履修がなされてしまう、いわゆる「偏りのある選択」も、選択教科・科目制がもたらす問題の一つとして取り上げられている(2)。選択教科・科目制は、それを導入しさえすれば、所期の目的を達成できるというわけではないのである。

ところで、こうした現象は、選択者たる生徒の行動に着目する限りは「生徒個々人の選択の失敗」と解釈することができる。確かに個人の意思決定に基づいて教科・科目の選択が行われるのであれば、「安易な選択」にしても「偏りのある選択」にしても、その個人の〝判断ミス〟の結果と捉えることはできるだろう。

しかし、生徒個々人の選択行動は、選択教科・科目制カリキュラムをめぐる現象の一つの側面でしかない。カリキュラムの仕組み、形態の在り様に目を向けたとき、たとえば「安易な選択」や「偏りのある選択」は、そのような選択を生徒にさせてしまったカリキュラム上のエラーを表すことになる。このことはすなわち、カリキュラムが生徒のどのような選択行動を生じさせているのか、そこに何らかの問題がないのか、カリキュラム評価の観点から入念にチェックされなければならないことを意味している。

選択教科・科目制の導入は、「総合的な学習の時間」と並んで各学校が独自にカリキュラムを開発する重要な契機となる。それだけに、そのカリキュラムのもつ効果や改善点について各学校が吟味する活動、すなわちカリキュラム評価の活動は不可欠となるだろう。

本章では、選択教科・科目制カリキュラム（以下、「選択制カリキュラム」）の評価を取り上げ、評価の観点、方法論について概観していきたい。

2　選択制カリキュラムの存立形態

選択制カリキュラムのもつ効果や改善点を吟味するためには、何をもってして「効果」あるいは「改善点（課題）」とみなすのか、その判断基準がまずなくてはならない。そして、この判断基準の構築は、「選択制はなぜ必要なのか」といういささか概念的な（理屈っぽい）目的論と結びついている。

（1）選択制の二つの役割

筆者は大学での講義のなかで、学生に対して次のような質問をすることがある。

・中学および高校（とくに高校）のカリキュラムに選択制は必要であると思うか？
・その理由は？
・高校に選択制を設けるとして、どのような形式の選択制が望ましいと思うか？（コース制か、科目選択制か、あるいはそれ以外の形式か）

とくに前者二つの質問に対する学生の回答を見てみると、ほとんどの学生が「選択制は必要」と答え、その理由として次の二つの点に言及している。すなわち、

①生徒の多様な「進路」に対応するため。

ひとつは「生徒それぞれの希望する進路や将来に対するビジョンは異なる。それゆえ、進路に必要な教科・科目を優先して学べるようにすべきだ」という見解である。この見解は、生徒を特定の進路に向けて社会化し、進学先ないし就職先に配分するための選択制の役割に言及している。

②生徒の多様な「個性」に対応するため。

いまひとつは「人には向き不向きや興味関心の違いがある。こうした生徒の適性や個性に対応するために、生徒が自分の関心のある科目をある程度選べるようにしておくべきだ」という見解である。この見解は、多様な個性や背景、あるいは学力をもった生徒を受け入れ、それに対応することを可能にするための選択制の役割に言及している。

選択制のこれら二つの役割のうち、①は選択制カリキュラムの「社会化機能」、②は「個性化機能」ということができる。(3) 中等教育カリキュラムにおいて、選択制はこの両方の役割を同時に担っているのである。

これら二つの役割は密接に結びついているが、①と②のどちらをより重視するか、そのバランスのとり方によって履修のさせ方(4)＝カリキュラムの形態は異なってくることになり、それに伴ってカリキュラム評価のポイントにも差異が生じることになる。

(2) 「枠」の作用

佐々木享は、生徒の目から見たときの選択制の存立形態を次の三つのパターンに分類している。(5) すなわち、

① とくに高校進学の際に行われる学科の選択
② 学校が開講しているコースの選択
③ 学校が開講している教科・科目の選択

このうち①については受験の結果や学力に応じて振り分けられることが多く、必ずしも生徒の「意図的な選択」の対象となるとは限らないことから、②および③を「狭義の選択制」、①を含めた選択制を「広義の選択制」と呼んでいる。カリキュラム評価の対象として選択制を扱う場合、焦点となるのは「狭義の選択制」の方である。

従来、わが国の中等教育カリキュラム、とりわけ高校教育カリキュラムにおいて、「選択制」といえば②のコース選択制を指すことが多かった。ここには、わが国の選択制カリキュラムに関する二つの特徴を見いだすことができる。

すなわち、わが国の選択制カリキュラムの特質として第一にあげることができるのは、カリキュラムが、生徒の選択行為および学習活動に対して常に一定の「枠」を設けることを志向している点である。飯田浩之は、新制高校発足から一〇年あまりの間に起きた科目選択制の歴史的展開を検討していく中で、わが国の選択制カリキュラムがもつこの特質について言及している。戦後の新制高校発足当初、生徒個々人の関心あるいは個性に応じるために科目選択制が採用された。しかしその後一〇年あまりの間に、この科目選択制は、生徒の特定の進路に分化させていくためのコース選択制に変容していった。そのひとつの帰結点が、一九五六（昭和三一）年に改訂された学習指導要領における科目選択制の事実上の放棄とコース制の導入である。飯田は、この変化が、わが国の高校教育の「構造」に規定された動きであると指摘している。すなわち、わが国の高校教育カリキュラムには、生徒の選択に対して常に「一定の『枠』を設けようとする力が働いて」おり、このことがわが国の選択制カリキュラムの在り様を根本的に規定していると指摘している。(6)

このようなわが国の選択制カリキュラムの特質は、米国のハイスクールに見られる選択制カリキュラムの特質とは対照的である。米国の選択制カリキュラムにおいては、「カフェテリア方式のカリキュラム」と称せられるように、基本的には一切の「枠」が設けられていない。ローレン（Rohlen, T. P.）が述べているように、米国の選択制カリキュラムではあくまでも個人の才能や関心に基づく科目選択が重視されており、そうした「個人に選択の機会を提供する制度への執着」(7) こそが、アメリカ人特有の関心事となっている。それに対してわが国の選択制カリキュラムにおいては、一方で生徒個々人の関心に基づく科目選択が提唱されながら、同時にカリキュラム上の何らかの「枠」の存在が自明視され、その「枠」に準拠して科目を選択することこそが、系統性をもった〝良い〟選択とみなされている。ここに、「系統性の神話」とも言うべき、わが国の選択制カリキュラムの特質を見いだすことができる。

わが国の選択制カリキュラムの第二の特質としてあげることができるのは、前述のカリキュラム上の「枠」が、単に一定の知識カテゴリーとしてのみ設定されているのではなく、生徒の進路を先取りし、進路選択の指針となるべく設定されている点である。すなわち、わが国の選択制カリキュラムは、その教育を受けることによってどのような進路が開けてくるのかという観点から編成され、あるいは評価されている。その際、カリキュラム上の「枠」は、カリキュラムの編成者側が想定した進路展望を生徒集団に明示し、その進路に向けて生徒集団の学習活動を専門分化させていく枠組みとしての役割を果たしているのである。

こうした選択制カリキュラムの特質は、これまでわが国の中等教育機関、とりわけ高校が社会に対する効率的な人材配分のエージェントとしての地位を保持してきたことを意味している。クラーク（Clark, B. R.）は、日米の高校の重要な差異として「日本では中等学校入学時に、さらに高等教育機関入学時点でも、生徒たちを明確な形で分化すること[8]」をあげている。これは、基本的に総合制の形態をとり、普通科と専門学科、学校内でのコースあるいは系列といった区別を設けていない米国のハイスクールとは対照的なわが国の高校教育独自の特質なのであるが、同時に高校が社会への人材配分に対して果たす機能についての日米間の違いをも示している。この点について耳塚寛明は、クラークに依拠しながら、日米の高校の違いを「上級学校との接続」(upward coupling) と「下級学校との接続」という形で明確に対比させている。すなわち、「アメリカのハイスクールが、理念・行政・教育内容・教員組織などの点で、初等学校と密接に結びついた構造を持っているのに対して、日本の高校教育は、それらの点で大学と深く結びついてきた。とりわけ日本の高校教育の教育課程の範囲と水準は、実質的には大学入試によって強くコントロールされている[9]」のである。

こうした高校教育のもつ「上」との接続という特質は、何も高等教育との接続に限ったことではないだろう。というのも、専門学科のカリキュラムについても、それがいかに有益であるかは職業という「上」との関連によって正当化されるからである。普通科にしろ、専門学科にしろ、カリキュラム上の「枠」は何らかの形で社会の産業構造へと生徒を収斂させていくことによって正当化され、この図式は現在も、カリキュラムを編成する教師集団の認知の仕方を形作っている。このことが、進路と結びついたわが国の選択制カリキュラムの特質の一端を支えているのである。

選択制カリキュラムは、履修の仕方や学習内容の決定に関する教師のコントロールを弱め、生徒の権限を増大させるものである。しかし、生徒の自由裁量は際限なく認められているわけではない。

選択制カリキュラムには、生徒の選択行動を一定の範囲に収めるための顕在的・潜在的な〝仕掛け〟が不可欠である。なぜならば、先に述べたように、中等教育カリキュラムは「個性化機能」と同時に「社会化機能」、すなわち特定の進路に向けて学習者を方向づけていく役割を必然的に担っているからである。

学科やコース、系列、あるいは習熟度別編成といった「枠」は、各生徒の科目選択が進路別の履修原理に収斂していくための仕掛けであるということができるだろう。後に述べるが、こうした「枠」は、コース別選択制のみならず教科・科目選択制においても何らかの形で設けられている。

留意すべきは、生徒の選択行動が、こうしたカリキュラムの仕掛けに規定されながら行われるという点である。カリキュラムにどのような仕掛けを埋め込むかはカリキュラム設置者の教育意図に大きく左右されるが、この「**設置者の教育意図――カリキュラムの形態――学習者の選択行動**」の**関連性**に着目すれば、生徒の選択行動は各人の個人的な行為以上の意味をもつことになる。すなわち、生徒の選択行動は、カリキュラムを媒介とした教師側の働きかけ＝教育活動に対する評価として理解することができるのである。

この点について、次に「選択行動」と「評価活動」との関係を事例に基づきながら整理したい。

3　評価活動としての「選択」

(1)「総合学科」の事例から

生徒の選択行動のどの点に着目し、それをどのように解釈することで、その選択行動を「生徒による選択制カリキュラムの評価活動」として位置づけることができるのだろうか。また、そうした解釈がカリキュラム改善とどのように結びつくのであろうか。ここでは、大幅な科目選択制を導入した高等学校「総合学科」の事例から考えてみたい。

一九九四年以来その数を増やしている総合学科は、開設の当初から「生徒による自由な科目選択」を標榜し、豊富な選択科目を開講することによって生徒が自らの関心や将来への展望に応じて自由に科目を選択していくシステムを一貫してとってきた。

とはいえ、その総合学科でも、生徒の選択を方向づけるための次のような〝仕掛け〟がカリキュラムに埋め込まれている。

① 選択科目群は、相互に関連する科目のセットないしまとまりとして生徒に提示される

表7－1を見ていただきたい。これは筆者が調査を実施したある総合学科の選択科目群である。これを見ると、たとえば農業系の科目群は「生物資源系列」あるいは「エコロジー系列」の科目として、商業系の科目は「国際流通系列」「ビジネス系列」の科目としてまとめて提示されている。(10)

表 7-1　総合学科の選択科目群（例）

系列名	科　目　名
生物資源系列	生物工学基礎　栽培技術 I　飼育技術 I　栽培技術 II　飼育技術 II　栽培環境　食品製造　生物工学　食品科学　簿記　農業実践 国語 II　生物 IB　化学 IB
エコロジー系列	緑地学 I　環境科学 IIA　グリーンデザイン　環境科学 IIB ランドスケープ・ガーデン　動物生態学　植物生態学 アメニティデザイン　エコロジー実践 A　エコロジー実践 B エコロジー実践 C　国語 II　生物 IB　化学 IB
機械技術系列	機械実習 I　機械製図 I　機械設計 I　工業数理　機械実習 II 機械製図 II　機械設計 II　機械工作 A　原動機　電気基礎 数学 II　数学 III　物理 IB　英語 II
メカトロニクス系列	電気機械実習 I　電気機械製図　プログラミング技術 I　工業数理　電気機械実習 II　電子基礎　ハードウェア技術　プログラミング技術 II　機械工作　電子機械応用 数学 II　数学 III　物理 IB　英語 II
食物栄養系列	調理 II　食品　栄養　調理 III　食品衛生　保育　消費経済 家庭看護福祉 国語 II　化学 IB　化学 II　英語 II　日本史 A　英語演習
アパレル系列	アパレル技術 I　ソーイング　ハンドクラフト　アパレル技術 II 保育　消費経済　家庭看護福祉 国語 II　英語 II　日本史 A　英語演習　美術 II
国際流通系列	流通経済　簿記　情報処理　文書処理　マーケティング　商業デザイン　商品知識　国際経済　ビジネス英語　ビジネス実践 英語 II　地理 B　現代の政治と経済　英語演習　オーラルコミュニケーション A
ビジネス系列	簿記　文書処理　流通経済　情報処理　会計　工業簿記　ビジネス実践　商品知識　計算事務　商業デザイン　マーケティング 数学 II　国語 II　現代の政治と経済　英語 II　オーラルコミュニケーション A
自由選択科目	日本語　文学　国語演習　古典 I　古典講読　小論文演習　世界史 B　日本史 B　世界の思想　数学 A　数学 B　数学 C　数学演習　生物 II　物理 II　化学演習　生物演習　身近な科学 Reading　クッキング　生活園芸　機械工作　計測・制御 ビジネスの知識とマナー　オーラルコミュニケーション B　法律知識　スポーツ II　野外活動「水泳」　野外活動「スキー」

このように選択科目群をいくつかのまとまりとして提示することで、どの科目とどの科目が関連していて、どのような選択が「系統的な選択」なのかを生徒に伝達しているのである。これは、系列が先述した「枠」の役割を果たしていることを表している。

② ガイダンス等を通じて、生徒が進路に対応した科目選択を行うよう一定の〝誘導〟がなされている

選択教科・科目制は、生徒が何らかの興味関心や進路展望をもっており、それらに基づいて教科・科目を選択していくことを前提としている。しかし、生徒が必ずしも何らかの興味関心や学習要求、進路展望をもっているとは限らないし、仮にもっていたとしても、そうした関心が具体的な選択行動に直結するほど明確なものであるとは限らない。筆者の行った調査の結果によれば、むしろ生徒は、教科・科目を選択・履修する過程で当初漠然としていた関心を徐々に明確にしていくことが確かめられている。

そこで重要になるのが、生徒に自らの適性、関心や進路について探求させる場としての継続的なガイダンスの実施である。たとえば総合学科では、原則必修科目として「産業社会と人間」というガイダンス科目が実施されている。その内容については各校さまざまであるが、

・職場体験、社会人講話、大学教員による出前講義など、進路ガイダンス的な活動
・科目選択ガイダンスと履修計画の作成
・グループによる課題研究、ライフプランの作成と発表などを通したまとめ

などが行われており、生徒はこれらの諸活動を通して、進路意識を形成し、将来の進路を見越した

科目選択をするよう促される。

こうしたガイダンス科目は、カリキュラムに埋め込まれている「枠」と対応する形でその内容が構成されることが多い。総合学科の例でいうならば、

・科目選択ガイダンスにおいて、特定の系列の科目群をある程度まとめて選択することが推奨され、また系列に即した履修モデルが提示される。

・進路ガイダンスにおいては、系列に対応した内容の職場体験、社会人講話、大学教員による出前講義が行われる。右に紹介した事例校のように農業系、工業系、家政系、商業系の各系列が設定されている場合は、機器メーカーでの職場体験が実施されたり、農学部系の大学教員による講話が行われる。

これらの仕掛けは、いずれも教科・科目選択制カリキュラムを進路別編成カリキュラムに近づけて展開しようとする試みである。生徒の選択に対する「枠」の存在や組織的・計画的なガイダンスの実施といった仕掛けは、総合学科のカリキュラムに限定されない、多くの選択制カリキュラムに適用されている（あるいは、されようとしている）システムである[11]。

（2）生徒の選択行動をどう解釈するか

この章の冒頭で、筆者は、生徒の「安易な選択」が生じるのはそのような選択をさせてしまったカリキュラム上のエラーである、と述べた。しかし、これまで述べてきた「選択制の二つの役割」

の視点に立てば、いわゆる「安易な選択」の発生は単なるエラーとして片づけることはできない。なぜならば、選択制カリキュラムは、進路を見越した科目選択という教育意図とは矛盾する生徒集団の選択行動の契機を、「個性への対応」という形で必然的に内包しているからである。選択制カリキュラムは、生徒の目からみたカリキュラムの意味と教師の目から見たそれとの違い、ズレが、選択という過程を通して露わになりやすい特徴をもっているのである。

選択制のもつこの特徴は、カリキュラムの評価活動において重要な意味をもつ。というのも、生徒の選択行動は教師の教育意図とは必ずしも一致しない意味づけ、価値判断に基づいて行われているのであり、生徒は選択の過程を通して「何が学ぶに値するものか」をいわば独自に〝値踏み〟しているからである。すなわち生徒の選択行動は、それ自体がカリキュラムに対する評価活動の意味をもつのである。

この点について、具体例を用いて考えてみよう。次の四つの事例は、先ほど例示した総合学科において筆者が行った質問紙調査の自由記述の部分の結果である。この調査は、生徒が科目選択を行う時期に実施された。そのためか、「この学校に入学してから、あなたが感じていることを自由に書いてください」という質問項目に対する生徒の解答の大半が、科目選択に関するものであった(12)。

事例一

「この学校に入る前か、高一年生ぐらいには、だいたい自分の進路は、決めておかなければならなかった、と思いました。

一年生の後期あたりで、二、三年生の時間割をだいたい決めてしまうので、大学進学か、専門（学校進学――引用者）か、というのをはっきり決めてしまわないと、いけないと思いました。時間割がそれによって変わってしまうので……。」（二年生女子）

事例二

「自分が今まで出来なかった事ができるようになり、将来自分のなりたいものが見えてくる。この学校はそれを導いてくれたような気がします。

でも一つ欠点を言えば、同じ時間に取りたい教科が重なったりした事、もっと自分がやりたい事がいっぱいあったのに、進路のために別の教科を取らなければならないなどで少し心残りだった事もありました。」（三年生女子）

事例三

「科目を選たくできるのはとてもうれしいです。私は数学をやるとヒステリックをおこすので、その心配もなくなりホッとしています。来年のグリーンデザイン（＝選択科目の一つ――引用者）がとてもたのしみです。もっといろんなおもしろい科目をふやしてほしいです。」（二年生女子）

事例四

「私はこの学校を選択して本当に良かったと思っている。私は数学や英語が苦手でいつもそれが足を引っぱっていました。しかしここは、数、英を取る必要がなく、自分のやりたい科目、将来に役立つ科目を取れるので、とても楽しいです。

今ごろ普通の学校に行っていたら、きっと学校退学していたかもしれない。」（三年生女子）

ここに示した事例は、これだけを読めば「ある科目を選択した理由」に関する記述である。しかし注意しなければならないのは、これら生徒独自の価値判断に基づく選択理由をあくまでも「生徒によるカリキュラム評価」の観点から解釈するということである。すなわち、生徒はカリキュラムをどのようなものとして意味づけ、行動しているのか、という解釈をするのである。[13]

これら四つの事例を見てみると、前者二つの事例の生徒は、進路によって時間割が変わってくると述べていたり、「もっと自分がやりたい事がいっぱいあったのに、進路のために別の教科を取らなければならない」と述べていたりすることからわかるように、進路を念頭に科目選択に臨んでいた。これらの生徒にとって、選択制カリキュラムは希望する進路を実現するための手段であり、したがってこれらの生徒は選択制カリキュラムを「進路保障」の観点から評価していると理解することができる。

この価値判断は、「将来に役立つ科目を取れる」という記述から、事例四の生徒においても見いだすことができる。しかし、「数学をやるとヒステリックをおこすので、その心配もなくなりホッとしています」、「数、英を取る必要がなく」といった記述から、後者二つの事例の生徒は、前者二つの事例とは異なるものの見方を共有していることがわかる。すなわち、これらの生徒にとって、選択制カリキュラムは苦手科目を回避することを可能にするカリキュラムなのである。したがって、これらの生徒は、「苦手科目回避」の観点から選択制カリキュラムを評価しているということができる。

科目選択を通して示される、こうした生徒の価値判断の記述は、それだけでカリキュラム評価のための貴重な情報・データとなる。たとえば事例三および四に見られる「苦手科目回避」の観点は、カリキュラムを設置した教師側からは「安易な選択理由」と見なされるかもしれない。少なくとも、事例一および二の「進路実現」の観点ほど肯定的には受け止められないだろう。しかし、「(数学の)心配もなくなりホッとしています」(事例三)、「今ごろ普通の学校に行っていたら、きっと学校退学していたかもしれない」(事例四)といった記述から推察できるように、当の生徒にとって苦手科目の回避は、学校生活に適応していく上で選択制カリキュラムがもつ一定の〝効果〟を表している。こうした〝効果〟は、たとえば「進路実現」の観点からのみカリキュラムの効果を測定した場合にはみえてこない、選択制カリキュラムのもつ「副次的な効果」なのである。

このように、生徒の選択行動を選択制カリキュラムに対する生徒独自の評価活動として捉え直したとき、表面的には見いだしにくいカリキュラムの「意図せざる結果」を把握することが可能になる。そこで次に検討しなければならないのは、生徒の選択活動のこうした捉え直しを、いつ、どのように行うかという点である。

この点について、カリキュラム・ガイダンスの再構成の視点から考えてみたい。すなわち、生徒の選択行動を「コントロール」する場から、生徒にとってのカリキュラムの意味を把握するための情報収集を行う「アセスメント」の場へ、ガイダンスを再構成していくのである。

4 コントロールからアセスメントへ
――カリキュラム・ガイダンスの再構成

これまで述べてきたように、生徒の選択行動を選択制カリキュラムに対する評価活動として理解し直すことで、カリキュラムの「意図せざる結果」を再確認することができる。選択制カリキュラムの評価において、生徒の選択行動とその意味は、カリキュラムの改善に結びつくデータとして扱われなければならないだろう。

科目選択ガイダンスと進路ガイダンスを含めたカリキュラム・ガイダンスは、そうしたデータ収集の場として活用することができるのではないだろうか。これはすなわち、これまで生徒の選択のコントロールに主眼を置いてきたカリキュラム・ガイダンスをカリキュラム評価の場として組み替え、その役割を拡張することを意味している。

これまで、選択制カリキュラムにおけるガイダンスの主要な役割は、生徒の選択をいかにコントロールするかという点にあった。たとえば総合学科における「産業社会と人間」は、すでに述べたように系列というカリキュラム上の「枠」と対応した進路を提示することで、生徒に進路を見越した科目選択をさせるよう指導を行っている。また、中学校における選択教科制においても、生徒が選択教科の授業を特定の友人との合流の場にしてしまわないようにするため、個別面談も含めたガイダンスの強化が図られている(14)。

生徒の選択に対するこうしたコントロールは、カリキュラム・ガイダンスの重要な役割の一つではある。しかし、ガイダンスの役割をコントロール的な側面にのみ焦点化してしまうと、たとえば教師側の意図した「系統的な選択」に適合しない選択は総じてコントロールの対象と見なされ、なぜそうした選択が行われたのか、その意味が不問に付されてしまうことになる。

次の事例を見てみよう。これは事例一〜四と同様、ある総合学科において行った調査の自由記述部分の抜粋である。

事例五

「もっと総合的に、いろんな分野を経験させた方が生徒等には良いのではありませんか。選択授業のガイダンスで、はじめにこれをした方が良いと教えられ、その当時の私はまだ世間のせまい者でして、それに従ったが、今思うと普通の専門系の高校に通っている気がしてたまらない。もっと興味のある分野をかたっぱしから取れば良かった。

専門知識を広く浅く学んでも、いっこうに構わないと思った。逆に、せまく深くの方は、世間がせまくなり、自分の本当にやりたい事や、知られざる自分の能力の発見の場がかぎられてしまい毎日がつまらなくなってしまうと思います。」（三年男子）(15)

事例のなかでこの生徒は、特定の専門領域や系列の科目をまとめて選択したことに対して、「もっと興味のある分野をかたっぱしから取れば良かった」と否定的に評価している。こうした見解は、「系統的な選択」に向けてのコントロールの視点から捉えると「系統性からの逸脱」であるかもしれない。しかし、カリキュラム評価の観点に立つと、

・選択システムの硬直性（「もっと総合的に、いろんな分野を経験させた方が生徒等には良いのではありませんか」）

・科目選択ガイダンスの不備（「選択授業のガイダンスで、はじめにこれをした方が良いと教えられ、その当時の私はまだ世間のせまい者でして、それに従ったが、今思うと普通の専門系の高校に通っている気がしてたまらない」）

に関する指摘と理解することができ、ここにカリキュラムを改善する余地が生じる。こうした解釈を可能にするためには、生徒の選択行動をカリキュラムに対する評価活動の一つと捉え、ガイダンスをそうした評価活動の意味を解釈するための情報収集の場、すなわちアセスメント（質的な資料

収集）の場としなければならないだろう。

カリキュラム・ガイダンスをアセスメントの場として捉え直すと、生徒の選択がどのような価値判断や意味づけに基づいてなされたのか、一歩踏み込んだ情報収集とその分析を行うための独自の手法が求められる。たとえば選択科目の希望調査にしても、単に各科目の受講者数の確定・調整のための数量的・一時的な調査ではなく、いま現在どのような科目に関心があるのか、なぜ関心があるのか、といった点についてアンケートや自由記述を通じて生徒自身に考えさせ、その結果を個人記録として蓄積していくのである。これらの個人記録は生徒自身の進路選択の際の資料ともなるが、それだけではなく、生徒の隠れたニーズを掘り起こし、次年度以降の開講科目の内容、科目選択の時期、ガイダンスの内容等を再検討するための有益な資料ともなり得る。

こうした調査は、教科・科目を選択する前だけでなく、選択が行われた後も定期的に実施されなければならない。なぜならば、生徒の関心や進路展望はとかく流動的で、科目の選択や履修の過程で不断に再構成されるものだからである。それだけに、科目を選択する前と後とでの生徒のものの見方の変化を把握することは、科目変更や継続的な進路ガイダンスの実施など、柔軟にカリキュラムを運用していく上で重要となる。

また、選択制カリキュラムの評価の対象は、生徒の教科・科目の選択行動だけに限定されない。選択教科・科目の授業での人間関係といった「隠れたカリキュラム」の領域にまで目を向ける必要がある。というのも、選択教科・科目を実施する際には、学習集団と生活集団の分離という関係性の変化が常に伴っているからである。

わが国の中等教育諸学校の特徴の一つとして、学習集団としての授業クラスと生活集団としての学級・ホームルームとの一致による、生徒理解のしやすさと比較的安定した人間関係の形成をあげることができる。(16) こうした従来の指導形態に対して、選択教科・科目制は生活集団を基盤とした学習集団を一時的に解体し、各生徒を個人として新たな学習集団に組み入れる作用をもっている。生徒が選択科目を仲間との合流の場として読み替えようとする現象は、こうした生活集団の一時的解体と「学習の個人化」に対する生徒独自の適応の試みと理解することもできるだろう。

とはいえ、生活集団としての学級・ホームルームを個々の生徒のニーズに対応し得る小規模な学習集団に再編することは、よりきめの細かい指導を実現する上で十分な意義がある。留意しなければならないのは、興味関心のある科目を選択し、同様の関心をもつ生徒同士が集まったからといって、必ずしも自然発生的に良好な学習集団が形成されるわけではないということである。関係形成の十分でない層の生徒にある種の疎外感を生み出していないか、そのことが授業への参加を妨げていないかを、授業評価やカウンセリング等を通じて定期的にチェックしていく必要がある。

このように、ガイダンスを通じて収集され、蓄積されたさまざまな情報や記録、生徒の声は、選択制カリキュラムの一連の評価活動を進めていく上で不可欠な質的データとなる。アセスメントの場としてのカリキュラム・ガイダンスは、生徒に対しては選択のための指針を与え、教師に対してはカリキュラムを吟味し改善するための指針を与えるという意味で、選択制カリキュラムの「羅針盤」となり得るだろう。

すなわち、コントロールの場からアセスメントの場へのカリキュラム・ガイダンスの再構成は、教師と生徒が互いの立場から多角的にカリキュラムを評価するための道を切り拓くのである。

注

（1）米国では、すでに一九七〇年代から、各学校が多くの選択科目を開講するあまり、非アカデミック科目の増加とアカデミック科目の減少、教育目標の喪失、深刻な学力低下といった事態を招いている。この経過に関しては、以下の著作が詳しい。アーネスト・L・ボイヤー著、天城勲、中島章夫監訳（1984）『アメリカの教育改革――ハイスクール新生の一二の鍵』リクルート社、橋爪貞雄著（1992）『二〇〇〇年のアメリカ――教育戦略その背景を批判』黎明書房、佐藤学（1996）「カリキュラム改革の三〇年」佐藤学著『カリキュラムの批評　公共性の再構築へ』世織書房、二一三―二二二頁を参照。

（2）荒井克弘編（2000）『学生は高校で何を学んでくるか』大学入試センター研究開発部、山村滋、荒牧草平（2003）「大学入学者の高校での科目履修と受験行動――普通科に関する実証的研究」『カリキュラム研究』第一二号、一―一四頁を参照。

（3）耳塚寛明（1996）「高校教育改革の教育構造」耳塚寛明、樋田大二郎編著『多様化と個性化の潮流をさぐる　高校教育改革の比較教育社会学』学事出版、八八―一〇二頁を参照。

（4）安彦忠彦は、カリキュラム評価の対象のうち、「履修原理」に関わる評価対象として選択制を取り上げている。安彦忠彦（1999）「カリキュラムの評価的研究」安彦忠彦編著『新版　カリキュラム研究入門』勁草書房、一八一―二〇七頁。

（5）佐々木享（1988）「必修制、選択制について」『名古屋大学教育学部紀要（教育学科）』第三五巻、二〇九―二二三頁。

（6）飯田浩之（1996）「高校教育における『選択の理念』――科目選択制の歴史的展開と今日の高校教育改革」『筑波大学教育学系論集』第二〇巻第二号、四三―五七頁。

（7）トーマス・P・ローレン著、友田泰正訳（1988）『日本の高校　成功と代償』サイマル出版、一四八頁。

（8）バートン・R・クラーク著、耳塚寛明抄訳（1986）「高校と大学　どこがアメリカで狂っているのか〈その三〉」『ＩＤＥ　現代の高等教育』№二七二、六四―七一頁、六六頁。

（9）注（3）前掲書、九六頁。

（10）ここでいう「系列」とは、あくまでも科目のまとまりを表すものであり、他学科における「コース」とは異なる。系列は、生徒の選択に対して制度上の規定力もない。したがって、生徒は各系列の系統性を無視して、たとえば農業系の科目と人文系の科目をほぼ同数ずつ選択しても何ら支障はない。

（11）国民教育文化総合研究所（2004）「若年層の雇用問題と職業教育のあり方を考える」、高等学校におけるキャリア教育の推進に関する調査研究協力者会議（2006）「高等学校におけるキャリア教育の推進に関する調査研究協力者会議報告書――普通科におけるキャリア教育の推進」。

（12）岡部善平著（2005）『高校生の選択制カリキュラムへの適応過程――「総合学科」のエスノグラフィー』風間書房、三二一―三三三頁。

（13）科目の選択理由など自らの行動に対する生徒の「自己評価」を、「カリキュラム評価」の立場から再解釈するという視点については、注（4）前掲書を参照。

(14) 田中統治(一九九七)「中学校選択教科制が生徒のカリキュラムへの適応行動に及ぼす統制作用に関する調査研究」『子ども社会研究』第三号、四四―五六頁。

(15) 注(12)前掲書、一二六―一二七頁。

(16) 注(7)前掲書、一七一―一八三頁。

第八章　特別支援学校のカリキュラム評価

佐藤　匡仁

1　一人一人の教育的ニーズに応じたカリキュラム

（1）特殊教育から特別支援教育へ

はじめに、特別支援学校のカリキュラム評価を述べる上で、背景となる以下の制度改正について知る必要がある。平成一三年一月に出された「二一世紀の特殊教育の在り方について（最終報告）」では、「児童生徒等の特別な教育的ニーズを把握し、必要な教育的支援を行うという考え方に転換する必要がある[1]」とされ、また、平成一五年三月に出された「今後の特別支援教育の在り方について（最終報告）」においても、「これら障害のある児童生徒一人一人の教育的ニーズを把握し、適切な対応を図ることが特別支援教育における基本的視点として重要である」[2]とされた。これらの報告書は「盲・聾・養護学校や特殊学級などの特別な場において、障害の種類、程度に応じた適切な教育を行うという考え方に基づいていた」[3]特殊教育から、「教育の場がどこであっても、その特別な教育的ニーズに応じた適切な教育的支援を行うべきである」[4]とする特別支援教育への転換を示したものである。こうして、平成一八年六月、学校教育法の一部改正案が成立し、平成一九年四月より特別支援教育を推進するための新たな制度が施行された。

これらから読み取れるように、特別支援教育の基本的な考え方は、「一人一人の教育的ニーズを把握し、適切な対応を図ること」である。これが特別支援学校におけるカリキュラム評価の観点であり、言い換えれば、特別支援学校のカリキュラム評価は、「一人一人の教育的ニーズ」にどれだけ応えているかにかかっているのである。

(2)「教育的ニーズ」とは、「教育上の必要性」

それでは、「教育的ニーズ」とはどのようなものを指すのであろうか。特別支援教育では、一人一人の教育的ニーズに応じたカリキュラム（「個別の指導計画」や「個別の教育支援計画」等）には、通常、次の二つのことが含まれる。一つは、現在の子どもの姿・実態である。二つには、今後その子に必要となる目標や教育内容・指導方法である。すなわち、そこには重要だと考える教育目標や教育内容があり、現状では満足できないその子にとっての〝開き〟が示されている。この開きが

「教育上の必要性」であり、「教育的ニーズ」となる。教育的ニーズに応じたカリキュラムが実施されると、目標が達成され、ニーズを満たして満足が得られると考えるのである。

では、なぜ「一人一人の教育的ニーズ」が重要視されるのであろうか。特別支援教育の対象となる子どもは、学校生活という限られた時間の中で、一人一人にとって必要性の高い教育内容を優先して学ぶことが求められる。したがって、教育的ニーズを特定し、適切な指導と必要な支援を行うことに重点を置くのである。いわゆる「選択と集中」である。でなければ「あれもこれも」と欲張るあまり、多くの学習内容や大切な課題が、薄い習得や未解決のままに終わりかねない。ここに「一人一人の教育的ニーズ」を最優先に考える一番の理由がある。

では実際に、どのように教育的ニーズを特定するのであろうか。ニーズを把握するには、まず子どもの実態把握のための情報収集による評価、いわゆるアセスメントをする。その過程で、子ども本人の興味・関心や、保護者からの要望や願い、悩み、困り感などが寄せられる。「ビデオやお菓子が大好き」、「サッカーがやりたい」、「ことばが話せるようになってほしい」、「一人で行動できるようになってほしい」、「休日の余暇の過ごし方に困っている」、「睡眠リズムが安定せず夜中に起きて部屋を歩き回る」などである。ここで整理したいのは、「欲求（wants）」と「ニーズ（needs）」を区別して考えることである。佐野（2003）は、「欲求」の対象となるものは「ニーズ」を満たす手段にすぎず、「学校においては内外の関係者の『欲求』を満たすことに注意を向けるのではなく、その奥にある『ニーズ』を満たすことに注意を払うべきである」[(5)]と述べている。

例えば、保護者から「ことばが話せるようにならないだろうか」と要望が出される。しかし子どもの実態から、短期間での実現は困難と思われることがある。そのような場合、ことばが話せるようになるまでの、その子の発達・成長の段階や、それに応じた指導内容・指導方法のステップを的確に説明できなくてはならない。同時に、すぐにはことばが話せなくとも、コミュニケーションの代替手段を学習することで、すこしでも他者と意思の疎通が図れるようになるのではないかなどの、今集中して行うべきニーズを、子ども本人や保護者とともにすりあわせる必要がある。

すなわち、この例の場合では、「ことばが話せるようになってほしい」という要望の背景を見つめ、「コミュニケーション手段の向上」というニーズを見極めるのである。そしてニーズを満たすための手段として、言葉を話せるようになるための学習が困難であれば、文字や絵カード、音声出力装置などを使用しての言語表出の学習は可能かなど、ニーズを満たすことができる代替案を検討して提案するのである。実際に、教育的ニーズを特定するプロセスにおいては、「ニーズへの最適性や優先度が判断されるため、ニーズ特定の根拠が明らかである必要がある」[(6)]。このように、教師は、多くの要望や願いに対して、今すぐに取り組むべき課題は何であるか、「教育上の必要性」を見極める力が必要になる。

では、具体的に、一人一人の教育的ニーズに応じたカリキュラムを、日々の実践レベルで展開するとはどういうことであろうか。特別支援学校における「計画されたカリキュラム」には、学校・学部での全体的な教育計画である「教育課程」、各教科別や年間、単元等での部分的な計画である

「指導計画」、また児童生徒一人一人に具体化した「個別の指導計画」と「個別の教育支援計画」などがある。柘植（2004）は、「個々の子どもの状態を的確に把握し、指導の目標を明確にし、適切な指導の計画を立て、指導の進行途中で適切な振り返りを丁寧に行い、必要に応じて目標や計画を修正していくというプロセス（Plan—Do—Seeプロセス）がどうしても欠かせない」[7]とし、これを実現するツールが、とりわけ「個別の指導計画」や「個別の教育支援計画」であると述べている。

次節から、これら各水準でのカリキュラム自体を対象として、評価（See—Plan—Do—See／Improvement：評価—計画—実施—評価／改善といった展開過程）の実践事例を紹介し、特別支援学校におけるカリキュラム評価のプロセスを概説する。

2 学校・学部レベルのカリキュラム評価

(1) 授業をベースにしたカリキュラム・アセスメント

カリキュラム評価は視点を定めた現状分析からスタートする。分析の視点を「現行カリキュラムを個のニーズの観点から改善すること」と定め、個のニーズと現行カリキュラムの整合性を点検することから開始した、筑波大学附属大塚特別支援学校中学部の実践事例[8]を紹介する。

教師全員で、授業ごとに現行カリキュラムの現状を分析すると（図8-1）、例えば次のような「個のニーズ」とのズレがあげられた。

図 8-1　主な現状分析

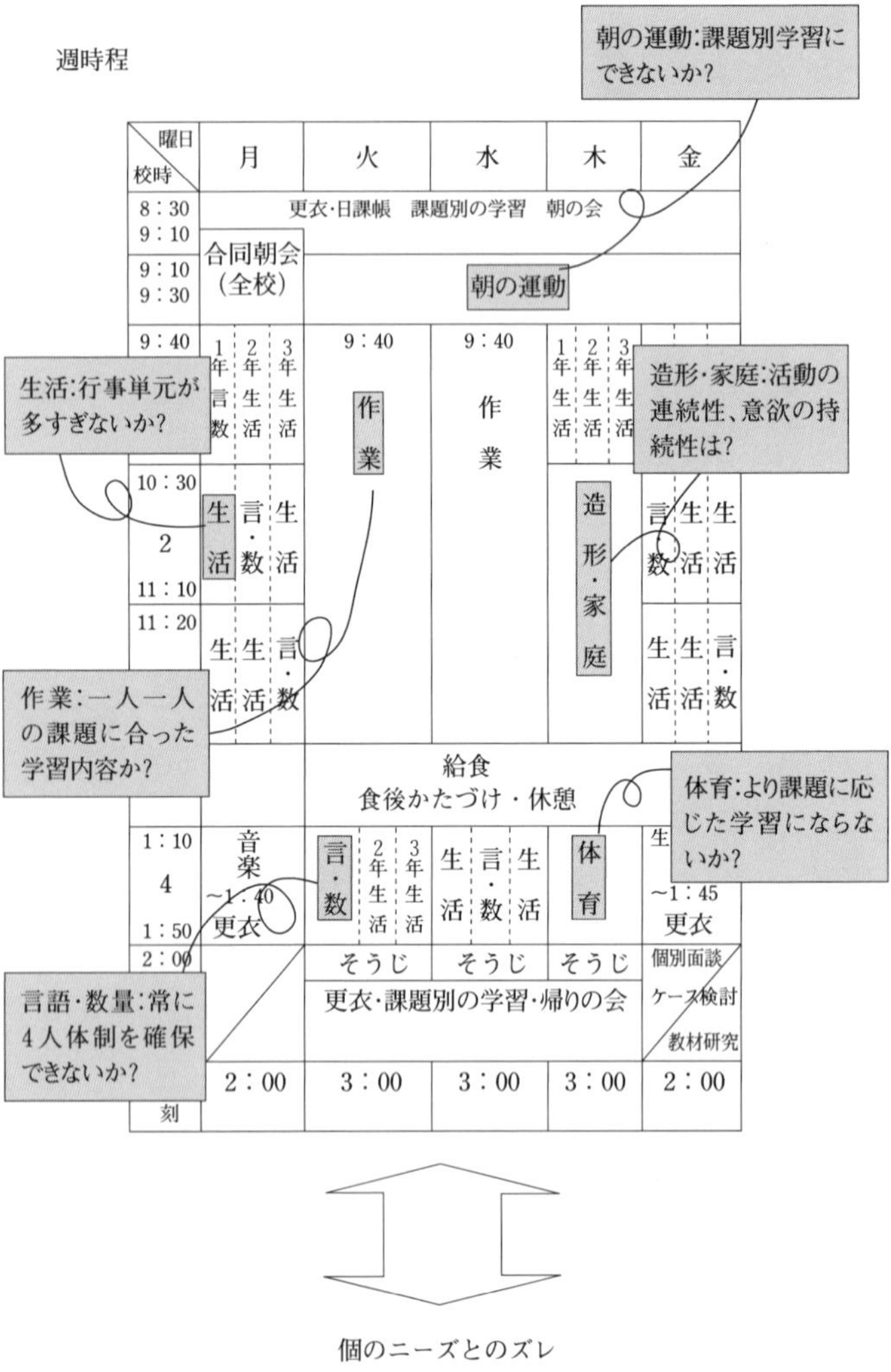

週時程
朝の運動:課題別学習にできないか?
曜日
校時
月
火
水
木
金
8：30
9：10
更衣·日課帳　課題別の学習　朝の会
9：10
9：30
合同朝会（全校）
朝の運動
9：40
1年言数
2年生活
3年生活
作業
作業
1年生活
2年生活
3年生活
生活:行事単元が多すぎないか?
造形·家庭:活動の連続性、意欲の持続性は?
10：30
2
11：10
生活
言·数
造形·家庭
11：20
作業:一人一人の課題に合った学習内容か?
給食
食後かたづけ・休憩
体育:より課題に応じた学習にならないか?
1：10
4
1：50
音楽
~1：40
更衣
言·数
2年生活
3年生活
体育
~1：45
更衣
2：00
そうじ
更衣·課題別の学習·帰りの会
個別面談
ケース検討
教材研究
言語·数量:常に4人体制を確保できないか?
刻
2：00
3：00
個のニーズとのズレ

図 8-2　柔軟で動的な授業改善・カリキュラム改善の流れ

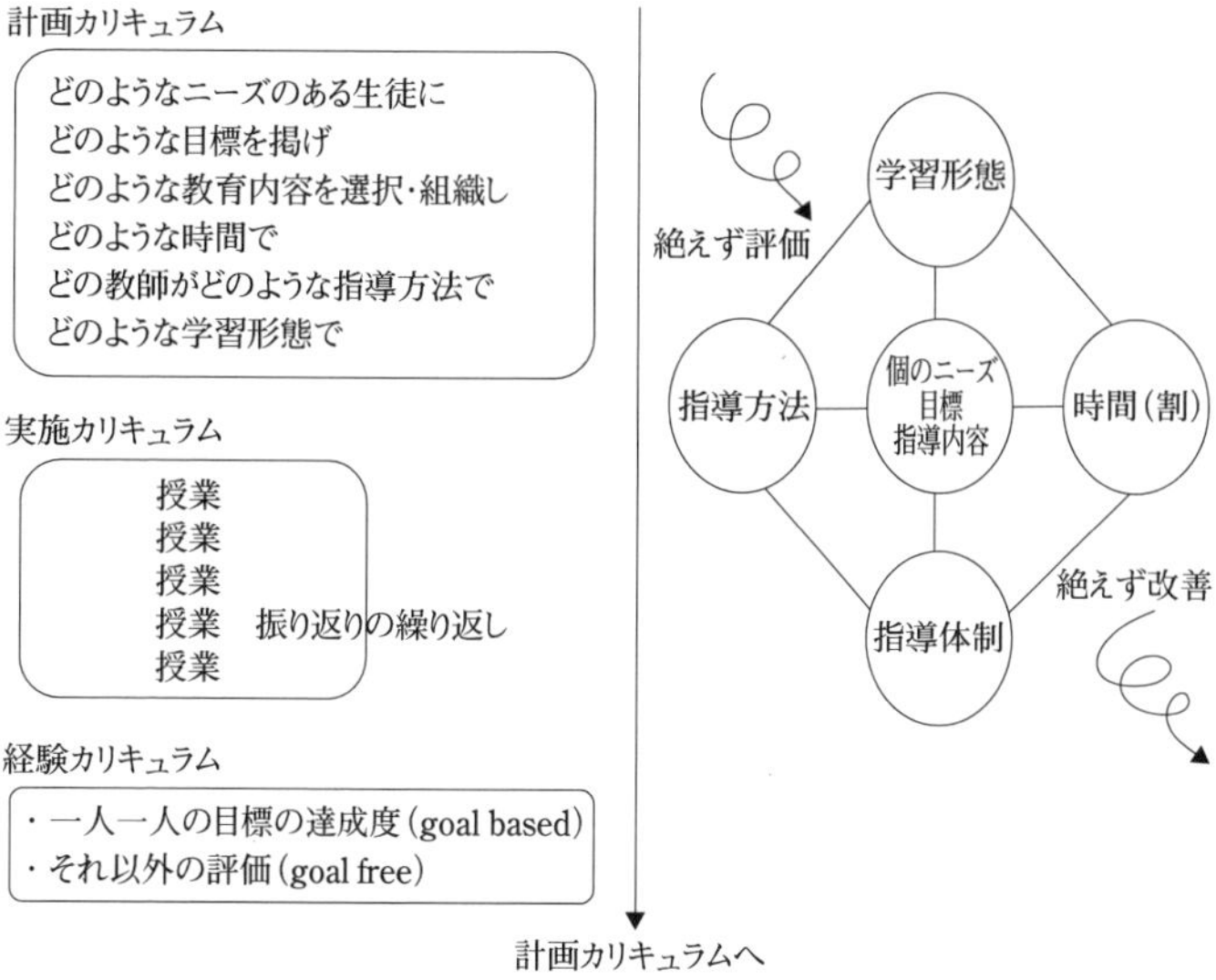
計画カリキュラム
どのようなニーズのある生徒に
どのような目標を掲げ
どのような教育内容を選択・組織し
どのような時間で
どの教師がどのような指導方法で
どのような学習形態で
実施カリキュラム
授業
授業
授業
授業　振り返りの繰り返し
授業
経験カリキュラム
・一人一人の目標の達成度（goal based）
・それ以外の評価（goal free）
計画カリキュラムへ
絶えず評価
学習形態
指導方法
個のニーズ
目標
指導内容
時間（割）
指導体制
絶えず改善

〈朝の運動、体育〉

・朝の運動において、曜日ごとに全員が「マラソン」「体操」をする一斉合同学習は、一人一人の体育的ニーズを十分満たしてきたか。体育を含め、課題別の学習形態がニーズに応じられるのではないか。

〈造形・家庭〉

・隔週授業は、子どもにとって活動の連続性や学習意欲の持続性を維持できているか。

・縦割り合同学習は、その形態のメリットを活かせているか。

このような授業の枠組みで浮かび上がった「個のニーズ」とのズレは、現行カリキュラムのどの部分に手を加えれば改善されるのか。それを行うためには、カ

＜年度中、改善に取り組んだこと＞

・合同学習（朝の運動・作業学習）を中心に、すべての教師で、全員の生徒一人一人のねらいの焦点化を図り、活動や教材、授業改善の視点を話し合った。
・中１：個別教育計画の取り組み状況を各指導計画ごとに振り返り、実施度の低い内容や発展させたい内容を調整し授業づくりをした。

・朝の運動において、カリキュラムを３位相で捉え評価し、生徒の学習する姿に応じて柔軟に活動を展開した。
・中３：大塚祭の生活単元において、指導計画の作成を実践と同時進行で作成してみた。

・担任以外の指導者を確保するため、「言語・数量」の時間を各クラスが重ならない時間割とした。
・隔週実施だった「家庭・造形」を時間割に毎週設け、授業の選択は活動の特性に応じて学級裁量に任せた。
・朝の運動を振り返る中で、ニーズに応じた学習時間を十分確保するため、全体の時間割を調整・修正した。
・予定時数と実施時数を計算し、累計時数とその内容をデータ化し、次年度カリキュラム検討の客観的な情報とした。

・朝の運動（一斉合同学習）を課題別集団編成にした。家庭・造形（縦割り合同学習）を学級単位の学習形態にした。
・年度途中においても、各授業の中で各生徒の必要に応じて学習集団を組み替えるなど、柔軟に選択・編成を施した。

・言語数量を担任（２人）＋自立活動担当＋主事の４人体制を確保できるようにした。
・自立活動においては、学級支援（各種アセスメント、授業分析、教材教具の提供）、自立活動に取り組んだ。

・作業学習、中２：生活単元学習において、VTRにより授業を分析し生徒一人一人の活動水準やエピソードを記録した。そのデータを基に授業改善の視点を話し合った。

・年間行事に取り組む中で、個のニーズと各行事がどのように結びついているか？課題を出し合った。
・年間行事以外に、行事となった校外学習がいくつかあった。中３：ボウリング（個のニーズを掘り起こしながら取り組んだ実践）、中１・２年：プール（個のニーズが浮かび上がり取り組んだ実践）、学部：キャンプ、芋掘り、筑波大学運動部応援（希望制で実施してみたら、余暇学習のニーズの糸口に応じる手ごたえを得られた実践）

・「中学部指導室」に個別教育計画書や授業改善収集データ等を掲示し、いつでも参照できるようにした。また教材・教具は専用コーナーを設置し、教師だけでなく生徒にも使用できるようにした。諸検査結果、指導記録等は、引き出しの付いたファイル棚に整理し活用できるようにした。これらすべてを一部屋に集め、リソースルームとしての環境を整備した。

→ 各課題の検討と年度末反省、次年度カリキュラム編成へ

図 8-3　実際の授業改善・カリキュラム改善の取り組み

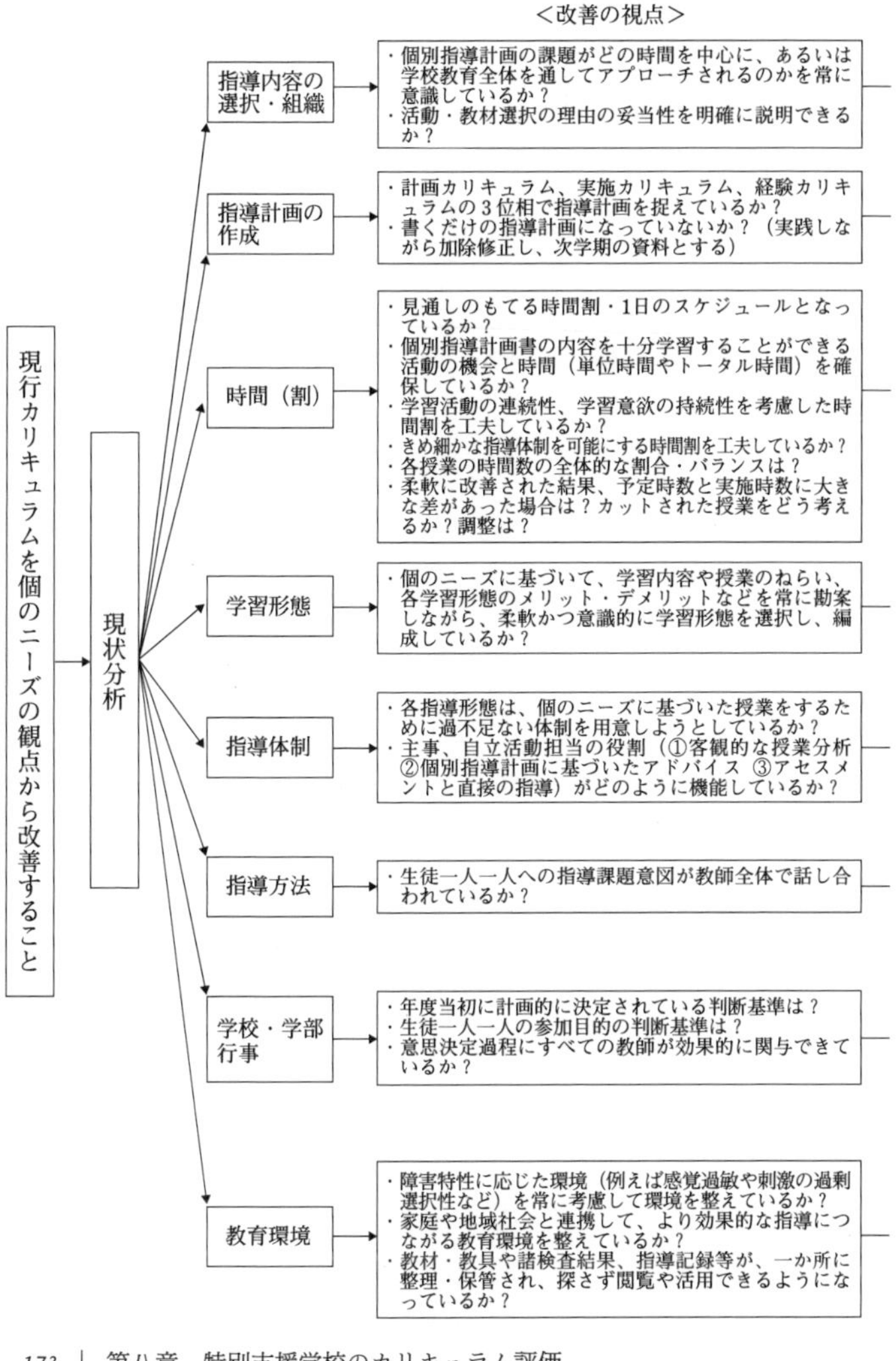

<改善の視点>
現行カリキュラムを個のニーズの観点から改善すること
現状分析
指導内容の選択・組織
・個別指導計画の課題がどの時間を中心に、あるいは学校教育全体を通してアプローチされるのかを常に意識しているか？
・活動・教材選択の理由の妥当性を明確に説明できるか？
指導計画の作成
・計画カリキュラム、実施カリキュラム、経験カリキュラムの３位相で指導計画を捉えているか？
・書くだけの指導計画になっていないか？（実践しながら加除修正し、次学期の資料とする）
時間（割）
・見通しのもてる時間割・1日のスケジュールとなっているか？
・個別指導計画書の内容を十分学習することができる活動の機会と時間（単位時間やトータル時間）を確保しているか？
・学習活動の連続性、学習意欲の持続性を考慮した時間割を工夫しているか？
・きめ細かな指導体制を可能にする時間割を工夫しているか？
・各授業の時間数の全体的な割合・バランスは？
・柔軟に改善された結果、予定時数と実施時数に大きな差があった場合は？カットされた授業をどう考えるか？調整は？
学習形態
・個のニーズに基づいて、学習内容や授業のねらい、各学習形態のメリット・デメリットなどを常に勘案しながら、柔軟かつ意識的に学習形態を選択し、編成しているか？
指導体制
・各指導形態は、個のニーズに基づいた授業をするために過不足ない体制を用意しようとしているか？
・主事、自立活動担当の役割（①客観的な授業分析　②個別指導計画に基づいたアドバイス　③アセスメントと直接の指導）がどのように機能しているか？
指導方法
・生徒一人一人への指導課題意図が教師全体で話し合われているか？
学校・学部行事
・年度当初に計画的に決定されている判断基準は？
・生徒一人一人の参加目的の判断基準は？
・意思決定過程にすべての教師が効果的に関与できているか？
教育環境
・障害特性に応じた環境（例えば感覚過敏や刺激の過剰選択性など）を常に考慮して環境を整えているか？
・家庭や地域社会と連携して、より効果的な指導につながる教育環境を整えているか？
・教材・教具や諸検査結果、指導記録等が、一か所に整理・保管され、探さず閲覧や活用できるようになっているか？

リキュラム評価の対象を、個のニーズに集中的に関連を持ついくつかの要素に絞りこんでおくと分かりやすい。私たちは、現状分析の内容に基づいて、現行カリキュラムの次の八つの要素に着眼した。①指導内容の組織・選択、②指導計画の作成、③時間（割）、④学習形態、⑤指導体制、⑥指導方法、⑦学校・学部行事、⑧教育環境である。そしてこれらカリキュラムの要素ごとに改善の視点をあげた。

（2）柔軟で動的な授業改善・カリキュラム改善へ

カリキュラムの要素ごとにあげた改善の視点から、実際の授業改善・カリキュラム改善に取り組む際に、次のことに留意する必要がある。現行カリキュラムと常に整合させる個のニーズとは、年度当初に一度決定したら、一年間は変わらないという性格のものではない。実際は、子どもの成長や発達などに応じて、教育上必要となる学習課題も変化してくる。よって、実践過程で中止、調整、フィードバックが可能となる柔軟で動的な授業改善・カリキュラム改善（図8-2）をしていくことが大切である。一年間で行った実際の授業改善・カリキュラム改善の取り組みは、図8-3の通りである。

3　「単元指導計画」のカリキュラム評価

(1) 集団授業における一人一人の教育的ニーズの把握

指導計画は、学校や学部レベルのカリキュラムをさらに具現化し、各教科・領域等のそれぞれについて、学年ごとあるいは学級ごとに、指導目標、指導内容、指導の順序、指導方法、使用教材、指導時数の配当、指導上の留意事項等を定めたより具体的な計画である。ここでは、第二節でも触れた、「朝の運動（体育）」におけるカリキュラム評価の実践事例を紹介する。

「朝の運動」は、火曜日から金曜日の毎朝（月曜日は全校集会のためなし）、時間割の中で帯状に設定し（図８－１参照）、中学部生徒全員が、火曜と木曜に「体操」を、水曜と金曜に「マラソン」を実施してきた。しかし、年度末反省において、現行カリキュラムと個のニーズとの整合性を検討すると、「体育は（朝の運動を含む）、一人一人の生徒のニーズや個別教育計画書の項目から、課題別学習も考えられて良いのではないか？」との、個のニーズとのズレがあげられた。そこで、一人一人の体育的ニーズに応じた「朝の運動」とするために、生徒一人一人について、体育の時間でつけたい力やその必要性を集約し、ＫＪ法により親近性に基づいてグルーピングした。すると、大きく分けて三つのグループが出来上がった。①運動量の確保、体重の維持、健康の保持・増進、②ボディイメージ、ルール性、③柔軟性、リラクゼーション、である。そして、それぞれのグループの

図 8-4 「朝の運動」におけるカリキュラム評価の展開過程

朝の運動（1学期）

○計画カリキュラム：評価から計画へ（see—plan）

昨年度末反省：火・木が体操、水・金がマラソンの学習活動に生徒全員が一律に参加していた。
「体育（朝の運動含む）は、生徒のニーズや個別教育計画書の項目から、課題別学習も考えられて良いのではないか？」

↓

・朝の運動と体育（体育で時数を計上した授業）の授業づくりのために、一人一人の体育的ニーズを集約し、KJ法により共通の道筋を見ることにした。
・一人一人の多様な体育的ニーズから、その親近性にもとづいてグループにまとめてマッピングした。
・それぞれのグループの相互連関を考えて整理統合し、学習活動内容や学習者集団編成などの可能性を検討した。

↓

昨年度カリキュラムのどこを改善したか？

・全員が一律に参加するマラソン、体操の展開から、個の体育的なニーズに応じて、マラソン（運動量の確保、体重の維持、健康の保持）、サーキット（ボディイメージ、ルール性）、運動動作・コミュニケーション（柔軟性、リラクゼーション）の3グループに編成へ。体育的なニーズがグループを重複する内容を持つ生徒は、柔軟にまたがって（それぞれに入る曜日を決めて）参加する。（「教育的ニーズ」にもとづいた指導計画の作成）
・縦割り合同学習から課題別集団編成の縦割り合同学習へ。（学習形態）
・マラソン、サーキットにそれぞれ担任が一人ずつ入る。運動動作・コミュニケーションは自立活動担当がその専門性をいかして実践する。（指導体制）

↓

○実践カリキュラム：実践（do）

＜マラソングループ＞
・周回数を増やしていく生徒（指導方法）
・決まった周をどれだけ速く走るか（指導方法）
・頑張り賞ボードの設置とメダルの授与（指導方法）
＜サーキットグループ＞
・様々な動作を体験できる課題の準備（指導方法）
・決められたやり方や用具の流れに沿って行う（指導方法）
＜運動動作・コミュニケーショングループ＞
・足首の柔軟性、首や肩のゆるめ、膝の曲げ伸ばし等の動作訓練（指導方法）
・できない時に教師に援助を求めるサインの導入（指導方法）

○経験カリキュラム：評価（see）

<マラソングループ>

（一人一人の目標の達成度：goal based）

・総じて順調に周回数が増え、タイムが縮んでいる。

・しかし時間が足りなく、予定の周を走り終えずに終了になる生徒も多い。

（目標達成度以外の評価：goal free）

・9：10〜9：30の20分間では終了できていない。徐々に周回数が増えてきている中で、実際は次の授業の開始時間が予定より10〜20分遅れてしまう。

・周回数は増加しているが、生徒によっては、マラソンよりも他に運動量が確保できる活動がありそうだ。

・次の授業時間が学部やクラス単位の授業の日は融通をきかせられているが、中高合同の作業学習がある日は、時間に追われ、生徒をせかしてしまう現状にある。生徒が自分で手洗いや汗ふき、水分補給、次の授業の準備をしようとする姿が見られても、中断させたり急がせたりする場面が多々生じた。

<サーキットグループ>

（一人一人の目標の達成度：goal based）

・様々な動作をくり返し体験することで、動きがなめらかになってきている。

・何人かは流れに沿って行うようになってきている。援助の工夫の必要がある。

・どうしても準備と片づけに時間がかかってしまい実際の活動時間が短くなってしまう。

（目標達成度以外の評価：goal free）

・準備と片づけに時間がかかる分、生徒がひとりでに準備片づけを手伝うようになった。

<運動動作・コミュニケーション>

（一人一人の目標の達成度：goal based）

・これまで全校朝会や体育の時、屈伸運動はやろうとしなかった。自力ではできなかったためである。ところが練習の成果で7回までできるようになると、担任やその他の教師に伝えて、自分から屈伸運動をやってみせるようになった。また自分だけではできない運動に関しては教師に援助を求めて参加するようになった。

（目標達成度以外の評価：goal free）

・教師が指示しなくても、運動で使う緑のマットを準備したり片づけたりするようになった。

朝の運動（2学期開始～10月）

○計画カリキュラム：改善（improvement）

1学期の反省：9：10～9：30の20分間では活動時間が短い。

・朝の運動の時間は、現在の9：10～9：30では十分に一人一人の体育的ニーズに応えられていない。
・1学期の実際の日課の現状では、計画した9：40から次の授業がスタートできていない。
・それは生徒の実態にあった日課になっていないのではないか？

↓

・したがって、10分早めて9：00からスタートとし、10分延ばして9：40までとしたい。
・9：40～10：00は教室へ戻る、水分補給、汗ふき、着替え、作業室などへの移動の時間としたい。
・火～金の時間割は次のようにしたい。

（1学期）	
朝の運動	9：10～ 9：30
1時間目	9：40～10：20
2時間目	10：30～11：10
3時間目	11：20～12：00

→

（2学期）	
朝の運動	9：00～ 9：40
1時間目	10：00～10：40
2時間目	10：40～11：20
3時間目	11：20～12：00

・時間割変更のためには、その根拠をできるだけ明確にしたい。
・活動時間を長くすれば、目標達成度が上がるのか？授業の質が上がったのか？
・お試し期間（観察期間）を設定し、手ごたえを確かめながら本格実施に移すことにした。

↓

お試し期間

・ベースラインの測定期間（時間変更前の9：10～9：30で実施）9／5(木)、9／10(火)、9／11(水)。
・お試し期間（時間割変更後9：00～9：40で試験的実施）9／12(木)、9／18(水)、9／19(木)、9／20(金)。
・正式に実施（お試し期間の結果を考察した上で9：00～9：40での本格実施）9／24(火)から。

↓

＜マラソングループ＞

・できるだけ多くの生徒の①心拍数 ②体温 ③歩数を計測することにした。
・生徒によっては、「運動量の確保」や「体重の維持」という目的に対して、マラソンよりも適切な活動があるかもしれない。そのための基礎データにもしたい。
・生徒の活動の様子や計測したデータから考察した上で、学習活動内容や時間を判断し実践する。

＜サーキットグループ＞

・周回数が増える。
・周回数が増えることで、用具の使い方や体の動かし方になれる。
・デザインとして準備、片づけを設定する。
・評価ボードの作成とメダルの授与。

＜運動動作・コミュニケーショングループ＞

・集団の中で活動量を更に増やす。（タイミングをみてサーキット班へ移動）
・首や肩まわりのゆるめ。膝や手首足首の柔軟性の向上。手指の巧緻性の向上。VOCAを利用したコミュニケーションなどについてマンツーマンで指導にあたる。

↓

1学期のカリキュラムのどこを改善したか？

・朝の運動の単位時間を20分から40分へ（「9：10～9：30」から「9：00～9：40」へ）。それにより時間割の調整。（時間割）
・一人一人の生徒に、より目的に適切で妥当な学習活動内容の模索へ（学習内容）
・時間に追われる指導から、生徒の自発性、主体的な姿を引き出す指導へ（指導方法）

相互連関を整理し、どのような学習活動・内容が適しているか、また、どの生徒がどのグループで活動するのがふさわしいか、集団編成などの可能性を検討した。こうして、生徒全員での一斉合同学習から、課題別集団編成での合同学習に計画カリキュラムが改善され、実践に移された。

（2）経験されたレベルでのカリキュラム評価

前ページまでの図8－4は、「朝の運動」の指導計画を、計画カリキュラム、実践カリキュラム、経験カリキュラムの三位相で捉え、実際に、評価―計画―実施―評価／改善と循環させたカリキュラム評価の展開過程を示したものである。ここで重視したのが、一人一人の生徒に「経験されたレベル」でカリキュラムを評価することである。田中（2001）が、「カリキュラムの実態は、やはり、それが教え学ばれているところで把握しなければならない」、「教えられることが必ずしも学ばれているわけではない」[9]と言うように、評価から改善に至る際に、「一人一人の目標の達成度（goal based）」のみでカリキュラムの良し悪しを判断するのではなく、「目標達成度以外の評価（goal free）」も取り込むことで、教師が意図した計画・実践カリキュラムは、生徒にどう経験されたのかを見極めることができる。

例えばマラソングループでは、目標達成度としての周回数やタイムが着実に伸びていく一方で、目標達成度以外の側面で、活動時間が足りなくなり、次の授業への移動に生徒を急かしたり、自分で取り組めるはずの手洗いや汗ふきなどを教師が手伝ってしまったりすることが生じていた。このような、当初目標にはあげていなかった側面にも、生徒のカリキュラム経験という視点で注目することで、カリキュラムの「開発の過程で生じる副次的効果や、潜在的カリキュラムに着目でき(10)」、必要に即してカリキュラムを柔軟に改善（修正・微調整）していけるのである。

4　「個別の指導計画」のカリキュラム評価

（1）作成・活用のねらい

個別の指導計画は、学校・学部カリキュラムに沿って、児童生徒一人一人の目標や指導内容、指導方法等を具体的に明示した指導計画である。学習指導要領においては、「自立活動の指導」と「重複障害児の指導」において作成することになっているが、重複障害があるなしにかかわらず、児童生徒全員に対し、すべての各教科・領域、総合的な学習の時間について、個別の指導計画を作成している学校が多い。個別の指導計画を作成し、活用するねらいは、大きく分けて次の五点である。

①一人一人の児童生徒の実態を的確に把握した上で指導計画を作成し、日々の実践に活かすこと。②一人一人の児童生徒の学習の単位（例えば、国語、生活単元学習、自立活動など）や、発達領域ごと（認知、運動、社会性など）の具体的な実態や変容の様子を明確にすること。③指導に当たる教師同士が、指導の目標や内容・方法について検討し合い、共通理解を図りながら指導を進めること。

④保護者との連携を図る資料の一つとし、保護者に個別の指導計画を配布して具体的に説明し、理解を得て、家庭と協力して指導の効果を高めるようにすること。⑤指導の引き継ぎ資料の一つとすること。これらのねらいが機能したかどうかを点検することが、個別の指導計画のカリキュラム評価である。子どもがどのように変容したのかという評定だけでなく、事前の位置づけが機能したかを確認するためには、個別の指導計画が作成され、実践されていく展開過程を振り返る必要がある。

（2）評価（評価—計画—実施—評価／改善）のプロセス

個別の指導計画は、次の手続きで評価—計画—実施—評価／改善のプロセスが展開される。①アセスメントによる実態把握（前担任からの指導の引き継ぎと前年度の指導実践の評価、日常の行動観察、面談・アンケート等を通した本人・保護者の願い、発達・心理諸検査等による情報収集）、②教育的ニーズの特定、③長期目標・短期目標の設定、④指導内容・指導方法の設定、⑤指導の経過と結果、⑥評価と改善である。表8-1に、筑波大学附属久里浜特別支援学校の個別の指導計画書（記入例）の抜粋を示した。アセスメントの段階では、収集した情報から、「基本的生活習慣」、「認知・理解」、「コミュニケーション」など、発達領域ごとに項目を分け、それぞれがどのレベルにあるのか、更に、周囲からの援助をどういった方法で受ければ、どの程度までレベルが上がるのかなどの子どもの実態を把握していく。次に、「実態の考察」をし、優先度が高く、今まさに取り組むべき学習課題を教育的ニーズとして特定する。そして、その中核となる教育的ニーズを到達目標化し、一年

表 8-1　個別の指導計画書（記入例）の抜粋

平成○○年度　個別指導計画　記入例　筑波大学附属久里浜特別支援学校

<table>
<tr><td>氏　名</td><td>○○　○○</td><td>学部・学年</td><td>小学部○年</td><td>担任名</td><td>○○　○○</td></tr>
<tr><td>性　別</td><td>男</td><td>生年月日</td><td>平成○年○月○日</td><td>障害・疾患名</td><td>知的障害・自閉症</td></tr>
<tr><td colspan="3">保　護　者　の　願　い</td><td colspan="3">教師・関係者の願い</td></tr>
<tr><td colspan="3">・学校での指導において、ねらいとなりうる、もしくは達成可能と思われる願いを、簡潔に記入する。
・自傷がなくなってほしい。</td><td colspan="3">・子どもの将来像や育ってほしい姿について担当や教室の願いを簡潔に記入する。
・自分の要求を身振りサインや絵カードで伝えることができるようになって欲しい。</td></tr>
<tr><td colspan="6">本　児　の　実　態</td></tr>
<tr><td>基本的
生活習慣</td><td colspan="5">○指導計画に関連する事柄（指導に必要な部分、配慮する部分など）にしぼって記述する。
・（食事）食べ物は、スプーンを使って食べることができるが、うまくすくえないときは手づかみで食べることも多い。偏食があり、ごはん、肉などを好む。
・（衣服の着脱）前後の区別は難しいが、ズボンや上着を一人で着脱することができる。衣服をたたむときには、目の前に広げてあげる援助が必要である。
・（排せつ）排尿の意思は、下腹部を触れる身振りサインで知らせることができるが、間に合わないことも多い。</td></tr>
<tr><td>運動・動作</td><td colspan="5">・一人で一段ごとに足をそろえながら階段を上ることができる。
・裏山など、坂道を歩いて登り、走って降りることができる。
・小さな物をつまんで拾ったり、容器のふたをねじって開けたりすることができる。</td></tr>
<tr><td>コミュニケーション</td><td colspan="5">・何かをやって欲しいときに、発声で知らせたり、近くの大人の手を引いて注意喚起したりする。
・「おいで」、「座って」等、簡単な指示を理解して行動することができる。</td></tr>
<tr><td>対人関係・
社会性</td><td colspan="5">・要求が通らないと、手の親指の辺りをかむ自傷がある。
・身近な大人には、視線を向けたり、近寄っていったりしてかかわりを求める。
・集団の活動では、活動の流れからそれて、自分の興味のある遊びに向かうことが多い。</td></tr>
<tr><td>認知・理解</td><td colspan="5">・4色の積み木を色で分類することができる。
・丸型、三角形、四角形を見本の図形に合わせることができる。
・視覚優位で、音声言語のみでの指示よりも、絵・写真カードなどの提示を添えることで、理解が促される傾向がある。</td></tr>
<tr><td>実態の考察</td><td colspan="5">○実態の項目の相互の関連性を踏まえた上で、どのような子どもなのかの全体像を考察する。それを受けて、長期目標の設定につなげる記述をする。</td></tr>
</table>

<table>
<tr><th colspan="5">指　導　計　画</th></tr>
<tr><td>長期目標</td><td colspan="4">○1年間で達成できる（達成したい）と考えられる目標を記入する。
・絵・写真カードを手掛かりとして、次に行われる活動を理解して行動できる。
・身振りサインや絵・写真カードで、自分から気持ちや要求を伝えることができる。</td></tr>
<tr><td>短期目標</td><td colspan="4">○短期目標は、1学期間で達成できる（達成したい）と考えられる目標（長期目標を達成するためのスモールステップ）のうちの重要なものを取り上げて設定する。
・絵や写真カードで示された場所に、自分から移動することができる。
・排尿の前に、下腹部に触れて教師に知らせることができる。
・給食でのお茶のおかわりの時に、絵カードを教師に渡して要求を伝える。</td></tr>
<tr><td>学習の単位</td><td>1学期の目標</td><td>指導方法</td><td>経過・結果</td><td>今後の課題</td></tr>
<tr><td rowspan="2">日常生活の指導</td><td>○短期目標の達成を図るために、必要な学習の単位ごとの具体的な学期の目標、指導内容・方法を記入する。</td><td></td><td></td><td>○経過・結果を受けて、幼児児童の指導の今後の課題と方向性を記入する。</td></tr>
<tr><td>・排尿の前に、ズボンの前の部をつまんで知らせる（排せつ・随時）。
○短期目標を達成するために指導に取り組む場面及び時間を記入する。</td><td>・1時間ごとの定時でトイレかどうか注意を促す。自分で意思表示できたら、大いに褒めてトイレへ向かう。少しずつ注意を促す時間を延ばしていき、自発的な意思表示を引き出していく。</td><td>・排尿の前に、ズボンの前の部分をつまむことが増えてきました。失禁の割合も1割程度に減少した。</td><td></td></tr>
<tr><td rowspan="2">個別の課題学習</td><td>※国語・算数・自立活動を記入する（それぞれの目標が、国語・算数・自立活動のいずれかがわかるようにする）。</td><td></td><td></td><td></td></tr>
<tr><td></td><td></td><td></td><td></td></tr>
<tr><td rowspan="2">自立活動</td><td></td><td></td><td></td><td></td></tr>
<tr><td></td><td></td><td></td><td></td></tr>
</table>

後を想定した「長期目標」と、学期終了時を想定した「短期目標」とに設定する。続いて、「日常生活の指導」、「個別の課題学習」など、それぞれの学習の単位ごとに、「指導目標と内容」、「指導方法」を明示する。学期終了時には、それぞれの指導項目に、「指導の経過と結果」を記述し、「今後の課題」を明らかにする。次学期は、その評価に基づいた改善をしていくという連続である。

個別の指導計画は、文字通りその子の指導計画であるから、日々成長・変化する子どもの姿に教師が柔軟性を欠くと、計画そのものが空文化しかねない。この点に十分留意する必要がある。

5 「個別の教育支援計画」のカリキュラム評価

(1) 策定・活用のねらい

個別の教育支援計画は、障害のある児童生徒一人一人のニーズに応じて、乳幼児期から学校卒業後までを通じた長期的視点で、教育、福祉、医療、労働等が連携し、一貫して的確な教育的支援を行うことを目的としている。障害のある子どもたちは、学校生活や家庭・地域生活を過ごす上で、いくつもの関係機関にかかわる。したがって、教育的支援は、教育のみならず、福祉、医療、労働等の様々な側面からの取り組みが必要であり、関係機関、関係部局との密接な連携協力が不可欠となる。この計画を策定し、ツールとして活用することで、支援機関相互の情報共有が図られ、より効果的な支援が実施できると考えられる。すなわち、個別の教育支援計画では、学校以外に、家庭・地域におけるよりよい生活に向けて、関係者が連携し、総合的に支援策を講じるのである。

なお、この計画は、障害者基本計画や障害者プランに示された「個別の支援計画」と同じもので、学齢期に学校などの教育機関が中心となって策定する場合の呼称である。また、「個別の指導計画」は、学校における学習の指導計画であるのに対し、「個別の教育支援計画」は、生涯にわたる家庭・地域生活支援を含んだ総合的な支援ツールである。

このように、個別の教育支援計画のカリキュラム評価の観点は次の二点である。①学齢期に焦点を当てれば、各学校・学部段階を接続する長期的視点でニーズに応じた一貫した支援がなされているか、②関係機関が連携し、関係者が一致した方向性で支援がなされているかである。

（2）評価（評価―計画―実施―評価／改善）のプロセス

個別の教育支援計画の展開プロセス例[11]を図8－5に示し、筑波大学附属久里浜特別支援学校の個別の教育支援計画書（記入例）の抜粋を表8－2にそれぞれ示した。

アセスメント、ニーズの特定、目標設定、内容・方法の設定、経過と結果、評価と改善というように、大筋の展開過程は個別の指導計画と同じである。この過程でいくつか留意する点がある。一つは、この計画は学校だけでなく、家庭や地域を含んだ生活への支援であるから、アセスメントにおける本人や保護者の期待の中で、子どもにとっての最優先の利益と判断できるものについては、できるだけ早期に実現できるよう関係機関に働き掛けていく必要がある。二つには、関係者が一致

図 8-5　個別の教育支援計画の展開過程例

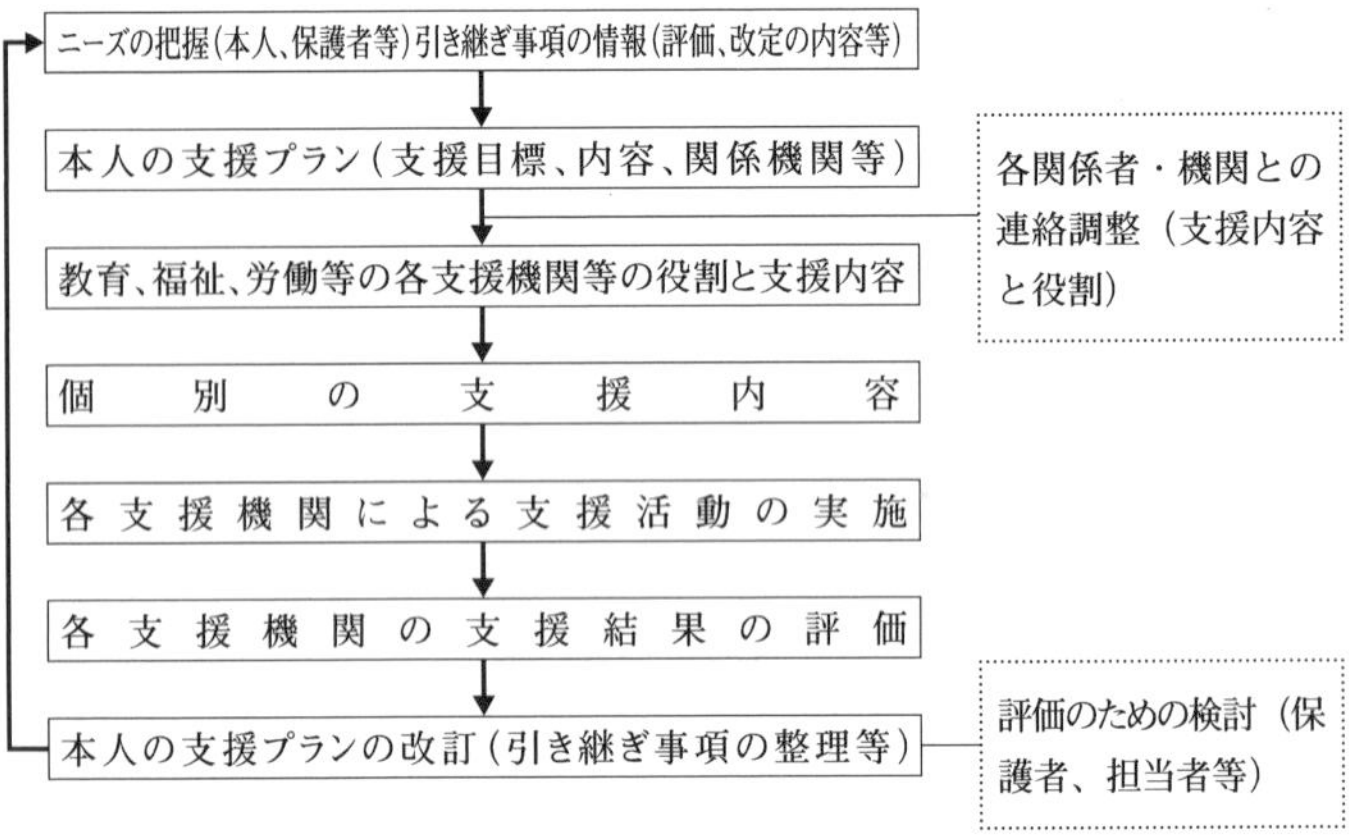
ニーズの把握（本人、保護者等）引き継ぎ事項の情報（評価、改定の内容等）
本人の支援プラン（支援目標、内容、関係機関等）
各関係者・機関との連絡調整（支援内容と役割）
教育、福祉、労働等の各支援機関等の役割と支援内容
個別の支援内容
各支援機関による支援活動の実施
各支援機関の支援結果の評価
本人の支援プランの改訂（引き継ぎ事項の整理等）
評価のための検討（保護者、担当者等）

した方向性を持って支援していくために、関係機関と連携を図りながら、支援内容と役割を調整したり、評価と改善作業を協力して取り組んだりする必要がある。三つには、一度策定したらしばらくはおしまいというのではなく、「いつヘルパーサービスを利用した」、「いつから医療機関に通うことになった」などの新たな更新情報を、そのたびごとに記録し、履歴の役割を持たせることが重要である。このように、個別の教育支援計画は、よりニーズにフィットした支援を展開させていきながら、学校、学部、学級担任や関係者が交代しても、一貫した支援が接続されるよう努めなければならない。

表 8-2　個別の教育支援計画書（記入例）の抜粋

氏《ふり》　名《がな》　○○　○○　　＊記入者には○を付ける

		内容（平成 19 年度：小学部 1 年）			内容（平成 20 年度）			内容（平成 21 年度）		
	項目	所属機関	記入日	相談メンバー	所属機関	記入日	相談メンバー	所属機関	記入日	相談メンバー
		筑波大学附属 久里浜特別支援学校	○年○月○日	＊＊＊＊（母） ○＊＊＊＊（担任）						
これまでの取り組み	所属機関	＊＊＊福祉センター○○○○教室 筑波大学附属久里浜養護学校幼稚部 ○自分の要求を身振りサインや発声、絵・写真カード等の手段で伝えることができるようになってきた。 ○こだわりがあり、自分の中のルールが崩れると混乱するので、事前にスケジュールを伝えるようにしている。								
	家庭生活	○「ちょうだい」のサインやクレーンでの要求が多い。 ○これから外出するというときには、事前にスケジュールを確認してから出かけるようにしている。 ○パズルをして過ごすことが多い。								
	余暇・地域生活	○近所の公園や実家に行って遊ぶことが多い。 ○買い物などに連れて行くが、人ごみや大きな音のするところを嫌がり、耳をふさいで座り込んでしまうことがある。 ○近所や行きつけの店には、障害のことを話している。								
	健康・安全・相談	○てんかん発作に近い様子が見られ、検査をする。 ○たまごアレルギー有。 ○目を離した隙に道路に飛び出して危険なことがある。 ○＊＊＊療育センター○○先生が主治医である。 ○近所のかかりつけとして＊＊小児科に通うこともある。								

これまでの取り組みの評価	基本的生活習慣 コミュニケーション 課題活動	○毎日の積み重ねの中で、食事、排せつ、衣服の着脱などの基本的な生活習慣が身に付いてきている。 ○自分の伝えたいことがうまく伝わらないときは、トイレやお茶などの絵・写真カード相手に渡して伝えることができつつある。 ○見通しをもたせることにより、混乱を減らすことができるが、混乱してしまったときには、はじめからやり直せるようにするなどの配慮・支援が必要と思われる。 ○文字に対する興味がでてきている。		

これからの取り組み	これからの方針	○絵・写真カードなどの視覚的支援を積極的に使い、コミュニケーション手段を拡大していく。 ○スケジュールを確認しながら、見通しをもって行動できるようにしていく。		
	所属機関	○要求は絵・写真カードを使い、音声言語や身振りサインと併用して伝えることができるようにしていく。 ○スケジュールで次の活動を確認し、一人で移動できるようにしていく。		
	家庭生活	○一人での身辺自立（着替え・トイレなど）を目指したい。 ○事前にスケジュールで次の活動を確認し、混乱なく移れるようにしていく。		
	余暇・地域生活 卒業後の生活	○人ごみやある程度の騒音でもやりすごせるように、好きな電車に短い区間乗車したり、好きなハンバーガーを食べに繁華街に行ったりしながら、慣れていけるようにしていく。 ○小学部卒業後は県立＊＊特別支援学校中学部への進学を考えている。		
	健康・安全・相談	○外出時は、安全が確保できる場所以外は、移動の際に手を離さないようにする。		

注

（1）文部科学省（2001）『二一世紀の特殊教育の在り方について（最終報告）』第一章二（四）。

（2）文部科学省（2003）『今後の特別支援教育の在り方について（最終報告）』第二章一（一）。

（3）注（1）に同じ。

（4）細村迪夫（2001）「特殊教育の今、昔、未来」、『特別支援教育』一、六頁。

（5）佐野享子（2003）「学校の内外環境の把握と学校経営ビジョンの構築」木岡一明編『これからの学校と組織マネジメント』教育開発研究所、七六―七九頁。

（6）佐藤匡仁（2007）「個のニーズに基づいたカリキュラム評価――知的障害養護学校における個の指導内容・授業時間構成に焦点をあてた事例分析」、『カリキュラム研究』第一六号、八五―九七頁。

（7）柘植雅義（2004）『学習者の多様なニーズと教育政策』勁草書房、五―六頁。

（8）筑波大学附属大塚養護学校（2003）『研究紀要』第四七集、一〇九―一三九頁。

（9）田中統治（2001）「教育研究とカリキュラム研究――教育意図と学習経験の乖離を中心に」、山口満編『現代カリキュラム研究』学文社、二一―三三頁。

（10）根津朋実（2006）『カリキュラム評価の方法――ゴール・フリー評価論の応用』、多賀出版。

（11）全国特殊学校長会（2005）「盲・聾・養護学校における『個別の教育支援計画』に関する調査研究事業」報告書。

第九章　小中一貫教育のカリキュラム評価の視点
――Y学園の事例から

安藤　福光

1　小中一貫教育の現状とカリキュラム評価の問題

本章の目的は、小中一貫教育の実践を質問紙調査によって検証し、そこで示唆された結果をもとにして、そのカリキュラム評価の視点を得ることにある。

近年、公立学校を対象とした小中一貫教育の実践と研究が盛んになっている。たとえば、東京都品川区、同三鷹市、広島県呉市、ならびに京都府京都市などで先行して実践されているし、また今後の導入を検討している自治体も少なくない。小中一貫教育に限らず、一貫教育は私立学校の特色の一つとしてかねてより行われてきた。各私立学校の掲げる教育理念を実現するには、一貫した教育が必要であると考えられてきたからである。では、公立学校でも一貫教育が導入され始めた背景には、どのような理由があるのだろうか。

平成一八年七月、品川区立日野学園で小中一貫教育全国連絡協議会が主催する「小中一貫教育全国サミット二〇〇六」が開催された。このサミットに参加した各自治体の小中一貫教育の概要から、次の七点を導入の理由として看取できた。すなわち、①確かな学力の向上、②豊かな人間性の育成、③中学校へのスムーズな進学、④発達上の問題の解決、⑤生徒指導上の諸問題の解決、⑥少子化による生活・学習集団の再構築、そして、⑦学校統廃合政策の一環である。この義務教育改革は戦後の「六 - 三」制という学制が、現在の児童生徒の実情に即していないという問題意識にもとづいている。全体的に中学校進学後の不適応を指摘した自治体が多い。この点について田中（2005）は、学力低下の問題が根底にあることを挙げている。学力の向上と中学校へのスムーズな進学が小中一貫教育に大きく期待されているといえよう。

こうした問題意識により、先行実践校では特色ある小中一貫カリキュラムの開発が進められていて、それを紹介する書籍も出版されている。これらに共通する点として、カリキュラム開発に多くの紙幅が費やされ、それに比してカリキュラム評価が十分にできていないきらいがある。というのも、学力調査や児童生徒、教員、保護者等の学校成員に対する質問紙調査などが行われているが、考察の主たる関心が数値の増減や肯定的なコメントに集中しているからである。また学校成員の調査結果を総合的に分析していないため、一面的であるという感想も否めない。多くの小中一貫校が学校選択制のもとで行われている以上、こうした傾向は一概に否定できるものではない。しかし「一貫校＝良い学校」という安易な言説に陥ってしまわないためにも、児童生徒が小中一貫カリキュラムで学習したものをできる限り把握する必要があるだろう。

小中一貫教育に関するカリキュラム研究では、安彦（2004）の先行研究がある。安彦は現在の子どもの発達状況に注目し、そこから「四・二・三」制という小中一貫カリキュラムの構成論を提案した。この研究はカリキュラムの構成論や開発論に対して示唆に富むものである。しかしカリキュラムの評価論へ接近した研究は管見の限り皆無である。

このように小中一貫カリキュラムについて、実践においても研究においても評価への着目が十分とはいえない。そこで、平成一七年度から一九年度にかけて東京都X区教育委員会が区立Y学園を対象に行った質問紙調査の結果を二次分析し、その知見をもとに小中一貫教育のカリキュラム評価の視点を考察することが本章の目的である。

2　小中一貫校Y学園のカリキュラムの特徴

(1) 事例の概要

本節では、事例の概要を説明し、質問紙調査の結果を分析する際の枠組を設定する。

本章で取り上げる事例は東京都X区立Y学園である。X区が小中一貫教育を導入した背景には次の三点がある。すなわち第一に、子どもたちの発達が変化しており早熟傾向にある。第二に、小学校と中学校の連携が十分に取れていないため、中学校での学習についていけない子どもが増えている。そして第三に、小学校から中学校への進学時に、小中の差異が子どもたちに大きなストレスを与えている。とりわけ、第三の背景が子どもたちの勉強嫌い、不登校、およびいじめなどの原因の一つになっているという。こうした状況に対してX区は、平成一七年三月に「小中一貫教育による人間力育成特区」の認定を受け、「人間力」の育成を目指した九年間の義務教育を構想した。

X区は平成一七年四月より、X区立A小学校とB中学校をX区教育委員会教育課題推進校に指定し、一年間の準備期間を設け、平成一八年四月にX区初の小中一貫校Y学園を開設した。Y学園はA小学校とB中学校を母体とした施設分離型の学校である。両校の距離はおよそ二〇〇メートルほどであり、徒歩でも五分かからない場所にある。施設分離型なので、A小学校を東校舎、B中学校を西校舎とし、一～四年生が東校舎で、五年生以上の児童生徒が西校舎でそれぞれ学校生活を送る。こうした特徴をもつが、九年間の一貫教育を行うため、一年生から九年生という「通し学年」で各学年を呼称する。Y学園で実践しているカリキュラムをまとめたものが表9‐1である。

表9‐1において、(1)「学年の分節化」とは、「四‐三‐二」制などカリキュラムの区切り方を指す。先行実践校では「まとまり」、「段階」、「区分」などと称される。安藤(2005)は中高一貫校を対象とした調査を行い、「学年の分節化」が単元の再編を促進していたとする。これは小中一貫校でも盛んに行われており、Y学園のような「四‐三‐二」制の学校が多い。カリキュラム上、

表9-1　Y学園で実践しているカリキュラム（平成20年度）

実　践	具体的な内容
(1)「学年の分節化」	I期（1〜4年生）：基礎基本の定着、II期（5〜7年生）：基礎基本の充実、III期（8・9年生）：基礎基本の応用、の3つに9年間を分節化
(2)シラバス	9年間の授業計画を冊子化し各家庭に配布
(3)授業時数増（1〜4年生）	国語と算数の授業時数を17〜18時間増加
(4)選択科目（5・6年生）	学期ごとに国・算・英の3教科から選択、英語は1年間のうちに1回は必ず選択、「特区認定」
(5)一部教科担任制（5・6年生）	理・社・体（学年内教科担任、両学年）、音・図・家（専科、5年）、国・音・図・家（専科、6年）
(6)授業時間増	5・6年生の授業時間を45分から50分に増加
(7)国際コミュニケーション科	総合的な学習の時間（英語、国際理解、情報、キャリア教育）、「特区認定」
(8)異学年交流	学校行事、部活動（7〜9年生の活動に5・6年生が任意参加）、委員会活動（東校舎4年生のみ、西校舎5〜9年生）
(9)豊かな心の時間	3〜9年生の道徳の授業時数を10時間増加
(10)朝学習・放課後学習	朝学習は基礎基本の定着、1〜6年生は国・算、7〜9年生は国・数・英 放課後学習は補充・補習指導、生徒を指名して学習指導
(11)4年生の体験入学	1年に2〜3回、西校舎で半日生活
(12)教員の連携授業（西校舎）	5年音楽（小中教員）、5・6年算数少人数（7年教員）、5・6年選択（7年教員）、6年社会（小中教員）、5〜9年家庭（小中教員）、9年理科（6年教員）

注）X区立A小学校・B中学校（2006）およびX区教育委員会への照会結果にもとづいて筆者が作成した。

五・六・七年生を一つの分節にして、小中を一貫させようとする試みである。

表9－1からY学園カリキュラムの特徴として、Ⅰ期とⅡ期が中学校での学習に対する準備期間として機能していることがわかる。とくに小学校と中学校とを接続するⅡ期は、教科担任制、選択教科、授業時間増などでカリキュラムの開発を充実させている。こうした工夫は小学校から中学校へのスムーズな進学を学習活動の充実という点から達成させようとする試みである。つまり、「勉強が嫌い」、「勉強ができない」という子どもを手厚く指導することで、中学校での学習への耐性を育成しようと構想されている。

(2) 質問紙調査の概要と分析の方法

X区は平成一七年度から毎年Y学園（平成一七年度はA小学校・B中学校）の児童生徒、七年生、教員、および保護者に対して悉皆の質問紙調査を行ってきた。これまでに三回を数える。この質問紙調査の概要は以下の表9－2の通りである。教育委員会を主体とする悉皆調査の方法で行われたため、回収率は高い。

紙幅の都合上、これらすべてのデータを検討することはできない。そこで、X区が小中一貫教育の導入の目的として掲げた三点のうち、第二と第三の課題、すなわち小中一貫教育によって中学校への学習の準備ができつつあるのか、そして中学校進学時にかかるストレスが軽減されつつあるのかの二点に注目する。これに該当する調査項目について三年間の経年比較を中心に分析を試みる。

表 9-2　Y 学園質問紙調査の概要

	児童生徒調査	7 年生調査	教員調査	保護者調査
調査の対象	1 年生から 9 年生	7 年生（中学 1 年）	Y 学園教諭	Y 学園保護者
調査対象数	730	52	34	730
回収数（%）	680（93%）	48（93%）	27（82%）	578（79%）
調査の目的	小中一貫教育の結果を検証し、今後の教育実践を改善するための資料収集			
調査の主体	X 区教育委員会			
質問紙作成	X 区教育委員会が作成、大学研究者(1) が項目の修正および追加項目を作成			
質問項目	学年、性別、兄弟の有無、出身小学校、テレビ・ゲームの時間、遊ぶ場所、授業の楽しさ・理解度、悩み事の有無、自尊感情の程度、異学年交流への評価、自由記述、等（全 22 項目）	出身小学校、小中の差異、中学への期待・不安、不安の相談相手、不安の解消、中学教科の期待・不安、自由記述、等（全 14 項目）	所属校種、担当学年、担当教科、指導方法、性別、指導上の困難さ、保護者への対応、子ども観の変化、一貫したカリキュラムの必要性、指導方法の改善、Y 学園開設後の子どもの変化、自由記述、等（全 38 項目）	性別、子の学年、教育方針の決定、学校への訪問回数、進学希望中学校、テレビ・ゲームの時間、子の遊ぶ場所、学習への取組み、異学年交流への評価、小中一貫への期待、自由記述、等（全 21 項目）
調査の時期	17〜19 年度の 2 月上旬			

注）調査対象者数・回収数・回収率は 3 年間の平均である。質問紙の項目は平成 19 年度版のものを示した。

表 9-3　毎日の授業が楽しいと回答した割合

期＼年度	17 年度調査	18 年度調査	19 年度調査
Ⅰ期（1 年〜4 年）	79（n＝362）	86（n＝374）	82（n＝375）
Ⅱ期（5 年〜7 年）	58（n＝223）	67（n＝228）	70（n＝225）
Ⅲ期（8 年・9 年）	56（n＝90）	55（n＝80）	64（n＝84）
全体	64（n＝675）	69（n＝682）	72（n＝684）

注）表中の数値は、「とてもそう思う」、「ややそう思う」への回答の合計平均の割合（%）である。

この調査は小中一貫教育を総合的に検証するために作成されたものであり、カリキュラム評価の項目ではないことを念頭に置いて分析を進める。

3　質問紙調査による小中一貫教育の検証

（1）児童生徒調査の結果

Y学園の児童生徒は自分たちの学校生活をどのように意識しているのだろうか。これを明らかにするため、関連する質問項目の検討を行う。すなわち、授業の楽しさ、授業の理解度、そして異学年交流への評価という三つの項目に対する児童生徒の回答を検討する。

結果を先に記せば、児童生徒はY学園の学校生活に好意的な評価を下していた。年々、肯定的な評価が増加する傾向にあった。若干の差ではあるけれども、「授業がわかる」よりも「授業が楽しい」と意識する生徒が少ないという傾向にあることも明らかになった。

表 9-4　毎日の授業がわかると回答した割合

年度 ＼ 期	17 年度調査	18 年度調査	19 年度調査
I 期（1 年〜4 年）	84（n＝362）	90（n＝374）	89（n＝375）
II期（5 年〜7 年）	79（n＝223）	79（n＝228）	88（n＝225）
III期（8 年・9 年）	63（n＝90）	64（n＝80）	68（n＝84）
全体	75（n＝675）	78（n＝682）	82（n＝684）

注）表中の数値は、「とてもそう思う」、「ややそう思う」への回答の合計平均の割合（%）である。

表9－3は、「あなたは毎日の授業が楽しいですか」という質問項目への回答結果を記したものである。全体的に肯定的な回答が増加傾向にあり、とくにII期とIII期は約一〇ポイントも上昇している。表9－1にある通り、II期のカリキュラムは随所に工夫が施されている期でもある。児童生徒がそれらを好意的に意識した結果ではないか。

質問項目「あなたは毎日の授業がわかりますか」への回答を示したのが表9－4である。全体的に上昇傾向にあり、とくに一〇ポイントほど上昇しているII期の結果が特徴的である。先に言及したように、やはりII期のカリキュラムが功を奏して、児童生徒は授業がわかるようになったと意識したのかもしれない。

表9－5は、「あなたは授業・行事・クラブ活動などで、違う学年の人とふれ合うことは、自分のためになりましたか」という項目への回答を示している。この項目は平成一九年度調査で初めて設定したものである。児童生徒のおよそ七割が肯定的に回答しており、合同学校行事や合同委員会活動等が評価され

表 9-5　異学年交流は役に立つと回答した割合

期＼年度	19 年度調査
I 期（1 年〜4 年）	80（n=375）
II 期（5 年〜7 年）	68（n=225）
III 期（8 年・9 年）	69（n=84）
全体	72（n=684）

注）表中の数値は、「とてもそう思う」、「まあそう思う」への回答の合計平均の割合（%）である。

た結果といえるだろう。しかし、I期とII期・III期との間に一〇ポイントの差があることから、I期の児童向けの活動になっているのかもしれない。単年度分のデータしかないため、今後の数値の推移に留意する必要があるだろう。

（2）七年生調査の結果

七年生調査は、六年生の時に感じていた中学校に対する期待や不安を七年生の二月に回顧的に回答してもらうものである。本項ではこの調査で使用された項目のうち、「中学校入学への期待と不安」、「中学校教科への期待と不安」の結果をそれぞれ検討する。

七年生調査の結果を総合すると、中学校への不安が総じて減少してきたといえる。小中一貫教育により、中学校の情報を早い時期から知ることができ、児童たちのストレスが軽減されつつあるのではないか。だからといって期待が過度に増加したわけでもない。

表9－6は、中学校への入学にあたって「楽しみにしていた

表 9-6　中学校入学への期待の割合

順位	17 年度 7 年生 (n=38)	18 年度 7 年生 (n=53)	19 年度 7 年生 (n=53)
1 位	クラブ活動（71）	部活動（58）	部活動（43）
2 位	新しい友達（36）	新しい友達（40）	新しい友達（36）
3 位	同じ小学校の同級（26）	新しい先生（23）	新しい先生（21）
4 位	将来の進路（21）	中学校での勉強（15）	その他（13）
5 位	学校の行事（18）	学校の行事（11）	中学校での勉強（11）

注）17 年度は全 9 項目、18・19 年度は全 8 項目より複数回答の割合（%）。回答上位の項目のみ示した。

表 9-7　中学校入学への不安の割合

順位	17 年度 7 年生 (n=38)	18 年度 7 年生 (n=53)	19 年度 7 年生 (n=53)
1 位	中学校での勉強（68）	中学校での勉強（45）	中学校での勉強（34）
2 位	将来の進路（34）	将来の進路（19）	新しい友達（30）
3 位	中学校の上級生（26）	中学校の上級生（13）	中学校の上級生（13）
4 位	クラブ活動（16）	同じ小学校の同級（11）	同じ小学校の同級生（9）
5 位	新しい友達（13）	クラブ活動（9）	クラブ活動（8）

注）全 9 項目より複数回答の割合（%）。回答上位の項目のみ示した。

表 9-8　中学校教科への期待の割合

年度 / 教科	17 年度 7 年生 (n=38)	18 年度 7 年生 (n=53)	19 年度 7 年生 (n=53)
国語	8	11	25
社会	16	19	40
数学	24	23	25
理科	21	8	21
音楽	8	13	30
保健体育	47	49	38
美術	—(2)	43	55
技術・家庭	24	42	32
英語	39	43	55
国際	8	13	23

注）表中の数字は複数回答の割合（%）である。国際とは国際コミュニケーション科の略。

ことはどのようなことですか」という項目への複数回答の上位項目を記したものである。項目「新しい先生」や「中学校での勉強」が増加しつつある。多くの生徒が選択したわけではないが、平成一七年度ではいずれの項目も五位以内に入っておらず、小中一貫校化後に上昇した項目である。

反対に、表9－7は中学校への入学にあたって「不安や心配していることはどのようなことでしたか」への複数回答である。これも上位の項目を記した。一七年度調査から一貫して上位を独占する「中学校での勉強」、「将来の進路」、「中学校の上級生」が著しく低下している。II期の教科担任制や小中教員の連携授業がこの結果に結びついたと考えられる。

表 9-9　中学校教科への不安の割合

教科＼年度	17 年度 7 年生 (n＝38)	18 年度 7 年生 (n＝53)	19 年度 7 年生 (n＝53)
国語	40	34	34
社会	26	40	23
数学	53	70	53
理科	16	23	25
音楽	8	11	11
保健体育	13	11	25
美術	—(2)	8	17
技術・家庭	13	11	25
英語	55	45	40
国際	13	8	17

注）表中の数字は複数回答の割合（%）である。国際とは国際コミュニケーション科の略。

「将来の進路」に関しては、どの時点の進路を指しているのかが不明だが、A小学校からB中学校への連絡進学者が増加しつつあることから、B中学校への進学に対する不安が減少しつつあると推察できる。

表9－8は「次の教科の中で、中学校に入学する前に期待や楽しみを感じていたものがありますか」への回答割合である。教科によって増減の差がある。国語・社会・英語という文系の教科、国際コミュニケーション科の期待は高まり、数学・理科という理系の教科はあまり変化がないことがうかがえる。それ以外の技能系の教科はもともと期待が高いが、三年間でみるとあまり変化がない。

反対に「次の教科の中で、中学校に入

表9-10　小中一貫校化が教員にもたらした意識の変化の割合

項目＼年度	17年度 (n=33)	18年度 (n=31)	19年度 (n=18)
児童生徒観の変化*1	70	52	56
一貫カリキュラムの必要性*2	94	87	78
指導内容・方法の工夫*3	58	71	56

注）表中の数字は回答の合計平均の割合（%）である。合計した回答の選択肢は、*1が「とても変わった」、「やや変わった」、*2が「とても必要である」、「やや必要である」、*3が「改善した」、「やや改善した」である。

学する前に不安や心配を感じていたものがありますか」への回答割合を示したのが表9－9である。不安教科も期待教科と同じようにそれぞれ増減の差がある。文系の教科は、不安が減少しつつある。理系の教科は、数学が増減を繰り返し、理科の不安が増える傾向にある。技能系の教科でも不安が増加しつつある。

（3）教員調査の結果

Y学園の教員たちは自らの実践をどのように振り返っていたのか。これを明らかにするため、本項では教員に対する質問項目のうち、教員自身の意識の変化と児童生徒の変化に対する教員の意識に焦点化して検討する。

表9－10は、小中一貫校化後に教員の意識がどのように変化したのかをたずねた項目、「小中一貫教育をとおして児童・生徒への理解や見方は変わると思いますか」、「小中学校を一貫したカリキュラムづくりは必要だと思いますか」、「小中一貫教育校を開設するにあたって、指導内容や指導方法の工夫・改善が

表 9-11　児童生徒の変化に関する教員の意識の割合

項目＼年度	19 年度調査（n＝18）
異学年交流による児童生徒の成長*1	28
児童生徒の学力向上*2	17
中学校への生徒の適応*3	22

注）表中の数字は回答の合計平均の割合（%）である。なお、合計した回答の選択肢は、*1 が「とても変わった」、「まあ変わった」、*2 が「明らかに向上した」、「ある程度向上した」、*3 が「明らかにスムーズになった」、「ある程度スムーズになった」である。

みられましたか」への回答である。ほとんどの項目で低下傾向にあることがわかる。柔軟性がないという教員文化に起因した解釈もあるが、三年間の実践で教員の意識が落ち着いてきたとも考えられる。一七年度は初めての経験だったため、すべてが「目新しかった」けれども、年度を経るにしたがって小中一貫教育が所与のものとして意識されるようになったともとれる。

表9－11は小中一貫校化後の児童生徒の変化を教員がどのように意識したのかをたずねた結果である。項目「異学年交流によって、児童生徒の成長に変化が感じられましたか」、「小中一貫教育が導入されてから、児童・生徒の学力についてどのように感じていますか」、「小中一貫教育が導入されてから、中学校への生徒の適応についてどのように感じますか」の三つを用いた。これらは平成一九年度の新設項目である。この数値を見ると、教員たちはこれらを否定的に評価していた。自分たちが行った実践を厳しく振り返っているのかもしれない。新設項目のため経年比較ができないので、今後の変化に注意する必要があるだろう。

（4）保護者調査の結果

保護者は自分たちの子どもたちが受けている小中一貫教育をどのように評価しているのか。これを明らかにするため、質問項目のうち「小中一貫校になることで〝一番〟期待していることは何ですか」、「あなたのお子さんは異学年との交流によって、お互いの良さを見つけ合うことができるようになったと思いますか」の二つの結果を検討する。

表9‐12は、保護者が小中一貫校に一番期待している取り組みへの回答である。ここから学力向上に関係した実践に期待が集中する傾向を看取できる。豊かな心の育成をあげる保護者も多い。また国際コミュニケーション科や一部教科担任制などの特色ある活動への期待も少なくない。回答した保護者が、学校での実践をどの程度把握しているのかによるけれども、期待が高いということは、保護者のニーズを十分に満たしていないとも考えられる。

表9‐13は、「あなたのお子さんは異学年との交流によって、お互いの良さを見つけ合うことができるようになったと思いますか」という項目への保護者の回答を示したものである。平成一七年度調査ではどの期においても八割程度の回答を示していたが、それ以降の二年間ではそこまでの評価を得ていない。とくにII期での評価が芳しくない。全体的な低下傾向は、一年目が肯定的に評価されすぎたともいえる。

表 9-12　小中一貫校に一番期待することへの回答の割合

期＼年度	順位	17 年度調査 (n＝605)(3)	18 年度調査 (n＝565)	19 年度調査 (n＝565)
I 期(1 年〜4 年) (17 年度 n＝328) (18 年度 n＝333) (19 年度 n＝329)	1 位	学力向上（16）	学力向上（18）	学力向上（19）
	2 位	9 年一貫指導（14）	連携授業（16）	9 年一貫指導（13）
	3 位	連携授業（11）	豊かな心（11）	特色ある活動（13）
	4 位	特色ある活動（11）	9 年一貫指導（11）	豊かな心（12）
II 期(5 年〜7 年) (17 年度 n＝192) (18 年度 n＝165) (19 年度 n＝181)	1 位	学力向上（22）	学力向上（19）	学力向上（20）
	2 位	9 年一貫指導（15）	9 年一貫指導（13）	連携授業（19）
	3 位	連携授業（15）	連携授業（13）	9 年一貫指導（15）
	4 位	特色ある活動（11）	豊かな心（12）	豊かな心（11）
III 期(8 年・9 年) (17 年度 n＝73) (18 年度 n＝65) (19 年度 n＝53)	1 位	9 年一貫指導（25）	連携授業（24）	学力向上（23）
	2 位	連携授業（15）	学力向上（18）	9 年一貫指導（22）
	3 位	豊かな心（14）	9 年一貫指導（10）	連携授業（15）
	4 位	学力向上（13）	豊かな心 (9)(4)	豊かな心（12）

注）12 項目より択一で回答。回答上位の項目のみ示した。表中の数値はその項目を選択した者の合計平均の割合（%）。

表 9-13　異学年交流への保護者の評価の割合

期＼年度	17 年度調査 (n＝605)(3)	18 年度調査 (n＝565)	19 年度調査 (n＝565)
I 期 (1 年〜4 年)	79（n＝328）	67（n＝333）	68（n＝329）
II 期 (5 年〜7 年)	81（n＝192）	57（n＝165）	59（n＝181）
III 期 (8 年・9 年)	86（n＝73）	68（n＝65）	70（n＝53）

注）表中の数値は、「とてもできるようになった」、「ややできるようになった」への回答の合計平均の割合（%）である。

(5) 調査結果の総合考察

Y学園の実践を検証した結果、中学校での学習やスムーズな進学の準備ができつつあった。調査結果から、Y学園の児童生徒の学校生活は、この三年間で肯定的な傾向にあることがわかった。また、Y学園関係者によると、学力も年々向上してきているという。中学校入学時のストレスについても、それは軽減する傾向にあった。この結果は、特徴あるカリキュラム開発の結果であるし、教員の指導内容や方法の改善の結果でもあると考える。

しかし前記とは異なる考察もできる。教員調査の結果、彼らは児童生徒とは異なった否定的な見解を示していたからである。教師が児童生徒に求める要求水準が高いのかもしれない。この要求水準の高さは「高学年圧力」という現象から説明できる。筆者がY学園四年生の委員会活動を参観した際、四年生には高度と思われることを求めていた。四年生に負担が生じているという保護者の自由記述からも裏付けられる。「高学年圧力」は「四-三-二」制の「隠れたカリキュラム」として考えることができる。

保護者調査の結果、小中一貫校に期待するものとして、学力の向上に関係する項目が多かった。また異学年交流への評価の結果は、日常的な交流の希望ともとれる。II期は西校舎で生活するので、低学年との触れ合いが極端に減るという保護者の自由記述があった。

教員と保護者は児童生徒とは異なって、Y学園の実践にまだ満足していないことがうかがえる。こうした多角的な考察を行うことによって、一つの調査結果からは見えてこない小中一貫教育の検証が可能であり、取り組むべき課題も明確になる。

4　一貫カリキュラムの評価の視点

このようにY学園の実践は徐々にその成果を出し始めてきた。しかし、その原因がカリキュラムのどの部分に起因するものなのかどうかまでは明らかにできなかった。これは本章で使用した質問紙調査の内容によるものだから、これまでの検討で明らかにできなかった点を踏まえて、カリキュラム評価の視点を設定したい。

第一の視点は、個々人のカリキュラムの一貫性を評価することである。一貫教育のカリキュラム評価は学年単位で行われることが多いが、個々の児童生徒が一貫教育を受けた結果、どのように変化していったのかを明らかにすることも必要である。個々人の中でカリキュラムがどのように一貫されているのか、もしくは一貫されてきたのかを追跡的に調査していくことで、カリキュラムの影響をより把握できる。

第二の視点は、「学年の分節化」を評価することである。「学年の分節化」は多くの学校で取り入れられているが、これに関する評価は十分でない。「学年の分節化」は、カリキュラムで小中学校を一貫する試みだから、たとえば、「四‐三‐二」制ならば四年生・七年生・九年生の段階で、どの程度身についているのかを確認する必要があるだろう。そのためには、各分節を基準とした評価が求められる。

第三の視点として、各実践を評価することである。X区ではカリキュラムに様々な特徴があったので、それぞれの実践に対応した評価が重要となる。この場合、年一回の調査では調査者と被調査者に過度の負担がかかるから、日常的な単元評価を行い、その結果の蓄積をカリキュラム評価につなげていくことが必要である。

そして第四の視点は、経験レベルのカリキュラムを意識した評価である。児童生徒が実際に学習したものまでを確認しなければ、カリキュラムの本当の効果を見極めることができない。児童生徒は実践者が意図しなかったことも学ぶからである。たとえば、第三節で述べた「高学年圧力」はまさに「意図せざる結果」として四年生が学んだことである。経験レベルのカリキュラムに踏み込むことにより、「学力の向上」や「中学校への適応」とは異なった小中一貫教育の結果を浮き彫りにするだろう。

小中一貫教育は入学から卒業まで九年間ある。したがって「九年研究」(5)としてカリキュラムの効果をこの四つの視点から継続的に検証していく必要があるだろう。本章では、小中一貫教育の実践を検討したが、この視点は中高一貫カリキュラムなど、他の一貫教育でも用いることができる。

注

(1) 筆者と根津朋実氏（筑波大学）である。

（2）一七年度調査で「美術」は選択肢になかった。
（3）各年度の回答者と各期の回答者の和が一致しないのは、重複回答などがあるためである。
（4）「いじめや不登校の解消」項目への回答も「豊かな心」と同じ比率であった。
（5）「九年研究」という用語は、筆者とY学園の調査結果を分析した根津朋実氏による。

参考文献

安彦忠彦（2004）「6-3制を4・2-3制へ」『早稲田大学大学院教育学研究科紀要』第一四号、一―二一頁
安藤福光（2005）「中高一貫校のカリキュラム開発とその教員組織に関する調査研究」『カリキュラム研究』第一四号、七五―八八頁
田中統治（2005）「小・中の連携を重視した教育へ」『教育展望』教育調査研究所、二〇―二七頁

Y学園関係資料（未公刊資料含む）

根津朋実・安藤福光（2008）『平成一九年度X区教育委員会実施「小中一貫教育に関するアンケート」集計報告書』
X区立A小学校・B中学校（2006）『新たな義務教育学校の創造』平成一七年度X区教育委員会教育課題推進校報告書
Y学園（2007）『小中一貫教育校Y学園　シラバス　I期～III期』

付記

本章は、安藤福光・根津朋実「児童生徒の意識にみる小中一貫カリキュラムの成果と課題――複数

の質問紙調査をもとに」と題して、日本カリキュラム学会第一八回大会（二〇〇七年七月八日、於：埼玉大学）での発表内容、および根津朋実・安藤福光『平成一九年度X区教育委員会実施「小中一貫教育に関するアンケート」集計報告書』（二〇〇八年、未公刊）の内容に加筆、修正と新たな考察を加えたものである。

また本章の執筆に際し、東京都X区教育委員会にデータ使用の許諾を得た（二〇〇八年八月二九日）。この場を借りて関係者の方々に謝意を表する。

第一〇章　生涯学習プログラムの評価

佐野　享子

1　生涯学習プログラムとは

生涯学習とは何か。本章をはじめるにあたり、「生涯教育」と「生涯学習」の考え方について整理しておこう。

生涯にわたる学習の必要性は、ユネスコが一九六五年に開催した成人教育国際委員会（International Committee for the Advancement of Adult Education）で提起されている。ここで提唱されたのは「生涯教育」（life-long education）という用語である。当委員会からユネスコ事務局に対して出された勧告によれば、生涯教育とは、誕生から死に至るまでの、人間の一生を通して行われる教育の過程をつくりあげ、活動させる原理であるとされている。そしてこのために、人の一生という時系列に沿った垂直的次元と個人及び社会の全体にわたる水平的次元の双方において、様々な教育を調和させ統合させることが必要であるとしている。[1]

このような「生涯教育」の概念が曖昧なものであるとして、代わって「生涯学習」(life-long learning)の概念が用いられたのが、一九七〇年代にＯＥＣＤ・ＣＥＲＩ(教育研究革新センター)が提唱した「リカレント教育」(Recurrent Education)の考え方である。人間は生活のあらゆる状況で学習するが、教育は組織化され構造化された学習であり、意図的に作られた場面に限定されている。したがって生涯にわたるこの意味での「教育」を、日常的な生活場面の中で継続的に行うことはありえないが、生涯にわたる連続的な「学習」は可能でありかつ必要である。このようにして、「リカレント教育」は、組織化されない生活の中での日常的な学習経験と、より組織化された意図的な教育の機会とを交差させようとする考え方として提唱されたのである。[2]

学習とは本来「経験による行動の変容」であり、経験の前後で行動の仕方に持続的なある変化が生ずれば、そこでの変容が人間としての成長に結びついているか否かは必ずしも問われない。また学習は本質的に自発的な活動であり、それらはしばしば気まぐれで一貫せず、狭い範囲に限定されがちになる。したがって学習者の経験が人間としての成長につながるようにするためには、日常的な生活場面で起こる組織化されない偶発的な学習経験が、人々の成長を導く経験となるよう、組織的・意図的に支援される必要がある。[3] このように考えると、生涯にわたる連続的な学習、すなわち

生涯学習を、組織的・意図的に支援する営みがすなわち生涯教育であると捉えることができる。(4)

以上のような考え方に立ち、本章では生涯学習における「学習プログラム」を、「学習者の学習活動を支援するために学習者に提供される学習経験の総体」として捉えることとする。それらは学習者が学習活動を展開するための準備活動からはじまり、学習目標の設定、学習内容・学習方法の選択、学習活動の実際、学習過程や学習成果の評価など、複数の構成要素からなる学習経験で構成される。

生涯学習が生涯にわたって行われる学習を指すことから、そこで想定される学習者は、「誕生から死に至るまで」のあらゆる世代にわたる。このうち本章では、生涯学習の主な担い手である学校教育を卒業した成人の学習者（adult learner）に焦点を当てることとしたい。具体的には、成人学習者の特性を活かした学習支援に関わる諸理論を手がかりとして、学習プログラムの評価について考える。ここで依拠する理論は「成人学習論」と呼ばれるものであるが、これらの原理は、青少年教育の分野や、総合的な学習の時間など生涯学習の原理を活かした学校教育のカリキュラム等においても応用できるものと筆者は考えている。

続く第二節では生涯学習における学習プログラムの原理について概説するとともに、それらの原理に照らしながら、第三節で学習プログラム評価の目的と領域、評価の方法について概観する。第四節では学習プログラムにおける学習者のニーズ評価に焦点を当てて検討し、生涯学習プログラムを評価する際に重要となる視点について言及する。

2　生涯学習における学習プログラムの原理

プログラム評価について考える前に、以下では生涯学習における学習プログラムの原理について考える。ここでは成人学習者の特性を活かした学習支援に関わる理論を体系化したマルカム・ノールズ（Knowles, M. S.）の所論に基づいて概説したい。(5) 人は成熟するにつれて自発性や自律性が自己概念の中心を占める。成人に対する学習支援においては、このような成人の特性を活かし、個人が主導権を持って学習を行う学習形態が重視されるべきであるとして、ノールズは「自己主導型学習（self-directed learning）」という名称の学習形態を提唱している。それに対し、教育者の責任のもとで行われる学習は「教師主導型学習（teacher-directed learning）」と呼称され、両者がそれぞれ前提とする学習者の違いについては表10－1のように整理されている。

「自己主導型学習」においては、成人が蓄積した多様な経験を学習に活かした課題解決学習が行われるのが特徴的であるのに対し、「教師主導型学習」では標準化されたカリキュラムに基づいた教科中心の学習が行われる。ただし両者は白か黒かで対比される二極ではなく、学習は通常、両者の間で連続的に変化するものであると解されている。また「自己主導型学習」という用語からは、学習者が孤立しているような印象を受けるが、通常は教師や仲間などとの共同によって学習が行われる。(6)

表10-1　学習の前提となる考え方

（ノールズ 1975年（邦訳）74頁）

項目	教師主導型学習	自己主導型学習
学習者の自己概念	他者依存的なパーソナリティー	徐々に自己主導的になっていくパーソナリティー
学習者の経験の位置付け	学習の中で活用するというより学習のプロセスで築き上げるもの	学習のための豊富なリソースとなる
学習へのレディネス	心身の成熟の度合いに応じて変化するもの	生活の課題や諸問題への取り組みに応じて生じてくるもの
学習の志向性	教科内容の習得が中心になる学習	課題・問題の解決に取り組むことが中心になる学習
学習への動機付け	外的な報酬や罰	内的な刺激や好奇心

さらにノールズは、学習のプロセスとして、雰囲気づくり—学習の方針づくり—学習ニーズの診断—学習目標の設定—学習プランのデザイン—学習活動—総合評価といったサイクルを提示している。「自己主導型学習」の前提となる五つの視点は、これら学習プロセスの各々の要素の中に盛り込まれることになる(7)（表10－2）。このうち評価の段階では、学習者自身が収集した自己評価資料をもとにして相互評価が行われる(8)。またこのサイクルの中で評価が行われた結果は、学習ニーズの再診断に用いられ、新たな学習のサイクルが繰り返される。

表中の「学習契約（learning contract）」とは、学習をはじめるにあたってのいくつかの重要な項目について事前に文書化し、それらと照らし合わせながら学習を進めていくことをいう。これらの項目には、その学習で目指すべき到達目標やその効果、評価の仕方に関する事項が含まれる(9)。このように「自己主

表 10-2　学習プロセスの構成要素と特色

（ノールズ 1975 年（邦訳）75 頁）

要素	教師主導型学習	自己主導型学習
雰囲気づくり	フォーマル、権威的、競争的、判定的	インフォーマル、相互尊重的、合意を重視する、協力的、支援的
学習の方針づくり	主に教師が行う	学習者の参加による意思決定で行う
学習ニーズの診断	主に教師が診断する	学習者が相互に話し合いながら診断する
学習目標の設定	主に教師が設定する	学習者が教師と相互交渉により設定する
学習プランのデザイン	・教師が学習単元に基づいて体系化する ・教師がコースの概要を作成する ・論理的な連続性を重視する	・学習者が学習プロジェクト全体を計画する ・学習者が「学習契約」を結ぶ ・レディネスの観点から見た連続性を重視する
学習活動	・教師が伝達する技術（学生に伝達される技術）を重視する ・課された文献の講読	・学習者による探究プロジェクト ・教師に依存しない学習 ・学習者が自分の経験を活かす技術
総合評価	主に教師が評価	学習者が自分で集めた根拠資料を相互に評価する

導型学習」においては、評価をいかに行うかの判断を含めて学習プロセスが自己決定され、学習支援者との相互作用の中で学習が行われていくのである。

3　学習プログラム評価の目的・領域・方法

（1）学習プログラム評価の目的と領域

ノールズは、学習プログラムの評価には二つの目的があると述べている。第一の目的は、結果への責任（accountability）である。この目的の下での評価は、雇用者や主催者、対象者、社会に対してプログラムの価値を正当化するために行われるものであり、「総括的評価」（summative evaluation）と呼ばれている。第二の目的は、意思決定（decision making）の向上である。この目的の下での評価は、プログラム運営者たちがプログラムの質を高めることができるような情報を提供するために行われるものであり、「構成的評価（formative evaluation）」と呼ばれている。[10]

これまで生涯学習の実務においては、評価が行われる対象領域を、学習者の学習活動の評価である「学習評価」と、学習活動を支援する条件整備に関わる諸活動の評価である「学習支援評価」とに大別して捉えてきた。[11] 評価実施主体としては、これら二つの領域ともに、学習者自身による評価、プログラム提供者・教師・講師等の学習支援者による評価、外部評価・第三者評価がそれぞれ考えられる。一方第二節で述べた「自己主導型学習」においては、両領域ともに、学習者が主体となって行われる自己評価が中心となるであろう。ではこれらの評価対象領域と、先に述べた「構成的評価」「総括的評価」との関係についてはどのように考えればよいのだろうか。

「学習評価」を例にとると、評価の結果をプログラムの質を高めてプログラム改善を行うための情報として用いるのであれば、このような評価は「構成的評価」として捉えることができる。また評価の結果を社会に対して公表し、学習者の学習活動の成果が上がったことを示すのであれば、このような評価は「総括的評価」として捉えることができる。「学習支援評価」についても同様に、その結果をプログラム改善のための情報として用いる場合には「構成的評価」となり、学習者への学習支援が十分に行われたかどうかといった学習支援者における責任の所在を示す場合には「総括的評価」となる。このように評価の結果がどのように扱われるかによって、「総括的評価」と「構成的評価」の区別が生じるのである[12]。

(2) 評価の方法

先に述べたように、「自己主導型学習」においては学習者による自己評価が主体となるが、このような評価自体は容易なものではない。学習を支援する側も学習する側も、教える者がすなわち評価する者であるといった、固定化された発想から抜け出すことが難しいからである。

このことに関し、カナダの研究者・実践家であるパトリシア・クラントン（Cranton, P.）は、次のようなプロセスを提案している。

・プロジェクト、活動、レポートに取りかかる前に「この活動はどれくらいの価値で評価されるのだろうか」などと学習者の方から考えないようにすべきである。この時点では彼らには、この活動からどれほど多くを学ぶのか、それにどのくらい力を注ぐのか、あるいはのちに取り組み方を完全に変えるかもしれないかなど、わからないからである。

・自分の行う活動の一つひとつに対して、具体的で明確な目標を展開するよう、学習者を励ますべきである。後に修正されるにしても目標は立てておく必要がある。これらの目標が評価の基準を形成するであろう。

・学習者が学習活動を選択して取り組み始めたら、教育者は求めに応じてフィードバックを与えるべきだが、活動の価値の多少についての質問に屈する必要はない。

・学習者が全ての活動を完了したとき、あるいはしそうなとき、それぞれについて「ウェート」づけをするよう提案すべきである。ウェートはその活動に費やした時間やエネルギーの量と、活動から学んだことの量を基準とするべきである。学習者がここで困っているようであれば、「それはあなたの時間や学習の四分の一以上になりますか」「半分以上ですか」などと、いくつか方向を与えてもよい。

・その後、学習者は自分の当初の期待と目標を振り返り、これらがどの程度達成されたかを表現する。方法としてははじめに文章に書き、それを教育機関の指定する形式に「翻訳」するとたいていうまくいく。ここまでくれば多くの学習者はたやすく自分の活動を評価し、価値付けを行うことができるだろうが「上々ですか」「とてもよくできましたか」「全部の目標が完全に達成されましたか」などといった、注意深く組み立てられた質問が役に立つ学習者もいるだろう。しかしときどき教育者が不賛成を表明し、その理由を説明し、学習者と新たに価値付けを行わなければならない場面が出てくる。たとえば学習者が教育者を試していて明らかに法外な価値をつけているかもしれないし、あるいはあまりに自信がないので自分の成果をひどく過小評価するかもしれない。たいていは、これも問いかけを通じて処理することができる。

（パトリシア・クラントン著・入江直子他訳『おとなの学びを拓く——自己決定と意識変容をめざして』鳳書房、一九九九年、一八六—一八七頁）

このプロセスから次のような事柄が示唆される。第一に、評価の段階においては、学習者が学習に対する当初の期待と目標とを振り返り、それらがどの程度達成されたかという判断基準によって評価が行われるという点である。この点については、次節で詳しく検討を加えよう。

第二に示唆されるのは、学習者の自己評価を促すためには、学習支援者の側からの学習者への問いかけが重要な役割を果たすという点である。クラントンは、学習者から教育者に対し、評価活動に参加して欲しいとの依頼があったときには、「あなたはその活動をどう思いますか」と学習者に意見を求めるべきであるとしている。また教育者から学習者に対してフィードバックを行う時にも、評価を下すようなフィードバックではなく、事実を述べるようなフィードバックを与えるべきであるとしている。[13] 事実に即して学習者自身が学習の成果について自ら考えることができるような応答が奨励されているのである。

4　学習者の「ニーズ評価」をいかに考えるか

（1）ニーズ充足原理

クラントンによって紹介されていたように、「自己主導型学習」においては、学習に対する当初の期待と目標とを振り返り、それらがどの程度達成されたかという判断基準によって評価が行われるとの考え方に立っている。このような評価観についてはどのように考えればよいのだろうか。

期待と現状とのギャップは、通常「教育的ニーズ（educational needs）」という概念で捉えられている。ノールズによれば、教育的ニーズとは、人々（もしくは組織、社会）が自らありたいと願うものと現在の状態との間のギャップであり、人々は自らの教育的ニーズをより正確に定義できるようになるほど、ますます強く学習へと動機づけられる。また個人的なニーズが、その人の所属する組織や社会のニーズと合致すればするほど、より効果的な学習が行われる。一方「教育的関心（educational interests）」とは、教育的ニーズを満たす可能性のある、多くの活動の選択肢の中から表現された好みである。教育的関心は人々の間で多様であり、個人の内部でも時間とともに変化する。そして教育者は、学習者自身の「感じられたニーズ（felt needs）」や関心を通して学習者と接し、学習者が自らの真のニーズを発見し、それらを満たすことに関心を示すようになることを支援する役割を果たす。

以下では学習プログラムが提供されるプロセスに即して考えてみよう。学習プログラム提供者は、プログラムを計画する段階で、個人や組織、社会の教育的ニーズの診断（ニーズ・アセスメント）を行い、これらニーズを教育機関の目的、実行可能性、学習者の関心といったフィルターでふるい分けて、提供する学習プログラムの目標へと変換する。このようにして計画された学習プログラムに参加する学習者は、自らの学習プランのデザインにあたって、学習プログラム提供者の支援を得ながら自らの教育的ニーズを自己診断し（表10－2における「学習ニーズの診断」段階）、学習目的を設定する。[14]

このようにノールズの理論における学習プログラムは、学習者・組織・社会のニーズの充足をめざして計画されるものとして位置付けられている。そしてそのプログラムは、それらニーズの充足がどの程度達成されたのかという判断基準で評価されるのである。

（2）ニーズの根拠を問い直す必要性

このようなノールズの理論に対してはいくつかの批判も見られる。先に紹介したクラントンは、ノールズの理論におけるニーズの捉え方について疑問を投げかけている。彼女は「学習者が表明しているニーズはその人の価値観や信念、期待、前提に基づいており、表明されたニーズだけを満たそうとする教育者は、学習者にそのニーズの土台となっている前提を問い直させようとはしない[15]」と指摘する。

クラントンの考え方に立つと、学習プランのデザインの段階で、関心を持って取り組むことができる活動の価値を学習者が見出した場合であっても、それらは学習者のこれまでの学習経験や問題意識に立った上での価値にすぎなくなる。学習者が自分自身のキャリア開発に関わって学習のテーマを設定する場合を例にとろう。テーマ設定以前の問題として、キャリアそのものに対する学習者の考え方が、ジェンダーや地域独特の固有の価値観などに縛られているのであれば、学習者の学習活動が、学習者にとっての真のニーズを充足したものであるとは言いきれなくなるであろう。

批判的な振り返りを通じてものの見方・感じ方・行為の仕方の習慣的な枠組を問い直す「変容的学習（transformative learning）」の理論を提唱し、クラントンをはじめとする研究者・実践者の双方に多大な影響を与えたのがジャック・メジロー（Mezirow, J.）である。メジローは、教育者の役割は、学習者に自分たちのニーズの根拠（reasons）に気付かせること、また学習者がニーズを自覚したり充足しようとする際の習慣的な認識、思考、感情、及び行動のあり方が、学習者の「意味パースペクティブ（meaning perspective）」によってどのように狭められてきたのかに気付かせることであると指摘する[16]。「意味パースペクティブ」とは、現実を意味付け理解するための枠組をさし、メジローによれば「学習」は、それらの批判的な問い直しによって成り立つものであると考えられている。
クラントンは、学習者の基本的な前提を問い直すためには、まず前提の源を、次に前提がもたらす結果を検討すべきだとして、次のような問いを発することを勧めている。「なぜそのように考えるのか。その考えはどこから出てきたのか。親が語って聞かせたのか。学校で習ったのか。それまでの経験から生まれたのか。子どものときにそうしなさいと言われたのか。」「その前提を信じ続けるとどのようなことが起こるのだろうか。その前提を抱き続けると、今の新しい状況に対処できるようになるだろうか。(17)(以下略)」

学習者が孤立した状況では、自らの基本的な前提を批判的に問い直すことは困難であろう。自分や他者の判断が妥当であるかどうかを確かめるためには、他者との知識・経験の共有が不可欠である。このような理由からメジローは、他者との間で行われる対話を重視している。(18)

ノールズが提唱した「自己主導型学習」の理論を応用するに際しては、学習者自身が自らの教育的ニーズを吟味して学習の目的を定めることとなる。その際にはメジローの理論に倣い、学習支援者と学習者、学習者相互、場合によっては学外の多様な関係者や専門家との対話の場面を設定することが重要になる。そのような対話の過程を通じて、学習者の考え方が特定の「意味パースペクティブ」に狭められることがないようにする、具体的には学習者自身が自らのニーズの根拠を批判的に問い直すことができるような問いかけを、学習支援者の側から意識的に発していくのである。このような支援を通じて、多様な学習活動の選択肢の中から、学習者自身が真に価値あると考えるニーズを充足する活動を、主体的に自己決定していくことができるようになるものと思われる。

5 おわりに

本章では、生涯学習プログラムを評価する方法として自己評価に着目し、評価の際の判断の指標となる学習者のニーズの考え方について主として検討を加えた。学習者が自己評価を行うこと自体は難しいが、そこで重要になるのは教師・講師等の学習支援者と学習者との対話である。そこで行われる対話を通じた学習支援とは、学習者自身が自らの過去の経験にとらわれた価値観を問い直し、学習に対する真のニーズに気付くことができるような支援であり、またそのような過程を経て設定された学習目標が達成されたか否かについて自己評価を行うことができるような、学習の過程の振り返りを促すための支援である。

成人学習者の過去の経験は、学習の重要なリソースとなる反面、過去の学習経験自体が、学習プログラムのデザインや評価に少なからぬ影響を与える。このことは学習者のみならず、学習支援者においても同様であろう。学習支援者における過去の学習支援の経験が、学習プログラムのデザインや評価の支援に何等かの影響を及ぼしうることを考えると、本章で述べたような学習プログラムが実践されるためには、学習支援者自身の学習支援そのものに対する習慣的な枠組を問い直す「変容的学習」が、同時に不可欠になると言えるだろう。

注

（1）ポール・ラングラン著、波多野完治訳（1967）「生涯教育について」日本ユネスコ国内委員会編『社会教育の新しい方向』日本ユネスコ国内委員会。

（2）ＯＥＣＤ編（1974）『リカレント教育・生涯学習のための戦略』（教育調査第八八集）文部省大臣官房。

（3）麻生誠（2002）「生涯学習の理念」麻生誠・堀薫夫『生涯学習と自己実現』放送大学教育振興会、一八―一九頁。

（4）一九八一年の中央教育審議会答申「生涯教育について」においても、このような考え方に立ち、「人びとが自己の充実や生活の向上のために、その自発的意志に基づき、必要に応じて自己に適した手段、方法を選んで行う学習」を生涯学習と捉え、「このような生涯学習のために、社会のさまざまな教育機能を、相互の関連性を考慮しながら相互的に整備・充実しようとする働き」を生涯教育と捉えている。

（5）ノールズは、アンドラゴジー（andragogy）、すなわち「成人の学習を援助する技術と科学（the art and sciences of helping adults）」の理論を提唱し、アメリカ成人教育学の祖と言われている。ノールズの理論体系については Knowls M.（1980）*The Modern Practice of Adult Education: From Pedagogy to Andragogy*, Adult Education Company（マルカム・ノールズ著、堀薫夫・三輪建二監訳（2002）『成人教育の現代的実践・ペダゴジーからアンドラゴジーへ』鳳書房）を参照されたい。

（6）Knowls M.（1975）*Self-Directed Learning: A Guide for Learners and Teachers*, Globe Fearson（マルカム・ノールズ著、渡邊洋子監訳（2005）『学習者と教育者のための自己主導型学習ガイド・ともに創る学習のすすめ』明石書店、二三、七四頁）. 彼は当初、アンドラゴジーの概念をペダゴジー（pedagogy）、すなわち「子どもを教える技術と科学」と対比される概念であると捉えていた。しかし小中学校の教師の多くから、アンドラゴジーの概念を青少年への教育にあてはめる試みを行ったところ、ある状況においてはそれがすぐれた学習を生み出すことがわかったとの報告がなされたことから、その後はこれらのモデルを、学習者の年齢に関係なく、二分法というよりもひとつのスペクトルの両端として見るべきものであるとの認識に至っている。注（5）前掲書（邦訳）、三八頁。

（7） 注（6）前掲書（邦訳）、七五頁。

（8） そのために用いられる手段としては「ポートフォリオ（portfolio）」（経験学習の成果をまとめた情報ファイルを通常さす）が挙げられている（注（5）前掲書（邦訳）、三二五頁）。自己評価におけるポートフォリオの意義については山川肖美（2003）「生涯学習者にとっての自己評価の意義・自己志向のポートフォリオを手がかりとして」『広島修大論集』第四三巻、第二号（人文）、二二三—二四〇頁に詳しい。

（9） 注（6）前掲書（邦訳）、八頁。

（10） ノールズは評価研究者スタッフルビーム（Stufflebeam, D. L）の考え方を引用している。注（5）前掲書（邦訳）、三〇三頁。なお同書の邦訳では本章で用いた「構成的評価」ではなく「形成的評価」の訳語が用いられているが、筆者は後者の訳語ではブルーム（Bloom, B. S.）らによるテスト技法としての用法である「形成的評価」の概念と混同するおそれがあると判断し、「構成的評価」の訳語を用いる方が適切と考えている。両者の訳出を使い分けるべきとの見解については根津朋実（2000）「カリキュラム評価の役割に対する理論的検討・Scriven, M. による構成的／総括的評価の検討を中心に」日本カリキュラム学会編『カリキュラム研究』第九号、六三—七六頁。

（11） 後者には、学習支援を行政が行う場合の「行政評価」を含めることができる。金藤ふゆ子

(2001)「学習プログラム評価の方法と視点」白石克己・金藤ふゆ子・廣瀬隆人編『学習プログラムの革新』ぎょうせい、一〇八頁。

(12) 注(10)前掲論文、六七—六八頁。

(13) Cranton, P. (1992) *Working with Adult Learners.*, Tronto : Wall-Emerson(パトリシア・クラントン著・入江直子、豊田千代子、三輪建二訳(1999)『おとなの学びを拓く——自己決定と意識変容をめざして』、鳳書房、一八八頁).

(14) 注(5)前掲書(邦訳)、九六頁、一六三—一七一頁、三四二—三五五頁。

(15) 注(13)前掲書(邦訳)、二四四頁。

(16) Mezirow and Associates (1990) *Fostering Critical Reflection in Adulthood*, Jossey-Bass, pp. 357-358.

(17) 注(13)前掲書(邦訳)、二〇七頁。

(18) Mezirow, J. (1991) *Transformative Dimensions of Adult Learning*, Jossey-Bass, pp.70-71. ハーバーマスに範を得て、メジローはこのような対話を「討議(discourse)」と呼んでいる。

第一一章　脳科学の成果を応用したカリキュラム評価

緩利　誠

1　「脳科学と教育」研究の動向と論点

(1)「脳科学の応用」から「教育の脳科学」・「脳教育学」へ

脳科学を取り巻く学問的動向や社会的な風潮は、脳科学で明らかにされたことを絶対的な真理のように扱う「無批判な受容」、あるいは、脳科学は教育と無関係で役に立たないとする「完全な却下」という両極にある。現時点では、脳科学の成果に基づいたカリキュラム論を提唱するほど、「脳科学と教育」研究は成熟していない。仮に特定の理論を提唱したとしても、評価方法を確立することが不可避である。そのためには、カリキュラム評価の方法に脳科学的手法を適用できるか否かについて、脳科学の有効性と現時点での限界を踏まえた「現実的推測」に基づき検討する必要がある（Byrnes 2001＝訳 2006）。その点で、本章は脳科学とカリキュラム評価についての先駆的な論考であり、特に基本的な論点整理と実践への示唆を中心に論じる。

「脳科学と教育」研究は国際的に推進されており、①国際学会の設立、②専門の雑誌論文や書籍の刊行、③大学での研究機関、講座・科目の設置、④行政による研究プロジェクトの実施、及び⑤関連分野の雑誌論文での特集など、一つの研究分野として確立しつつある。近年の欧米を中心とする「脳科学と教育」研究では、従来、教育に応用されてきた脳科学の成果のなかに、本来的に距離のあるものが含まれていたことを反省し、教育と関連する脳科学の成果を体系的に整理している（Byrnes 2001＝訳 2006, Blakemore & Frith 2005＝訳 2006）。そのうえで、教育実践者へより具体的かつ直接的な示唆を与えうる脳科学的な研究アプローチとして「教育の脳科学」（educational neuroscience）が提唱され始めた。それに対して、ブルーアー（Bruer 2008）は教育の脳科学があくまでも「脳科学」に軸足を置きすぎる点を批判するとともにその限界を指摘し、認知科学などの関連分野との架橋・融合により、あくまでも「教育」を中心的論点に据える必要があるとする「脳教育学」（neuroeducation）を提唱している。いずれの立場でも、カリキュラムを開発する方法などについて教育研究からの参加が期待されている（Battro, Fischer and Lena 2008）。

この脳科学と教育を関連づける研究は、近年に始められたものではなく、日本でも一九六〇年代から提案されてきた。代表的な知見には時実（1974）の所論を始め、その影響を受けた生理学者の猪飼・須藤（1968）などがある。いずれも、大脳生理学や大脳解剖学などの神経科学で明らかにされた成果を説明概念として用い、それらの解釈をもとに教育への提案を行う方法が採用されていた。当時の脳科学の成果は、その多くが実際に脳に外科的介入などを施す侵襲的な手法で得られたものであり、研究手法の制約上、動物実験によるものが大半である。また、人間を対象にした研究であっても、死体解剖や脳損傷などの病態に対する治療目的に応じたものに限定されていた。

それに対して、一九九〇年代以降、「脳科学と教育」研究は、教育の事象それ自体を脳科学的手法によって実証的に解明することを試みている。その背景には、認知脳科学（cognitive neuroscience）という学問領域の発展があり、認知科学や工学といった様々な研究領域との架橋・融合を図っている点に注目できる。特に、一九九〇年代以降の脳イメージング技術の開発によって、脳の形態のみならず、人間の脳内情報処理の様子などを外部から脳に直接介入することなしに観察することが可能になった。例えば、実際にある課題を与えた時にどの脳部位をどの程度用いるのかといった脳機能を画像として確認できる。この研究方法の開発が契機となり、従来の脳科学で主流であった動物実験だけではなく、健常者を対象にした実験を行うことができるようになり、教育研究への架橋・融合も積極的に試みられるようになった。

このように脳科学の研究動向を概観する限り、その内実は従来型の研究を引き継ぎつつも、新たな研究領域や方法を拡張・発展させてきており、その成果が教育に示唆する内容も一九九〇年代の前後で質的に異なる点に注意する必要がある（表11－1）。

表 11-1 「脳科学と教育」研究における 1990 年代前後の顕著な相違点

1990 年代以前		1990 年代以降
脳科学の応用	応用方法	教育の脳科学／脳教育学
大脳生理学、神経科学、解剖学、医学	主な関連分野	認知脳科学、認知科学、情報科学、工学、医学、分子生物学
実験（動物）、病態、死体	研究対象	実験（人間）、健常者、生体
記述的	研究の特徴	記述的・処方的
侵襲的方法（解剖、電気刺激）、脳波	研究手法	非侵襲的方法（fMRI や PET 等の脳イメージング）、計算機によるモデル化
機能局在論	理論的立場	機能局在システム論、全体論
成熟／発生	発達の重点項目	成熟と学習の相互作用

（2）「脳科学と教育」研究に一貫した主張

表11－1に示した相違点はあるものの、各時代を越えた共通点として「確かな科学性」を備えた教育を模索していることが挙げられる。一九九〇年代以降の研究動向では、特にその傾向が強い。教育の科学化を試みる研究は、これまでも教育心理学や学習心理学が担ってきた。カリキュラム研究でも、例えばタイラー（Tyler, R.）やブルーム（Bloom, B. S.）らが当時の心理学の影響を受け、教育評価に積極的に取組んできた経緯がある。しかしながら、いずれも痛烈な批判を浴びており、例えば、非常に統制された実験室研究で明らかになった心理学的理論が、教育現場にどの程度当てはまるのか

という生態学的妥当性の問題が提起されてきた。また、日本に限って言えば、カリキュラムの心理学的研究の蓄積は不足しており、教育の科学化はその理念に反して現実的には成功しているとは言い難い。

カリキュラムの心理学的研究の不足は、脳科学とカリキュラム研究が架橋・融合するための研究方法に関わる。教育の脳科学とは、いわば脳の物質的な働きを社会・文化的な営みである教育と架橋する試みである。この試みが困難を極めるのは、「物質」と「社会・文化」という次元の異なる対象を架橋させようとする点にあり、それゆえにそれぞれを対象とする学問領域間には概念用法の相違という方法的な問題が横たわっている。したがって、教育の脳科学の試みは、それ相応の研究方法を必要とする（緩利・田中 2007）。

認知脳科学の知見から教育への示唆を得ようとする一九九〇年代以降の研究では、脳の物質的な情報処理過程をヒトの認知という精神機能と関連づけることによって、教育への架橋・融合を図っている。その際に、脳科学が参照しているのは、認知科学や認知心理学などで明らかにされてきた人間の認知モデルであり、そのモデルの仮説検証の過程で得られた行動データである。多くの脳科学による研究が、様々な行動データを手がかりにしながら、脳科学的手法を用いて検証しうる作業仮説を導出しているためである。この点でカリキュラム研究も脳科学と架橋・融合するためには、何らかの指標を用いた実証研究を行い、行動データを蓄積するための評価活動が必要である。

カリキュラム研究の立場から実証研究を試みる方法として、計画されたカリキュラムと経験されたカリキュラムとの相互作用を分析するカリキュラム・アセスメントの観点が有効である。田中（2003）によれば、カリキュラム評価とカリキュラム・アセスメントは一定、区別される。前者はカリキュラムの効果の価値判断を行い、後者はカリキュラムに関する情報をありのままに収集し分析することを目的とする。脳科学が関与しうるのは、後者の立場であり、児童生徒の学習や発達に関する情報の収集を行い、それらをカリキュラムと関連づけて分析することである。カリキュラム改善のための調査方法と、脳科学とカリキュラム研究を架橋・融合する方法は厳密には区別する必要があるが、実証データを得るための方法としては共通する。

そこで次節以降では、脳科学と一定程度共有できるカリキュラム・アセスメントの枠組を検討するために、鍵となる脳科学の概念を三点に絞って概説し、次いで、脳科学的評価手法の適用可能性を考察する。その結果を踏まえて、最終節では教育現場で行動データを蓄積していくためのカリキュラム・アセスメントの条件を提案する。

2　脳科学からカリキュラム・アセスメントを考える際の鍵概念

（1）知能の多重性（multiplicity）

近年の脳科学は、多元的な知能が脳内で機能局在システム論的に働くこと、すなわち、知能の多重性を明らかにしている。知能の多重性が主張されたのは、認知心理学によるＩＱ批判を契機としている。[(1)] 例えば、ガードナー（Gardner 1983, 1999＝訳 2003）は各脳部位が異なった精神機能を担うという機能局在論を論拠の一つにして、「多重知能論」（multiple intelligences）を提唱した。脳科学を専門とする澤口（2005）も知能の多重性を基本的に支持しつつ、多重知能にはそれぞれ対応する脳構造があることを指摘する。ここでいう多重知能には、言語的知能、論理数学的知能、空間的知能、音楽的知能、身体運動的知能、対人的知能、及び内省的知能などが含まれ、近年では社会的知能が注目を浴びている。[(2)]

知能の多重性が支持される理由は、脳機能の領域固有性という特徴に由来する。領域固有性とはモジュール性とも呼ばれ、その特徴には、①独立して仕事はできるが、互いに補って働くという「独立性」、②単独で処理が自動的に進むという「自動性」、そして、③必要な入力以外は受けつけないという「入力制限」がある（酒井 2002）。ここで注意すべきは、特定の知能はあくまでもシステムとして機能するのであり、特定の脳部位にのみ還元されるわけではないということである。実際に知能が発揮される時には、様々な脳部位及びその部位が担う機能が有機的に組み合わされる必要がある。[(3)]

人間の脳内メカニズムをどのように分類し、それらをアセスメントの枠組としてどのように役立てるかは研究者によって異なる。いずれも人間は様々な「認知的強み」（cognitive strength）と「認知的弱み」（cognitive weakness）の組み合わせを併せもつと考えられ、それぞれの児童生徒は異なった認知的プロフィールを示すという。したがって、例えば、知能が発揮される情報処理過程で、特定の精神機能に「認知的弱み」を示す場合、上手く行動が産出されない「出力不全」(output failure) が起こる (Levine 2003 =訳 2004)。

(2) 可塑性 (plasticity)

脳は生涯にわたり経験を通じて変容し、それゆえに各知能は必要に応じて自らを再編成する。この感覚などの経験によって脳の神経回路が変わる性質を可塑性と呼ぶ。可塑性には「形態的可塑性」と「機能的可塑性」がある (ヘンシュ 2003、鈴木忠 2008)。前者は、神経細胞間の結合自体が変容することを指し、後者は神経細胞間の伝達効率が変わることを意味する。この可塑性による脳の発達には、「経験予期型」(experienced-expectant) と「経験依存型」(experienced-dependent) がある。経験予期型とは、「機能性神経システムにおいて、そのシステムの発達が、種のすべての成員にとってほぼ同じである不変の環境入力に、決定的に左右されるような特性」であり、経験依存型は「機能性神経システムにおいて、経験の差異によって機能の差異が引き起こされるような特性」を指す (OECD-CERI 2002 =訳 2005, p.128)。

形態的可塑性が高く保持され、かつ経験予期型の脳発達に「感受性期」(sensitive period) がある。感受性期は、乳幼児期から学齢期にかけて集中しており、視覚や聴覚といった低次な脳機能は遺伝的に強く規定される。その反面、思考や記憶などのより高次な脳機能に関しては、遺伝的に規定されている程度が緩やかであり、むしろ、様々な社会・文化的環境の制約を受けて経験依存的に発達する。いずれにせよ、脳の可塑的な変容が起こり、神経回路網が構築されるか否かは継続的に使用される頻度に左右される。その際に感受性期では、「適切な時期において」という条件がつく。児童生徒が新しい知識やスキル、能力を獲得するのは、それに対応する神経回路網が構築されることと等しい。その獲得過程において、脳の機能的な変容のみならず、形態的な変容が引き起ると考えられる。カリキュラム研究の立場からすれば、発達のどの時期において、脳がどのくらい可塑的な性質を持っているかということが関心事である。そのうえで、カリキュラムが脳の可塑的な変化を十分に起こしえるために計画されているかがアセスメントの主眼となる。

(3) 非線形性 (non-linearity)

発達には成熟のプロセスと学習のプロセスがあり、両者が相互に作用しながら、脳はある法則性をもって発達する。特に前者では、先述した感受性期などの「学習機会の窓」が生活年齢に基づきある一定の幅をもって示される。脳内の部位はそれぞれ発達の早さが異なっており、急激な変化を示す時もあれば、そうでない時もある。この非線形的な特徴は、ピアジェの発達段階説を再評価する根拠として注目されており、脳の段階的な発達と認知機能の段階的な発達は並行して進むと考えられている(Fischer & Rose 1996)。発達段階は学校教育法にも明示されており、校内研修などでも教員の発言に現われることが多く、教育現場での浸透の度合いは大きい。「発達からカリキュラムへの区切りを決定することは無理だが、見通しを与えることは可能には違いない」(無藤 1999,

p. 213）と指摘される通り、発達段階の移行による児童生徒の質的な変化に対して、カリキュラムをどのように変える必要があるのかを検証する必要がある。

また、発達の非線形性は感受性期や発達段階などのマクロな脳発達に限らず、学習といったミクロな発達でも確認されている。書字技能などの単純な技能の学習曲線は、①練習開始の数十時間後まで続く進歩がみられない潜在期間、②学習成績の改善の傾斜が急になる部分、及び③技能の安定化を示すプラトーに到達した段階という非線形的発達の様相を示すと一般的にも言われている（Battro 2000＝訳 2008）。臨床上重要なことは、進歩がみられない長い退屈な潜在期間の間、彼らの活性化を維持し続けることである。成績の劇的な変容は脳内で新しい神経回路網が構築された結果であると考えられ、そのためには、新たな構築を可能とする閾値まで訓練の効果を高める必要がある。

発達の非線形性という特徴は、カリキュラムの効果測定を困難にする一因となる。例えば、潜在期間中にアセスメントを実施しても実際の学習効果が反映されるかは明確ではなく、特に授業直後のテストでは不十分である。また、神経回路網が構築される閾値に到達するまで、どの程度の訓練を行えば良いかは分からないことの方が多い。したがって、アセスメントを採るために、時間軸をどのように定めるのかということを吟味する必要がある。それは何をどこまでできるようになることを期待するかという尺度（scale）とも関連しており、教育目標の明確化とそれを達成させるだけの練られた計画が求められる。

3　脳科学的評価手法の適用可能性

人間の脳は環境と対峙しており、脳自身が置かれる環境の多くをつくり出し、逆に脳の一部も環境からつくられる（小泉 1998）。つまり、脳こそが環境の刺激を受容する唯一の器官であり、脳と環境との相互作用によって人間の精神機能の発達を考える必要がある。そのため、「都市化や情報化で激変する環境因子によって子どもたちがどのような影響を受けているのか、議論を繰り返すよりも、脳科学の見地から実証するべきである」（小泉 2005, pp. 31–32）と考えられる。[4] すなわち、脳に対する環境アセスメントであり、カリキュラム・アセスメントもその一つである。だが、現状の脳科学の主要な議論では、個体内に限った脳の発達や学習が論じられており、脳の発達に対する外部からの働きかけである教育の独自性は適切に位置づけられていない。近年になってようやく「脳、精神、教育」国際学会（International Mind, Brain and Education Society）の会長を務めるバットロ（Battro 2000 ＝訳 2008）が、脳と教育、及び発達をトライアングルの形式で図式化し、各関係性を追及するBREDモデルの検証を始めている。

実際の教育現場では児童生徒が独力で全ての問題解決を図ることはなく、基本的には親や教師などの他者を介した社会的な関係の下で学習を繰り返し、諸精神機能を発達させている。ヴィゴツキー（Vygotsky 1934 ＝訳 2001）によれば、学校教育が対象とする児童生徒の高次な精神機能の発達は、諸個人間の精神間機能として現われていたものが、個人内の精神内機能として現われてくるというプロセスを辿る。だからこそ、「大人の指導や援助のもとで可能な問題解決の水準」を「自主的活動において可能な問題解決の水準」と区別し、両水準のギャップが児童生徒の「発達の最近接領域」であると教育の独自性を主張している（Vygotsky 1935＝訳 2003）。ヴィゴツキーを始めとする社会的構成主義の立場は、脳発達と認知発達の関係性を検討する研究者も評価している。例えばフィッシャーらは、発達を最適水準（optimal level）と機能水準（functional level）に区別し、他者の介入による支援がもたらす発達プロセスへの影響を認知脳科学的に分析している（Fischer & Daley 2007）(5)。この立場に拠れば、二つの水準間のギャップこそが発達的ニーズであり、カリキュラムとはそれを充足させるために、当事者と他者の相互作用のあり方を規定するものといえる。

これまで障害児教育や才能教育を含む特別教育（special education）の分野では、脳科学の成果を部分的ながらも先駆的に応用してきた。特に、特別教育では脳機能の観点からアセスメントを実施することによって、児童生徒の多様な「認知的強み」や「認知的弱み」のプロフィールを作成・管理し、それに基づいてカリキュラムの開発や個別教育計画の策定を試みている。こうしたアセスメント結果に基づいたカリキュラム開発は重要であると考えられるが、普通学級ではほとんどなされていない。アセスメントに対する脳科学の主な関与は、健常児と特別なニーズのある児童生徒との脳発達の比較による障害特性や才能特性の理解についてである。実際に、これまでも多くの神経心理学的検査が開発され、既に特別支援教育の現場でアセスメントのツールとして使用されている。

また、一九九〇年代以降に急激な発展を遂げた脳イメージング技術も画像診断による児童生徒の特性理解に役立っており、神経心理学的検査の精緻化にも貢献している。

しかし、その類のアセスメントで得られる情報はあくまでも障害特性などの現状理解のためであって、発達支援に寄与するための行動の予測に関する情報を十分に提供するものではない。発達支援のためには、児童生徒の現在の行動や脳の特徴のみならず、これまでの発達経過や、彼ら／彼女らを取り巻く環境についての情報が必要である。例えば、発達アセスメントが、児童生徒を取り巻く対人関係なども対象に含むのはそのためである（本郷 2008）。したがって、現状理解のためのアセスメントと発達支援のためのアセスメントというようにカリキュラム・アセスメントの目的をしっかりと区別する必要がある。

4　カリキュラム・アセスメントの条件

本章を締めくくるにあたって、将来的に脳科学との架橋・融合を図っていくためのカリキュラム・アセスメントの条件を提案する。一九九〇年代以降、脳イメージング技術が発展したが、現時点では学校現場で利用できるほど利便性が高いとはいえず、実験上の制約は非常に強い。また、脳イメージング研究が明らかにした成果の解釈には多義性があり、様々な問題が提起されている。[6] したがって、学校現場での評価実践には、児童生徒のパフォーマンスを手がかりにすることが現実的

表 11-2　カリキュラム・アセスメントの条件

1	どのような知能をどこまで育もうとしているのか。
2	目標とする学習が成立するために、児童生徒はどのような準備状態にあるのか。
3	脳の形態的・機能的化の可塑性を引き起こすだけの計画が綿密に組まれているか。
4	ターゲットとしている知能を評価する方法や文脈が適切に提供されているか。

である。その際に、脳科学と共通した概念を用いつつ、可能な限り脳科学の成果と照合可能な形式でアセスメントの方法を検討し、実践に生かす条件を設定することが望ましい。具体的な条件を表11－2に挙げた。これらには、カリキュラム改善に資する根拠（evidence）の質を高めるための今後の研究課題という意味を含む点に留意してもらいたい。

第一は「目標記述の方法」である。教育実践研究で頻繁に用いられる「～力」といった恣意的な概念ではなく、脳科学や心理学などが明らかにしてきた仮説検証の可能な知能の概念や理論を参考にしながら、目標記述を心がける必要がある。特に、学校教育では教科や教科内容を目標の中心に据えることが多く、目標記述の述語に注目すると「～の内容を理解する」などと表されることが多い。脳科学と架橋・融合をするためには、領域（domain）や能力（ability）をもとに目標を記述する意識をもち、「～することができる」という形式で記述する方が好ましい。ここでいう領域とは言語的知能や論理数学的知能、及び社会的知能などの各知能の単位を指し、後者は各知能をどのように用いるかという行動指標を示す。例えば、比較、対照、判断、評価、分析、発見、発明、想像、仮定、活用、利用、適用などの述語が挙げられるだろう（Sternberg 1996＝訳 1998）。

第二は「準備状態の把握」である。この把握には主に二つの視点が挙げられ、①そもそも児童生徒が学習できる状態にあるかどうかという点と、②児童生徒が学習を進める際の制約（constraint）は何かという点である。前者は、例えば生活リズムが狂っているために、学校では居眠りばかりで注意散漫な場合、どのようなカリキュラムが提供されたとしても効果的に機能することは期待できない。脳発達に影響を及ぼす要因には学習に加え、生活リズムやストレス、あるいは栄養などの生理的な条件なども挙げられ、場合によっては医学的な介入が必要になる時もある。また、後者は生物学的な制約（期待される脳の可塑性の程度や脳に起因する障害など）、心理学的な制約（すでに保有している知識やスキルの熟達度など）、及び社会・文化的な制約（重視される能力観や教職員の専門性、及び選択可能な学習形態の数や質など）に細分化でき、それぞれ括弧内に示した例が挙げられる。

第三は「カリキュラム構成の発展性と妥当性」である。特に、ある単元で獲得した知識やスキルが次の単元ではどの程度、また、どのように活用されるのかについてである。脳内で形態的・機能的可塑性が誘発されるためには、それ相応の学習機会が求められる。脳発達の非線形性の特徴が示すとおり、発達的変化の潜在期間に中途半端な学習を行ったとしても安定した神経回路が構築されず、その後の学習に支障をきたす場合が考えられる。従来のカリキュラム開発では各単元間の内容的な関係性は指摘されてきたが、機能的な関係性は十分に検討されてきたとはいえない。そのため、機能的な関係性という観点から脳の可塑性を引き起こすための中・長期的な学習スケジュール（例えば、一貫教育におけるカリキュラムの分節化の違いによる学習効果の相違を分散学習の観点から検討するなど）や可塑性を高めるための代替的な手段（児童生徒の認知的強みを活かした学習の効果など）が、どのような特徴を示す児童生徒にとって効果的であったのかを分析する必要がある。

最後に第四は「評価方法の適切性・妥当性」である。これは教育目標に到達した程度を見定める根拠と関係する。最も重要な点はターゲットとする知能を適切に測定しているか、その際の手続きは定式化されているかである。脳科学的手法では、学習による脳内変容を説明するために、血流量や酸素消費反応、シナプス加重などといった量的指標をもって示されたデータを根拠とする。しかし、その多くは実験室研究によるものであり、実際の学校現場で観察される児童生徒の変容をどの程度説明しうるのかという、生態学的妥当性を確認する手続きが不可欠である。カリキュラム実践における根拠とは、自然科学が強調する定量的な根拠だけではなく、定性的な根拠も重視される。そのため、教育目標の性質に応じて、特定の適切な指標を用いた行動データを継続的に蓄積し、脳科学的データとの照合作業を行うことにより、実践に生かしていく必要がある。

「脳科学と教育」研究は、学習メカニズムと学習環境の有効性とを識別すべきであり、脳科学により学習過程の基本を検証することだけではなく、応用、効き目、起こりうる副作用を検討することが重要である（Spitzer 2006＝訳 2007）。学習過程の基本とは、学校での教授・学習によって引き起こされ、生じさせられる知的発達の過程でなければならない。今後は教育実践に資する根拠の質を高めていくことが求められており、加えて、根拠を見極める脳科学リテラシーを養っていく必要もある。そのためには、他者・他校のカリキュラム実践との比較検証を経た経験的事実を積み重ねていくことが求められる。

注

（1）本文中で挙げたガードナーのほかにも、代表的な論客として例えばスタンバーグ（Sternberg, R. J.）がいる。スタンバーグ（Sternberg 1985）は過去に提唱された知能論をレビューし、知能の鼎立理論を提唱した。特に、彼はＩＱが日常生活における賢さを十分に反映していないことなどを批判する。ＩＱは従来の学力テストと親和的であるといわれており、知能の概念を拡張するガードナーやスタンバーグらは、従来の学校カリキュラムが児童生徒の潜在能力を限定的に捉えており、かつ「同一性」を強調するあまり、彼ら／彼女らが本来的に有する発達的ニーズを充足させていないと主張する。脳科学でもＩＱは客観的な指標として頻繁に利用・支持されることがあり、その数値が指し示す範囲を意識的に踏まえておく必要がある。

（2）社会的知能に関連する教育学からのアプローチとして、門脇（1999）が提唱する社会力がある。門脇（2006）は脳科学の成果を参考にしつつ、社会力の構成要素を質問紙調査によって検討し、社会力のある人間は、「他者への配慮に長けている人間であり、他者への配慮が長けた人間は、（それを可能にする良質な脳が形成されており、その結果として）知的好奇心が旺盛な人間でもあり、そのことは強い学習意欲となって表れ、学力を向上させることにもなっている」（二一一頁）と示唆を述べている。特に、門脇は社会力を育成するために、大人との付き合いや交流を重視している。

また、寺沢や柳沢などの一連の研究でも、野外キャンプでの身体を通じた他者とのコミュニケーションの機会を増やすことによって、前頭葉の機能が高まることをGO／NO-GO課題と呼ばれる脳機能テストによって検証している。一連の研究の詳細は寺沢（2001）などを参照。

（3）脳という中枢神経系だけを特別視するのではなく、身体を張り巡らせる末梢神経までをも最初から考慮に入れ、身体性や情動などを鍵概念とする全体論的な立場もある。一方で、依然として脳部位に精神機能を直接的に還元させる立場もあり、現在では非常に詳細な脳機能の地図が解明されてきており、その数は一二〇前後にわたる（加藤 2008）。

（4）二〇〇四年度から科学技術振興機構によって、社会・生活環境が心身や言葉の発達に与える影響やそのメカニズムの解明と成果の活用方策の提示を目指し、長期にわたる追跡調査が開始されている。この調査は小泉の考えを多分に反映しており、脳に対する環境アセスメントの一例であると考えられる。

（5）安彦（2008）もフィッシャーの発達論に関心をもち、同僚の心理学者らとの検討を経て、独自の発達論を提唱した。彼は、脳の各発達段階で子どもの興味と要求の中心が移行すると考え、カリキュラムの目的論及び構成論への応用を試みている。特に、安彦は脳の発達における「計画的・意図的・組織的」な刺激情報という教育の独自性と社会的な価値を強調する（安彦 2005）。

（6）近年の脳科学の流行に伴い、マスメディアでは「活性化」概念が過大に扱われている傾向にある（緩利 2007）。例えば、人間で最も発達した脳部位である前頭連合野が問題解決能力や社会性を担っていると考えられ、その脳部位を活性化させることが重要であると考えられる。その一つの例が、百マス計算や簡単な読み書き算であり、文部科学省指定研究開発学校でも実践されている。しかし、「脳を活性化すること」と「脳機能を高めること」は必ずしも同一ではなく、前頭葉の血流が増える作業を続ければ前頭葉機能が高まるというのは全く根拠のない仮定にしかすぎない

（榊原 2004）。また、久保田（2006）も、「前頭前野の血流量が減った」ときに「前頭前野の働きが増す場面もある」ことが多く報告されている点を強調する。近年では脳の学習活動を捉えるには、血流量ではなく、酸素消費反応であるという主張（加藤 2008）もあり、「活性化」を扱う研究成果の解釈には多義性が伴うことを注意する必要がある。欧米ではむしろ脳イメージング技術の可能性を認めつつ、パフォーマンスを手がかりにするという点では、認知科学や発達科学の方法を用いることによって教育への応用を図っている点に注目できる。

参考文献

安彦忠彦（2005）「脳科学的観点から見たカリキュラム開発」『早稲田大学大学院教育学研究科紀要』第一五号、一一一八頁

安彦忠彦（研究代表者）（2008）『脳科学的観点から見た子どもの発達と学校カリキュラムの開発に関する基礎的研究』（平成一七年度〜平成一九年度科学研究費補助金（基盤研究（B））研究成果報告書）

Battro, A. M.（2000）*Half a Brain is Enough.* Cambridge University Press.（河内十郎監訳・河内薫訳（2008）『半分の脳』医学書院）

Battro, A. M., Fischer, K. W. & Lena, P. J. (eds.).（2008）*The Educated Brain.* Cambridge University Press.

Blakemore, S. J. and Frith, U.（2005）*The Learning Brain.* Blackwell Publishing.（乾敏郎・山下博志・吉田千里 訳（2006）『脳の学習力』岩波書店）

Bruer, J. T.（2008）"Building bridges in neuroeducation". In Battro, A. M., Fischer, K. W. & Lena, P. J. (eds.). *The Educated Brain.* Cambridge University Press. pp. 43-58.

Byrnes, J. P.（2001）*Minds, Brains, and Learning*. Guilford Press.（高平小百合・奥田次郎訳（2006）『脳と心と教育』玉川大学出版部）

Fischer, K. W. and Daley, S.（2007）"Connecting cognitive science and neuroscience to education". In Meltzer, L.（ed.）, *Executive Function in Education*. Guilford Press. pp.55-72.

Fischer, K. W. and Rose, S. P.（1996）"Dynamic growth cycles of brain and cognitive development". In Thatcher, R., Lyon, G. R., Rumsey, J. and Kransnegor, N.（eds.）. *Developmental Neuroimaging*. Academic Press. pp.263-280.

Gardner, H.（1983）*Frames of Mind*. Basic Books.

Gardner, H.（1993）*Multiple Intelligences*. Basic Books.（黒上晴夫監訳（2003）『多元的知能の世界』日本文教出版）

ヘンシュ貴雄（2003）『頭のいい子ってなぜなの？』海竜社

本郷一夫（2008）「発達アセスメントと支援」本郷一夫編『子どもの理解と支援のための発達アセスメント』有斐閣、一―二〇頁

猪飼道夫・須藤春一（1968）『教育生理学』第一法規

門脇厚司（1999）『子どもの社会力』岩波書店

門脇厚司（2006）「社会力の構成要素と学力との関連性に関する試論」『筑波学院大学紀要』第一集、一五―二七頁

加藤俊徳（2008）『脳は自分で育てられる』光文社

小泉英明（1998）「環境と脳の相互作用」小泉英明編『環境計測の最先端』三田出版会、二六九―二八〇頁

小泉英明（2005）『脳は出会いで育つ』青灯社

久保田競（2006）『バカはなおせる』アスキー

Levine, M.（2003）*The Myth of Laziness*. Simon & Schuster, Inc.（矢野真千子訳（2004）『〈できる〉子どもの育て方』ソフトバンクパブリッシング）

無藤隆（1999）「発達とカリキュラムの間」安彦忠彦編『新版カリキュラム研究』勁草書房、二〇九―二三八頁

OECD-CERI (ed.).（2002）*Understanding the Brain*. OECD.（小泉英明 監修・小山麻紀訳（2005）『脳を育む』、明石書房）

酒井邦嘉（2002）『言語の脳科学』中央新書

榊原洋一（2004）『子どもの脳の発達 臨界期・敏感期』講談社

澤口俊之（2005）『HQ論』海鳴社

Spitzer, M.（2006）"Brain research and learning over the life cycle". OECD-CERI. (ed.). *Personalising Education*. OECD. pp.47-62.（岩崎久美子訳（2007）「脳科学研究とライフサイクルにおける学習」『個別化していく教育』明石書店、七三―九六頁）

Sternberg, R. J.（1985）*Beyond* IQ. Cambridge University Press.

Sternberg, R. J.（1996）*Successful Intelligence*. Simon & Schuster.（小此木啓吾・遠藤公美恵（1998）『知能革命 ストレスを越え実りある人生へ』潮出版社）

鈴木忠（2008）『生涯発達のダイナミクス』東京大学出版会

田中統治（2003）「カリキュラム評価による学校改善の方法」中留武昭・論文編集委員会編『二一世紀の学校改善』第一法規、一〇五―一一八頁

寺沢宏次（2001）「子どもの脳に生きる力を」オフィス・エム

時実利彦（1974）『脳と保育』雷鳥社

Vygotsky, L. S.（1934）柴田義松訳（2001）『新訳版 思考と言語』新読書社
Vygotsky, L. S.（1935）土井捷三・神谷栄治訳（2003）『「発達の最近接領域」の理論』三学出版
緩利誠（2007）「脳科学の成果を子ども研究に応用するための課題」『子ども社会研究』第一三号、七二―八三頁
緩利誠・田中統治（2007）「脳科学と教育の間」『教育学研究』第七四巻 第二号、一六二―一七三頁

第一二章　教師教育のカリキュラム評価

浅野　信彦

1　はじめに

本章では、学校現場での教師の主体的な学びを促す観点から、教師教育カリキュラムを開発するための評価方法を提案する。

「教師教育」（teacher education）とは、教師を志す学生が大学において受ける養成教育と採用後の現職教育を連続的に捉える概念である。欧米では一九六〇年代から、わが国では一九八〇年代から、教育学研究者の間でこの用語が使われている。この概念が登場した背景には生涯学習の理念の普及があった。人の学びは学校を卒業したあともずっと続いていくから、それを支援する仕組みを整えることによって、全ての人が「自己実現」を追求できる社会が実現する――一九八〇年代以降、こうした考え方が人々に広く受け入れられるようになり、今日のわが国の教育改革の基底を形成するまでになった。つまり、この言葉には、教員養成・現職研修の全過程にわたって成長していく主体は教師自身であるという主張が込められているわけである。教師（あるいは教師をめざす学生）一人ひとりが「自己実現」を求めて主体的に学びつづけることが彼らの資質能力の向上につながる。大学や教育行政には、そのための学習機会を保障する義務がある。こうした発想に立って大学の教員養成カリキュラムと現職研修のプログラムを全体的に捉える必要性を自覚させる点に、教師教育という用語を用いることの意義がある。

こうした理念の実現をめざすには、これまで制度的もしくは行政的観点から議論されがちだった教員養成と現職研修の内容を、受け手である個々の教師の学びというレベルから捉え直してみる必要がある。なぜなら、大学の講義や行政研修のように組織的に提供される教育内容も、それが個々の教師の資質能力の向上にどう結びつくかは、学ぶ側の教師自身がそれをどう意味づけ受容したかによるからである。さらに、ある時点での教師の学びは一人ひとりの連続したアイデンティティ形成の断片にすぎないから、教師にとっての学びの意味は、その教師の過去から現在に至る経験全体のなかで把握されなければならない。従来の教員養成や現職研修は、教職に必要な知識や技能を体系的に伝達することによって必然的に一定の資質能力を備えた教師を育成できるという予定調和論的な発想に立っていた。しかし、教師のどのような学びが彼らの資質能力の土台たるべき「自己実現」に結びつくのであろうか。その道筋が具体的なデータによって確かめられているわけではない。教師の学習経験を個人に即して把握することは、こうした既存の養成・研修内容の適切性を問い直し、教師自身にとっての学びの意味を考慮してその再構成を図る出発点となる。

すなわち、教師教育の理念を具体化するには、教師の学びの実態を把握する「評価」(See)を起点として、教師教育の内容を「計画」(Plan)し、それを「実践」(Do)するというカリキュラム開発の基本サイクルを養成から研修に至る全過程で確立することが必要なのである。

本章では、こうした観点から教師教育カリキュラムの開発をすすめる前提として、教師の学びを一人ひとりのアイデンティティ形成に即して評価するための方法を提案したい。

2　教員養成・現職研修をめぐる動向

まず、わが国における教員養成と現職研修をめぐる改革の動向を確認し、そのなかで「評価」がどのように考えられているのかを明らかにしておこう。

(1)　教員養成カリキュラムの改革

戦後、わが国の教員養成は大学で行われることになった。大学では、教職志望者に対して教育学、教育心理学、および各教科に関連する学問研究の成果を体系的に伝達するとともに、彼らに学問的探求活動を経験させ、それによって学生がおのずから教師としての資質を獲得することを期待してきた。このように「学問」に基礎をおく教員養成が行われるようになった背景には、戦前の師範学校での教員養成の在り方への反省があった。師範学校は学生に学問的教養を培うことよりも、既成の知識を正確に偏りなく伝達する教授技術者を育成することを重視していた。終戦直後、わが国の教育制度の実態を調査したアメリカ教育使節団は、師範学校で大量生産された視野の狭い教師たちによって国家が標榜する軍国主義イデオロギーが無批判に受け入れられていったことを批判した(1)。こうした反省に立って、戦後は「大学における教員養成」という原則が打ち立てられ、これを前提に民主主義的な教育の普及が図られることになったのである(2)。

ところが、一九七〇年代から八〇年代にかけて、校内暴力や落ちこぼれなどの教育問題が噴出すると、学問的な知識の伝達に偏った教員養成の在り方に疑問が投げかけられるようになる。「教師が現場で直面している問題の解決に、大学で与えた学問や知識がどれだけ役立っているのか」とか、「現場の実情とはほど遠い机上の理論を学ぶことに何の意味があるのか」といった批判である。こうした批判の高まりは、大学関係者にも教員養成の在り方への問い直しを促すことになった。そして今日まで、多くの大学が教育実習の早期化・長期化や、事前・事後指導の充実、教育実習以外に学生が学校や地域社会で子どもと触れ合う機会を設けるなどの努力を重ねてきた。

しかしながら、依然として教育現場では様々な問題が噴出している。とりわけ一九九〇年代後半から、社会変動に伴って子どもやその保護者の意識・態度に大きな変化がみられるようになった。

そうした変化に対応が追いつかない学校や教師に対する人々の苛立ちは、そのまま教師を養成する大学への不信感につながっていく。

こうしたなか、二〇〇一年には文部科学省の「国立の教員養成系大学学部の在り方に関する懇談会」（在り方懇）が報告書を発表。そこでは、教員養成系学部が教師の資質能力を育成する上で十分な役割を果たしていないという厳しい現状分析が展開されている。報告書は、学部教員の教員養成に対する共通認識の希薄さなど多くの問題点を指摘した上で、採用当初から「学校現場で様々な課題に取り組んでいくことができる力量ある教員」を養成するため、各大学において「体系的な教員養成カリキュラム」を創意工夫する必要があると強調している。[(3)] こうして、教員養成を行う大学は、学生たちに学校現場が求める実践的な力量を確実に身につけさせること、さらには、そのための責任体制を構築することを迫られることになった。「在り方懇」が教員養成系大学・学部の再編統合を視野に入れていたこともあり、学部の存廃に直結しかねないという危機感から、これ以降、多くの大学で教員養成カリキュラムの改革が急速にすすめられていく。文部科学省が「大学・大学院における教員養成推進プログラム」（教員養成GP）の採択を始めた二〇〇五年前後からこの動きがいっそう顕著になった。

教員養成GPは、二〇〇五年度に小中学校教員の養成プログラムを対象に公募が行われ、一〇一件の応募のなかから三四件が採択された。翌二〇〇六年度には高等学校と幼稚園教員養成プログラムの公募があり、九二件中二四件が採択されている。採択にあたってはプログラムの計画立案・実施内容・運営体制などが審査され、採択プログラムには二年間の優遇的予算措置が講じられる。実際に採択された計画は、この制度の趣旨を反映して、その多くが採用側である地元自治体の教育委員会と連携し、学校現場での体験を重視して様々な教育課題に柔軟に対応できる実践力を備えた教師を育成することを目標に掲げていた。例えば、二〇〇五年に採択された宮城教育大学は「教員養成シャトルプロジェクト」と銘打ち、「入学時から卒業時までに、附属学校、教育委員会と本学教員養成課程との協働を通して、学生が実践と学問体系との間の往復」するための授業を「体系的に設定」するとしている。これによって、学生は、「大学と教育現場をシャトルしながら、①学修した学問体系を教育現場で応用し、②実践を省察することにより、更なる学問体系の学修につなげる」ことが期待されている。[4] また、信州大学では、「『臨床の知』の実現」と題して、「現場での経験に種々の省察を組み合わせることによって、高度な専門性に裏づけられた実践的指導力のある教員を養成する」ことを試みている。[5] これらが示すように、現在すすめられている教員養成カリキュラム改革のほとんどは、教育現場での「体験」とそれに対する「省察」(reflection)の機会を授業科目に組み込むことによって、大学の学問知と現場の実践知を架橋することをめざすものである。その根底には、大学が教育現場から求められる実践力の内容を先取りし、学校現場との協働によって学生にそれを体験させ、それとの関連において既存の学問体系に即した学びの正統性を確保しようとする発想がある。建前では各大学に「創意工夫」が求められているとはいえ、大学卒業時に「学校現場の課題に対応できる実践力」を形成することを教員養成の目標に据えた場合、これ以外に取るべき道はみえてこないというのが実情かもしれない。

カリキュラム改革の動きは、教員養成の質を保障するための評価方法の検討にも及んでいる。例えば、教員養成GPの審査項目の一つに「評価体制」が挙げられている。具体的には、「組織として教育プロジェクトに対しての評価を適切に実施する体制」と「評価結果を教育活動の質の向上及び改善に結び付けるシステム」の整備または計画を大学に求めている。ホームページなどで公表されている情報をみるかぎりでは、教員養成GPに採択された大学の多くが、個別プログラムについて受講生にアンケートを行い、その結果を評価委員会などで検討することを計画しているようである。また、二〇〇七年には日本教育大学協会が、教員養成において中学校の教科指導力を保障するための「到達目標」を提案した。(6) これは、全国の教員養成系学部が学生に到達させようとする資質能力の水準について一定の共通理解を図ろうとする動きである。しかし、それをカリキュラム改善のためにどう役立てるのかというところまでは議論がすすんでいない。

教員養成カリキュラムの評価は着手されたばかりであり、前記の試みが実際にカリキュラムの改善に役立つか否かの判断は今後の分析を待つほかはない。現時点では、データ収集が始まったことを一歩前進と考えるべきであろう。

しかしながら、今後、教員養成カリキュラムの評価方法に関する議論を深めるために、山崎準二の次のような指摘を心に留めておく必要があるだろう。すなわち、氏は「(教員養成の)カリキュラム改革の課題を考える場合、学び手である学生たち、あるいは教職の世界に入っていった元学生・

現教師たちが、学生時代の養成教育をどのようにみているかという視点からの議論は欠かせない」と述べ、その上で、個別の授業やプロフラムではなく「大学における養成教育全体として現状や今後のあり方を考える上で必要とされる本格的なデータの収集はいまだ残された課題のままである」としている。(7) 教員養成カリキュラムを改善するためには、学び手である学生や卒業生が大学の教員養成「全体」をどう意味づけているかという観点からのデータ収集が不可欠であるという指摘である。

なお、東京都の「教師養成塾」や埼玉県の「教員養成セミナー」に代表されるように、各地で教育委員会が自ら教員養成に乗り出す動きも広がっている。これらは、教育現場での体験を重視し、新任時から学校の課題に対応できる実践力の育成をめざしている点では大学と同じ方向をめざしている。しかし、大学におけるカリキュラム改革の成果を待たず、養成と採用を直結させようとする意図を秘めている点で、「大学における教員養成」という原則を逸脱するものであるとの批判もある。(8)

(2) 現職研修をめぐる動き

次に、現職研修をめぐる改革の動きをみてみよう。

わが国では、現職教員に研修（研究と修養）の努力義務が課されている。すなわち、教育公務員特例法で「教育公務員は、その職責を遂行するために、絶えず研究と修養につとめなければならない」と規定されている。ちなみに教師以外の地方公務員の研修については、地方公務員法で「職員には、その勤務能率の発揮及び増進のために、研修を受ける機会が与えられなければならない」と規定されている。この両者を比較すると、教育公務員の場合、①教師自身が研修の主体と位置づけられている点、②研修の目的が「能率」ではなく「職責の遂行」におかれている点に違いがみられる。教師には子どもたちの人格形成を促す重大な使命がある。この職務の遂行には教師自身の主体的な研修が不可欠である。このことが法令上も明示されているわけである。これと関連して、教育公務員の任命権者は「研修について、それに要する施設、研修を奨励するための方途その他研修に関する計画を樹立し、その実施に努めなければならない」と規定され、研修に関する条件整備義務が課されている。法的には研修の主体はあくまで教師自身であり、任命権者である教育委員会の役割は研修のための条件整備にあるとされているのである。

このように、わが国では、戦後、教師に研修の努力義務を課す一方で、その具体的内容の選択については教師個々人の自主性を尊重してきた。

ところが、こうした現職研修の在り方も、やはり教育荒廃が社会問題化した一九七〇年代から八〇年代にかけて、大きな転換期を迎えることになる。

まず七〇年代に、現職研修を①職務命令にもとづく職務研修、②職務専念義務を免除される「義務免」または「職専免」による研修、③勤務時間外の私的研修の三つに区分し、学校管理運営上、職務命令による研修を正当とする行政解釈が登場する。(9)これを受けて、管理職研修や中堅教師の研修、経年研修など行政研修が拡充されていく。

さらに一九八〇年代には、現職研修の改革は「教師の資質向上」をめざして政治主導ですすめられることになる。中曽根内閣が設置した臨時教育審議会（一九八四―八七）は、教師の資質向上について「養成、採用、研修、評価などを一体的に検討」し、さらに「大学における教員養成に期待すべき内容と、採用後における初任者研修あるいは教員のライフステージの現職研修において修得すべき内容とに整理」した上で、養成段階では「幅広い人間性、教科・教職に必要とされる基礎的・理論的内容と採用後必要とされる実践的指導力の基礎」を、採用後の研修では「それらの上に立ってさらに実践的指導力を向上させることに重点を置くこととする」と役割分担を明示した。こうした見解にもとづいて、初任者研修制度の創設や現職研修の体系化などが提案された。こうした議論は教育職員養成審議会に引き継がれ、教職経験に応じて「それぞれの時期に応じて適切な内容、方法により研修の機会を提供できるようにするため」（一九八七）、現職研修の体系化がすすめられていった。

現職研修の体系化とは、具体的には、①教師のライフステージに対応した研修課題の析出や研修ニーズの把握をとおして研修内容の垂直的統合を図ること、②研修を提供する機関・団体間の協力連携をとおして研修の多様化と研修機会を保証するネットワーク化を図ることなどを軸として、研修の実施体系の整備を図るというものである。そのねらいは、初任者・一〇年目・二〇年目などの教職経験の節目でそれぞれの時期にふさわしい研修課題を設定し、それに応じた多様な研修内容を保障できるようにすることであった。一九八九年には初任者研修が制度化され、教諭として採用後の一年間は「条件付採用」となり、初任者研修の評価によって正規採用とするか否かが決定されることになった。また、二〇〇三年から制度化された一〇年経験者研修では、研修を行う教師の自己評価と校長評価をもとに研修計画を作成し、研修後は再び自己評価を行い、校長面接を経て今後の課題を明確化することが求められている[10]。

このように、八〇年代からはじまる研修体系化の動きは、教師自身が自己評価を中核とした評価システムによって生涯の研修ビジョンを確立し、それにもとづいて計画的に研修を行っていくことをねらったものであった。確かに、研修の成果は教師のモチベーションに左右されるから、これを事前・事後評価によって高めようという趣旨は理解できる。実際、評価システムがうまく機能して研修の成果があがったとする事例報告もある[11]。

しかし現実には、増大した義務的研修の多くは個々の教師が現場で教育実践を積み重ねていくなかで抱いている葛藤や欲求に十分応えられるものとはなっていない。実際、筆者が教師から聞く声のほとんどは、研修を「させられる」ことに対する負担感の訴えであり、子どもとのかかわりや教材研究にもっと時間をかけたいのにそれができないという不満の表明である。これでは、彼らが研修で学んだことをその後も主体的に深めていくということは生じにくい。結局は、研修による多忙化が、教師たちから教材研究の時間を奪うだけである。さらには、研修の制度化が、かつては活発に行われていた校内の先輩後輩関係を基盤とする授業研究の衰退を招いているという指摘もある[12]。

前述の動きに加えて最近の改革として注目すべきは、「指導力不足教員」の認定制度が全国的に導入されつつあることである。これは、教育活動上の不適切な指導を理由に「指導力不足教員」と認定された教師が長期・短期の研修を受け、研修結果の評価によって職場復帰が可能かそれ以外の人事上の措置を行うかを判定するというものであり、教師の資質能力の向上というよりも、「指導力の確保」という次元から学校教育への信頼回復を図ることをねらっている。しかし、この研修においても、学校での子どもとのかかわりを抜きにして教師が指導力を高めることは難しいという指摘がなされている(13)。

以上みてきたように、わが国では現職研修の改革は制度的にはかなりすすんでいる。しかし、それが実際に学校での教師の実践の向上にどうつながっているかとなると、心許ない。制度上はそれなりの理屈づけがなされていても、それが教師の主体的な学びの充実につながっているとは必ずしもいえない。

現職研修を真に教師の資質能力の向上に資するものにするためには、研修内容の適切性について、学ぶ側の視点からその効果を把握するためのデータ収集を行い、その分析結果を研修の改善に結びつけていくことが必要である。現状では、教師の自己評価や校長評価のデータを研修の改善のために活用することすらほとんど行われていない。二〇〇六年には、文部科学省が「教員研修の評価・改善のためのシステムを国において開発し、教育委員会等に提供する」ことを目的として、三年間の予定で「教員研修評価・改善システム開発事業」に着手したけれども、これも現段階では成果が出ていない。

3　教師教育カリキュラム評価の視座

冒頭で述べたように、教師教育とは教員養成と現職研修を連続的に捉える概念である。教師の生涯にわたる学びを支援して「自己実現」を促すところにその本質がある。したがって、教師教育カリキュラムの開発をめざす場合、その評価方法は、養成段階と現職段階で別々に考えるのではなく、同一の方法で全体を見渡せることが条件になる。筆者は、教師のアイデンティティ形成に注目することが、教師教育カリキュラムの評価方法を考案するための視座を提供してくれると考えている。なぜなら、教師のアイデンティティは単に職業上の役割を遂行することのみによって形成されるわけではなく、教師自身の学びによって形成されていくからである。

ここで、教師のアイデンティティとカリキュラムの関係を考えてみよう。

カリキュラムは「学習経験の総体」である。学校で学ぶ主体は子どもである。教師は意図的に子どもに働きかけて彼らの学びを促す。こうした相互行為は主に授業のなかで展開する。授業のなかで教師は子どもたちの学びを意味づけ方向づけるため、様々な意思決定を行う。これを適切に行うため、教師もまた学ばなければならない存在である。

教師はまず単元の目標を設定し、教材の選択や解釈を行い、子どもの反応や動きを予測しながら指導計画を立てる。しかし、実際の授業が計画通りに展開することはありえないから、教師は状況に応じて即興的判断を繰り返す。授業後は、実践の結果をふまえて指導計画を修正する手続きをとる。この連続によって子どもたちの学びが組織される。このように、教師が子どもの学びを組織するために担う役割は多様で複雑である。また全ての授業は再現不可能な一度きりの出来事である。したがって、子どもの学びを中心におくかぎり、教職経験をどれだけ積んでも授業実践には手探りの感覚が残ることになる。もちろん、学校教育には様々な法令や学習指導要領などの公的な枠組みが存在するから、ある程度パターン化された教育活動が繰り返されることもある。けれども学校組織の場合、公的な枠組みに対してでさえ教師個々人が主体的に解釈や変更を加える余地が大きい。そのため、授業には教師自身の人生経験や価値観が色濃く反映されることになる。教師の抱く子どもたちへの願い、一人の人間としてのこだわり……これらが学校の日々の教育実践のなかで表現され、子どもの学びを方向づけていく。教師は、自らの願いやこだわりを実現するために、教材や指導法、あるいは授業のすすめ方など、様々なことを絶えず学び、手探りのなかでそれを実践していく。つまり、「子どもの学び」と「教師の学び」は一体である。カリキュラムは「子どもの学習経験」であると同時に「教師の学習経験」でもある。

しかし、教師の学びはこれにとどまるものではない。というのも、教師自身が幼児期から現在に至るまでの長い学習経験を背負っているからである。このことは、単に彼らが知識や技術の蓄積をもつことを意味するだけではない。一人の教師が「教師である」ためには、自身のそれまでの学習経験という土台の上に新たな学びを積み上げていかなければならないということである。学びの連続的な経験であるカリキュラムは、長期的にみれば人のアイデンティティを形づくる。教師は教壇に立ちつづけるかぎり常に新たに学ぶ必要性に直面する。このとき、教師はそれまでの自身の学習経験に立ち返り、過去と現在との間に如何なる連続性があるかを探索するだろう。教師にとって学ぶということは、教師としてのアイデンティティを探求する「自分探しの旅」でもある。

こうした教職の特質に即してみれば、教師にとって意味ある研修とは、自らの日々の教育実践に根ざした切実な欲求が動機となって行われるものであろう。

教師自身が学ぶことによって形成されるアイデンティティは、一人ひとりが「自己実現」に向かう道筋を示す。教師は目の前の子どもに対する願いを実現するために、常に学び、実践を重ねていく。その過程で自らが教師であることを確認する。そのことに幸福感を抱くようになる。これが教師の「自己実現」である。

4 教師教育カリキュラムの開発に向けて——評価方法の提案

教師のアイデンティティ形成を促す契機は、必ずしも前述のような教育実践上の経験だけではない。学校内外での他者との出会いや人間関係、地域社会とのかかわり、職務上の役割の変化、個人および家庭生活における変化など、様々な要素がある。しかし、教師に求められる資質能力の中核は、授業をとおして子どもを指導する実践力である。授業実践のなかに表現されるアイデンティティ形成の道筋に焦点化することによって、彼らの資質能力の向上につながる学びの実態をより鮮明に捉えることができるだろう。その背後には教師の個人的あるいは社会的な生活経験や人間関係が存在する。そうした広い文脈のなかで教師の意識的な研修や努力がどう意味づけられているかを把握する必要がある。

教師の資質能力を向上させる学びは、ある理論や技術を実践に適用するというような直接的なものよりも、むしろ、一人の人間としてそれを学ぶことが自分にとって意味があると思える経験である。そこにはフォーマルな教員養成や現職研修の内容だけでなく、大学時代のサークル活動や友人関係、教師としての同僚との関係や私生活上の変化などのインフォーマルなものも含まれる。そうした人生経験全体のなかで、教師のアイデンティティを揺さぶりその再構成を促すような深い学びは、いつどのように生じるのだろうか。それが彼らの授業実践をどのように変容させているのだろうか。

教師教育カリキュラムを開発する上で大切なことは、目新しいプログラムを実施しその効果を短期的に測定することではない。むしろ、教師自身がアイデンティティ形成のなかで過去の養成教育や現職研修をどのように意味づけているかを把握し、その結果をカリキュラムの改善に活かすことである。そのための評価方法として、筆者は、教員養成学部の卒業生や現職研修の修了生に対して、質問紙調査とインタビュー調査を組み合わせた追跡調査を実施することを提案したい。

教員養成学部の卒業生に追跡調査を試みた先行研究としては、山﨑準二が行ったものがある。[14] この研究は、ライフコース分析の立場から静岡大学教育学部の卒業生に継続的に質問紙調査を行い、さらに対象者を抽出してインタビュー調査を実施して、教師の力量形成過程を体系的に解明したものである。インタビューにあたっては、社会学における「ライフヒストリー」の方法論を参照し、教師の「語り」に注目した分析を行っている。[15] しかし、この研究は必ずしもカリキュラム評価の一環として実施されたものではない。そのため、分析の焦点は教職イメージの形成過程にあてられており、彼らのどんな学びがどう授業実践に影響したかを具体的に解明しているわけではない。

したがって、こうした調査をカリキュラム評価の一環として行う際には、データ収集に若干の工夫が必要である。インタビュー調査では、対象者の「語り」は聞き手の関心によって再構成される。聞き手である調査者が、語り手である教師の人生経験全体に関心を払いつつも、そのなかで特に過去の教員養成や現職研修の経験がどう意味づけられているかに注意を向ければ、対話を繰り返すなかで多くの教師はそれを語るはずである。[16]

筆者は、ある高校の総合学習に関するカリキュラム評価として、卒業生への追跡調査を試みたことがある。まず、卒業生が在校していた各年度の年間指導計画と実際の授業内容をふまえて一年間の学習の流れを復元し、そこに盛り込まれた一つひとつの学習活動に対する意見を聞くため質問紙を作成した。次に、質問紙調査の結果から、当時の学習への生徒の受け止め方をいくつかに類型化した。さらに質問紙の自由記述を手がかりとして各類型の典型と思われる対象者を抽出し、インタビュー調査を試みた。インタビューに先立って、様々な資料をもとに対象者の高校時代の学びの道筋を推測した。参照した資料は、授業者が残していた当時のワークシートやレポート、授業を記録したビデオ映像、授業者や対象者の友人らの当時の記憶などである。実際のインタビューでは、本人にこれらの資料を提示して過去の記憶を呼び起こしながら、当時の学びが今の自分の仕事や生き方にどう影響しているかを語ってもらった。インタビューの結果、授業実践者の意図を越えて一人ひとりが多様な学びを経験していたことがわかった。そうした学びは彼らの人生経験のなかで様々な出来事と関連づけられ意味づけられていた(17)。

同じような調査は、教員養成学部の卒業生や現職研修の修了生に対しても実施可能である。ただし、対象者の過去の学習経験を推測する手がかりが豊富に残されていることが条件となる。そこで、現職研修で研修計画を作成するために行う「自己評価」にポートフォリオを活用することをすすめたい。これによって、調査のために改めてデータ収集する煩わしさをかなり軽減できる。

ポートフォリオとは本来「紙ばさみ」を意味し、学校現場ではペーパーテストで数値化できない学びを評価する方法として、総合的な学習の時間などで活用されている(18)。学習ファイルにワークシートや学習カードや作品や諸資料をとじて作成するポートフォリオは、自らの学びを振り返るときにデータとして活用できる。

ポートフォリオに蓄積されたデータは、一人ひとりの学びの追跡を可能にする。「省察」や「自己評価」の手段としても役立つ。アメリカでは、教師の専門的な成長を促す手段として、ポートフォリオを作成することがあらゆる研修の場で求められている。[19]わが国でも、これからは教師の「自己評価」を形式的に行うのではなく、データにもとづいて体系的に実施することが求められる。こうして蓄積されたデータは、教師個々人の学びの意味を長期的な視野で把握することを可能にする。こうした評価の積み重ねは、教師教育カリキュラムの改善につながるはずである。

注

（1）村井実訳（1979）『アメリカ教育使節団報告書』講談社。
（2）この経緯については、以下の文献に詳しい。TEES研究会編（2001）『「大学における教員養成」の歴史的研究――戦後「教育学部」史研究』学文社。
（3）国立の教員養成系大学学部の在り方に関する懇談会（報告）『今後の国立の教員養成系大学学部の在り方について』二〇〇一年一一月二二日。
（4）宮城教育大学『平成一七年度「大学・大学院における教員養成推進プログラム申請書』二〇〇五年五月。
（5）信州大学教育学部『蓄積する体験と深化する省察による実践的指導力の育成を目指した教員養成プログラムの実践』日本教育大学協会研究集会報告、二〇〇六年一〇月一四日。
（6）日本教育大学協会『教員養成カリキュラムの到達目標・確認指標の検討――中学校教員養成における〈教科〉の在り方を中心に』二〇〇七年三月三一日。
（7）山﨑準二（2006）「教員養成カリキュラムの課題」『日本教師教育学会年報』第一五号、三八頁。
（8）蔵原清人（2006）「東京教師養成塾と『大学における教員養成』」同前、五〇―五八頁。

（9）土屋基規（2005）「教師の専門的力量形成と研修制度の課題」『日本教師教育学会年報』第一四号、五六―五七頁。
（10）教育職員養成審議会第三次答申『養成と採用・研修との連携の円滑化について』一九九九年一二月。
（11）今野由紀夫（2005）「宮城県の一〇年経験者研修の現状と課題」『日本教師教育学会年報』第一四号、二四―二九頁。
（12）小川修一「教員自身の〝学び合い〟を、どう組織化していくか」同前、三七―四〇頁。
（13）鈴木義昭（2006）『教員改革――「問題教師」と呼ばれる彼らと過ごした三年間』東洋出版。
（14）山﨑準二（2002）『教師のライフコース』創風社。
（15）「教師のライフヒストリー」については、以下の文献を参照のこと。
アイヴァー・F・グッドソン著、藤井泰・山田浩之訳（2001）『教師のライフヒストリー――「実践」から「生活」の研究へ』晃洋書房、浅野信彦（2003）「教師のカリキュラム開発能力の形成過程に関する事例研究――高校教師のライフヒストリーをとおして」『筑波教育学研究』創刊号、一〇七―一二三頁。
（16）インタビュー調査の方法論については以下の文献が参考になる。
桜井厚（2002）『インタビューの社会学――ライフストーリーの聞き方』せりか書房。
（17）浅野信彦・川北裕之・高橋亜希子（2006）「卒業生からみた高校総合学習の意味――質問紙自由記述の分析とインタビュー調査を中心として」日本カリキュラム学会第一七回大会自由研究発表、同（2007）「卒業生からみた高校総合学習の意味（二）――自己形成と総合学習の接点」日本カリキュラム学会第一八回大会自由研究発表。
（18）ポートフォリオ評価の方法については以下の文献が詳しい。

西岡加名恵（2003）『教科と総合に活かすポートフォリオ評価法――新たな評価基準の創出に向けて』図書文化。

(19) 寺西和子（2006）「ＭＳＵの教職大学院での専門職ポートフォリオの分析――ＭＡＣＴコースのケース・スタディ」『愛知教育大学研究報告（教育科学編）』第五五号、七一―七九頁。

第一三章　民間団体教育プログラムの評価

森田　司郎

1　教育プログラムとは

（1）日本での教育プログラムへの注目

近年、学校教育を取り巻く環境が劇的に変化している。例えば、子どもの安全や喫煙・飲酒・薬物乱用、暴力やいじめ等の人間関係に関する問題が深刻化している。これらの問題を放置しておけば学校教育の基盤が崩壊しかねない。学校は、緊急に対策を講じる必要がある。ところが、従来の学校教育の範囲ではこうした問題に適切に対処することが難しい。この理由として、多くの学校や教員にはこれらの諸問題に対処できる専門性が備わっていない点や、教員は学習指導などの日々の業務のために時間的な余裕が少ない点などが挙げられる。したがって、これらの問題に対応するそれぞれのカリキュラムを、各学校の教員の手によってゼロから開発することは困難である。

そこで、急激に変化する社会のニーズと、それに十分に対応できない学校の現状の間にあるギャップを埋めるもの、すなわち学校カリキュラムを補完するものとして、教育プログラムの役割が期待されている。今後は、さらに多くの教育プログラムが学校教育の中で活用されるようになることが予想される。その中でも、従来の学校教育の枠組に縛られず、社会のニーズを直接的に取り込んだ内容によって構成される、学校外の民間団体に開発された教育プログラムは特に注目されている。これらが扱う内容は、誘拐や虐待、性暴力、さらには実際の経済やお金についての学習などである。従来の学校教育の物的・人的資源のみに頼っては、こうした内容の学習を行うことは難しい。各種の外部団体による教育プログラムは、現代社会のニーズを直接的に反映した、斬新な教育内容を提供している。現在、日本の学校で実施されている民間団体の教育プログラムの中には、例えば以下のようなものがある。

【子どもの安全に関する教育プログラム】

CAP（Child Assault Prevention）プログラム

人権概念の学習を通して子どもたちがいじめ、痴漢、誘拐、虐待や性暴力といった様々な暴力に対して何ができるかを、子ども、親、教職員、地域の人々に教える子どもへの暴力防止プログラム。米国のNPO団体であるCAPによって開発・実施されている。(1)

【子どもの人間関係に関する教育プログラム】

セカンドステップ（Second Step）プログラム

子どもに対して「共感（相互の理解）」「問題の解決」「怒りの扱い」の学習を中心として、子どもに人間関係の基本的なスキルを身につけさせる教育プログラム。米国のＮＰＯ団体であるCommittee for Childrenによって開発・実施されている。(2)

ＶＬＦ（Voices of Love and Freedom）プログラム

米国ハーバード大学のセルマン（Selman, R. L.）によって開発された、「相手の気持ちを推測し、理解する能力」である「役割取得能力」の育成を目的とする「総合的な人格形成プログラム」である。日本の学校教育において、「道徳の時間」や「総合的な学習の時間」においてこのプログラムを活用した実践報告がなされている。(3)

【喫煙、飲酒や薬物乱用などの健康問題に関する教育プログラム】

ライフスキル教育プログラム

「我々がより良く生きていくために不可欠な基本的心理社会能力（ライフスキル）」の形成に焦点を当てた健康教育プログラム。(4)

性・エイズ教育プログラム

ライフスキル教育の考え方を基盤として、学校での「総合的な学習の時間」の中での実施を目指して開発・実施されている。「望まない妊娠・中絶や性感染症やＨＩＶの感染を防ぐ」ことを目的とした教育プログラム。[5]

【経済教育、起業家教育に関する教育プログラム】

東京都品川区教育委員会「スチューデント・シティ」

学校の中に「街」を再現して、そこでの体験を通して子どもたち（小学四〜五年生）が社会と自分の関わり、経済の仕組み、仕事やお金とは何かを学び、「社会的適応力」を身につけることを狙いとした教育プログラム。[6]

（2）民間団体教育プログラムの特徴

日本で実施されている教育プログラムの主な特徴は、以下の通りである。

① 学校カリキュラム外の内容を扱う

誘拐や虐待、性暴力のような緊急性の高い問題や、健康や経済教育などの将来的に子どもに必要となるような内容を扱っている。これらの学習内容は、社会の変化によって現在の子どもに学ばせる必要があると考えられるようになってきた、いわゆる「新しい学習内容」である。しかし、様々な制限によって、従来の学校カリキュラムの枠組ではこれらの内容すべてに対処することが困難である。教育プログラムは、変化する社会のニーズと現在の学校カリキュラムとの間にあるギャップを埋める役割を期待されている。

②「防止型プログラム」と「教育型プログラム」

日本の学校教育で実施されている民間団体教育プログラムは、二つのタイプに大別できる。一つは「防止型プログラム」であり、他方は「教育型プログラム」である。

「防止型プログラム」は、子どもの安全、暴力、いじめ、そして薬物乱用などの緊急性の高い問題の防止を目的とするプログラムである。「防止型プログラム」は短期間で集中的に、外部の専門家の支援を受けながら実施される場合が多い。この型が主に扱う問題は専門的である。また、プログラム実施の際にも一定の専門性をもつスタッフ等が中心的な役割を果たしている。したがって、教員の役割が限定的になる場合が多い。さらに、通常の授業以外にプログラム実施のために特別な時間を設定する必要がある。

「防止型プログラム」が緊急性の高い問題の防止に焦点を当てているのに対し、「教育型プログラム」は比較的長期的な問題を扱うものである。それらは例えば、世の中の経済の仕組みに関する学習、起業家育成、クラス集団内の人間関係育成、健康教育、環境に関する教育、またはリーダーシップ育成などの目的をもつ。これらの学習の多くは、学校で行われている各教科の時間での学習を深め、発展させた内容である。また、体験型の学習活動が積極的に用いられる。したがって、「教育型プログラム」は「総合的な学習の時間」や「特別活動」を活用して実施される場合が多い。この型のプログラムでは、プログラム実施前後の指導、またはプログラム実施中に学校教員の積極的な関与が求められる。

③ 目的と手続きの明確さ

多くのプログラムは「～防止プログラム」や「～教育プログラム」のように、その目的を明確に設定している。そして、その目的を達成するまでの手続きが具体的で明確に示されている。プログラムは、団体によって養成された専門のスタッフが行う場合が多い。プログラムの実施方法は、個々人によって誤差が生じないように具体的、詳細に決められている。スタッフ用の指導マニュアルを用意しているケースも多い。

④ 参加型で体験的な学習方法を活用

「ワークショップ」という学習形態に代表されるような、参加型で、体験的な学習方法を中心的に用いているプログラムが多い。具体的には、ゲームの活用、ロールプレイング（役割演技）、シミュレーション（模擬体験）や作品の製作など、参加者の直接体験を通した学習方法が用いられている。

（3） 米国における教育プログラムの普及状況

米国では多種多様な教育プログラムが普及している。これらの多くは、民間の企業やNPOなどによって開発、実施されている。一九九〇年代以降、各種のプログラムは盛んに開発されてきている。現在では、様々な企業や財団の資金的援助を得てNPO等の教育団体がプログラムを開発、実施するケースが多くみられる。

学校教育に教育プログラムが活用されている事例は多い。例えばそれらは、安全問題、暴力防止、薬物・アルコール乱用防止、エイズ予防、早期才能教育や、起業家教育などのプログラムである。また、学校の夏季休み等の長期休暇にも、ボランティア活動、スポーツ、芸術活動、演劇活動、学力強化や、キャンプ等のプログラムが幅広く実施されている。

現在日本で実施されてきている教育プログラムの中には、米国において開発されたものも多く含まれている。例えば、前述したCAPプログラム、セカンドステッププログラムやライフスキル教育プログラムなどは、米国で開発されたプログラムの日本版である。

2　教育プログラム評価

(1) 米国での教育プログラム評価 (Program Evaluation)

現在の日本では、「プログラム評価」の分野における研究の蓄積が十分になされているとはいえず、未開拓の部分が多く残されている。ここではまず、「プログラム評価」をはじめとする各種の「評価研究」が盛んに行われている米国の研究成果を参考としながら「プログラム評価」がどのような位置づけにあるか、その概要を整理したい。

米国においてプログラム評価研究が本格的に取り組まれてきたのは一九八〇年代後半からである。(7)学校等の教育機関に対して様々な企業、財団、またはNPO等の団体が積極的に連携している現在の米国において、プログラム評価は州や学校レベルでの教育政策決定や改善のための貴重なデータを生み出すものとしてその重要性を増している。以下に、米国のプログラム評価にみられる主な特徴を整理する。

【徹底された市場原理のもとでの競争——商品としての教育プログラム】

米国では、実施されているプログラムの数・種類が非常に多い。また、プログラムを実施する際にスタッフ等の設備面、資金等の財政面で支援している各種財団や企業、各種団体（NPO、慈善団体、宗教団体）等のニーズが無視できないほど大きい。各種の教育プログラムは、消費者によってその価値が認められたうえで選択される、いわゆる「商品」や「サービス」として位置づけられている。そして、効果が得られないプログラムは、すぐに他のプログラムに取って代わられてしまうという、徹底された市場原理のもとでの競争におかれている。

【評価（Evaluation）と調査（Research）の区別】

米国のプログラム評価研究の分野では、評価（Evaluation）と調査（Research）とはその目的が異なる営みとして、区別して用いられている。評価（Evaluation）は「特定の状況の中」で、ある実践の「価値判断の基準を導くもの」である。これに対して調査（Research）は、「一般的な状況の中で、ある実践が有効かどうかを『証明する営み』」で「一般化された結論を導くもの」である。両者は本質的に異なるものとして位置づけられている。(8)

米国のプログラム評価は、「プログラムが、特定の状況・条件の中で約束通りの成果を生み出したかどうか」を、その状況の場合に限って判断するための情報を提供する営みである。したがってここでは、他の状況においてプログラムが実施された場合の効果に対しては関心が払われない。

【ステークホルダー（Stakeholder：利害関係者）の存在の重要性】

米国におけるプログラム評価は、プログラムの利害関係者であるステークホルダーの影響を大いに受ける営みである。プログラム評価はステークホルダーに対する説明責任を果たすために実施されることが多い。プログラムを財政的に支援するステークホルダーは、プログラム評価の結果を参考にして、プログラムに対する支援を継続するか中止するかの決断を下す。プログラム評価の結果は、政策の意思決定、プログラムの取捨選択の判断基準に用いられる。

プログラム評価におけるステークホルダーは、主にプログラムの供給者（Provider）と消費者（Consumer）とに区分される。前者には、プログラム開発者、提供者、実施援助者、そして実施者が含まれる。後者には、プログラムの依頼者、受講者、そして地域社会が含まれる。

米国におけるプログラム評価の主な目的は、これらのステークホルダーに対してプログラムの有効性を説明（Accountability）し、商品価値の高さを証明してさらなる援助を得る（Marketing）ことである。[9]

【段階的で明確な評価手続きをもつ】

米国で行われているプログラム評価では、一般的に以下のような明確な手続きがとられている。[10]

① ニーズアセスメント（Needs Assessment）
「プログラムが満たすニーズは何か？」
② 実行可能性の検証（Feasibility Study）
「与えられた条件のもとでプログラムを実行することはできるのか？」
③ プロセス評価／手続きの明確化（Process Evaluation）
「プログラムをどのように進めていくのか？」
④ 効果・成果の検証（Outcome Evaluation）
「プログラムの目的・目標は達成されたか？」
⑤ コスト分析／金銭的・財政的な価値の分析（Cost Analysis）
「プログラムは支出に見合ったもので、財政的に価値があるものか？」

以上の五つの手続きの中でも、特に①③④の手続きはプログラム評価の骨格をなすものとして重要である。一般的に、上記の①②の手続きはプログラム実施前に、③は実施の最中に、そして④⑤は実施後に行われる。(11)

【プログラムとカリキュラムの区別は不明確である】

米国のプログラム評価においては、プログラム（Program）とカリキュラム（Curriculum）が厳密には区別されていない場合が多い。(12) 競争原理下におかれている各種プログラムは、その商品価値を証明する必要がある。したがって、多くのプログラム評価は、単純にプログラムの効果測定に収斂する傾向がある。そうした場合には、「学校教育でプログラムが実施された場合に、カリキュラムにどのような影響を与えるか」という側面や、学校教育の文脈がプログラムの効果に与え得る影響などの副次的側面については検討されない。

(2) 日本における教育プログラム評価の現状と課題

米国において数々の教育プログラムが普及していることにも強い影響を受け、様々な教育プログラムが日本の学校教育でも実践されてきている。しかし、現在の日本における教育プログラム評価の分野には多くの課題が残されている。そこで、日本において教育プログラムを学校教育に導入する際に生じる問題について考察し、日本の教育プログラム評価の現状における課題を明らかにしようと試みる。現状では以下のような問題点が生じている。

① 確立したプログラム評価の枠組の欠如

この点は、後述する②③の問題の背景をもなすもので、日本の現状では最も重要な課題である。我々は、現段階で、様々に実施されている教育プログラムの効果を把握するために必要なプログラム評価の枠組をもたない。したがって、各学校で実施された各種の教育プログラムがもたらす効果を客観的に把握し、その実践の良し悪しを判断することが難しい。学校教育の文脈の中で実施された教育プログラムの効果を知る術がないために、各学校では教員組織全体をプログラム実施に関与させ得るデータを提示できない。また、実践場面においても、教育プログラムの効果を過信するほかないのである。

②　教育プログラム効果の一般化

各種の教育プログラムは、その開発段階において一定の効果をもつことが確認されている。教育プログラムを学校で実施する場合は、学校教育という文脈の中で実施してもプログラムは予定通りの効果を発揮するだろうという前提に立つ。これは、プログラムの効果を一般化し、プログラムが実施される環境に関わらず一定の効果を生むことを期待する立場である。

ところが、学校教育がもつ独特の要因（地域の実態、子どもの生活環境や教員の関係など）によってプログラム自体の効果が左右される可能性は大きい。現状では、これらの要因がどのようにプログラムの効果に影響を与えるのかという点は明らかにされていない。実際はプログラムの効果に大きな影響を与える要因が多数あるにもかかわらず、現段階ではこうした要因は看過されたまま教育プログラムが実施されている場合が多い。

③　教員の関与を引き出すことが難しい

教育プログラムを学校で実施する場合には、学校教員の関与を引き出すことが重要な課題となる。日本の学校カリキュラムの基本は教育課程という形で、国レベルで決定される。このため、学校はカリキュラムに含まれる内容、すなわち「学校で教えるべき内容」を明確にもつ。学校外の教育プログラムを実施する際には、教科指導など「学校で教えるべき内容」を犠牲にしてまで実施すべきかどうかという点が議論される傾向が強い。教育プログラムは、それが学校で教える必要があるものなのか、教員による厳しいチェックに晒されている。さらに、学校現場には、外部の教育資源を無差別に導入することに対する危機意識が強く存在する。[13]

たとえプログラムを実施する場合でも、学校側の誰が中心となって実施に関わる業務を行うのか、その役割分担の決定が常に積極的になされるとはいえない。むしろ、高い意欲をもつ一部の教員のみがプログラム実践に関与していることが少なくない。プログラムを採り入れている学校でさえも、実践の内容を理解しない教員が多数いる場合もある。

特に、日本の学校で教育プログラムを実施する場合には、学校教員の関与の度合いがプログラムの効果に対して大きな影響を与えることが予想される。なぜならば、日本の教員は学校生活全般にわたって包括的に子どもに関わっており、彼/彼女らの態度や考え方が子どもの人間形成に与える影響は大きいからである。例えば、子どもが暴力防止のプログラムを受けても、暴力を肯定する担任教師のもとで学校生活を送る場合には、プログラムの効果が現れにくいだろう。教員の関与を引き出すためには、教育プログラムを学校教育において実施するとどのような効果があるのか、という点を明確に示す必要がある。この点を明らかにして説明することが、教員の積極的な関与を引き出すことにつながる。

3　日本版の教育プログラム評価のために

(1) プログラム評価に必要なポイント

日本の学校教育で活用されているプログラムの効果を明らかにするためには、米国のようなプログラム自体の効果測定のみでは不十分である。なぜならば、学校教育の文脈においてプログラムを実施した場合には、プログラムの計画通りに学習が進むことは稀だからである。例えば、プログラムに対する各教員の態度、考え方や関与の仕方によって、同じプログラムを実施した場合でも子どもの学習経験は異なる。先述した米国のプログラム評価の枠組では、このような学校教育の文脈がプログラムの効果に与える影響を捉えることができない。学校では、プログラムは必ずしも計画通りに進むわけではないという前提に立って、日本の実情に見合う評価の枠組を定める必要がある。筆者は、日本版のプログラム評価には以下の四つのポイントが重要であると考える。

① プログラムとカリキュラムを明確に区別すること

カリキュラムとプログラムは本質的に異なるものであるという前提に立つ必要がある。端的に述べれば、プログラムは比較的短期間実施され、効果測定によって捉えることが可能な「子どもの変化」を生じさせることを目的として構成されている。一方でカリキュラムは、プログラムによって生じる変化よりも長期的、流動的、かつ多面的な「子どもの変容」をその視野に入れている。また、プログラムはその開発と実施に必ずしも学校教員の関与を必要としない。一方でカリキュラムは、学校教員の関与が前提となる。まず、この点を明確に区別する必要がある。

②「プログラム自体の効果」と「プログラムが学校カリキュラムに対して及ぼす効果」をそれぞれ分けて把握すること

学校教育にプログラムを導入する際には、その目的を明確に区別することが必要となる。すなわち、(a) プログラムがターゲットとしている問題を解決し、緊急的なニーズを満たすのか、それとも (b) プログラムを導入することによって学校のカリキュラム全体を変えていくのか、という目的を区別することである。多くのプログラムはその開発段階において、対象とする問題の解決に関して効果があることが検証されており、一定の研究蓄積は見られる。(14) 日本においては、プログラムと学校カリキュラムとの関係性と相互作用を把握し、プログラムがカリキュラムに対して及ぼす効果を明らかにする評価を定式化することが特に重要である。

③「ステークホルダー(利害関係者)としての子ども」の存在に留意すること

ステークホルダーの中には、プログラムの供給者(Provider)である開発者、提供者、実施者と、消費者(Consumer)であるプログラム依頼者、受講者、地域社会が含まれる。日本の場合では、前者としてプログラムを開発、実施する団体やそのスタッフが存在する。後者には、子ども、保護者、学校教員、そして地域社会を設定することができる。それぞれのステークホルダーのニーズは何か、プログラムはそれらのニーズを満たしているかという点を明らかにすることが必要となる。

日本の場合は、ステークホルダーの中でも、特に子どものニーズに注目する必要がある。学校教育の基本的な役割は、子どもに対して最善の利益を提供することである。学校教育に教育プログラムを導入する際には、まず、目の前の子どもが直面している問題は何か、彼／彼女たちのニーズはどこにあるのか、という点を的確に見極める。そして、そのニーズを満たすための手段としてプログラムを選択的に活用するという手続きが必要となる。この手続きの中で、日々の実践で子どもたちと関わっている学校教員が果たす役割は重要である。

④ **具体的なプログラム評価の手続きを定める**

プログラム評価の中心的な手続きとして、ニーズアセスメント、プロセス評価／手続きの明確化、そして効果・成果の検証の三つが重要である。②で述べたように、プログラム評価の目的は（a）プログラム自体の効果、（b）プログラムが学校カリキュラムに対して及ぼす効果を明らかにする場合の二つに大別できる。（a）（b）それぞれのケースに応じて、これら三つの方法を組み合わせた具体的な手続きを定める必要がある。

（2）カリキュラムとプログラムの関係性に注目した教育プログラムの分類

最後に、日本で実施されている教育プログラムを、学校カリキュラムとの関係性に注目して分類することを試みる。この作業は、前述したポイントの一つ目に当たり、日本版の教育プログラム評価の枠組を構築するための足場固めになる。

教育プログラムといっても、その内容には様々な違いがある。プログラム評価を行う際には、対象とするプログラムと学校カリキュラムとの関係を把握しなければならない。図13‐1は、学校カリキュラムとの関係性に注目して教育プログラムの位置づけを図示したものである。この図では、縦軸に「教員の関与の度合い」、横軸に「従来のカリキュラムの内容との親和性（従来の学校教育で扱ってきた内容に近いものかどうか）」を設定し、教育プログラムとカリキュラムの位置関係を把握しようとするものである。

民間団体の教育プログラムは、次頁の図13‐1の「外部」または「準外部」に位置づく。まず、「外部」に位置づくプログラムは、その内容と実施者が共に学校外にあり、学校カリキュラムに対しては最も外部性が強いものである。現在の日本で実施されている民間団体教育プログラムの多くが、「外部」に位置づく。このタイプのプログラムは、学校外で開発され、学校教員以外の外部スタッフの手によって実施される場合が多い。例えば、「外部開発の防止型プログラム」である、NPO団体が実施する暴力防止プログラムなどがこれに当たる。「外部」に位置づくプログラム評価においては、まず、学校教育の文脈の中で実施した場合には、プログラムは必ずしも計画通りには進まない、という前提に立つ。次に、プログラムの効果に影響を及ぼす学校側の要因を明確にする必要がある。例えば、教員や保護者のプログラムに対する理解、態度や、関与の仕方、また、プログラムスタッフと教員、保護者の関係などがその要因として考えられる。これらの中から特に大きい影響を及ぼす要因を選定し、そのメカニズムを分析することが重要なポイントとなる。

図 13-1　学校カリキュラムとの関係に基づく教育プログラムの分類

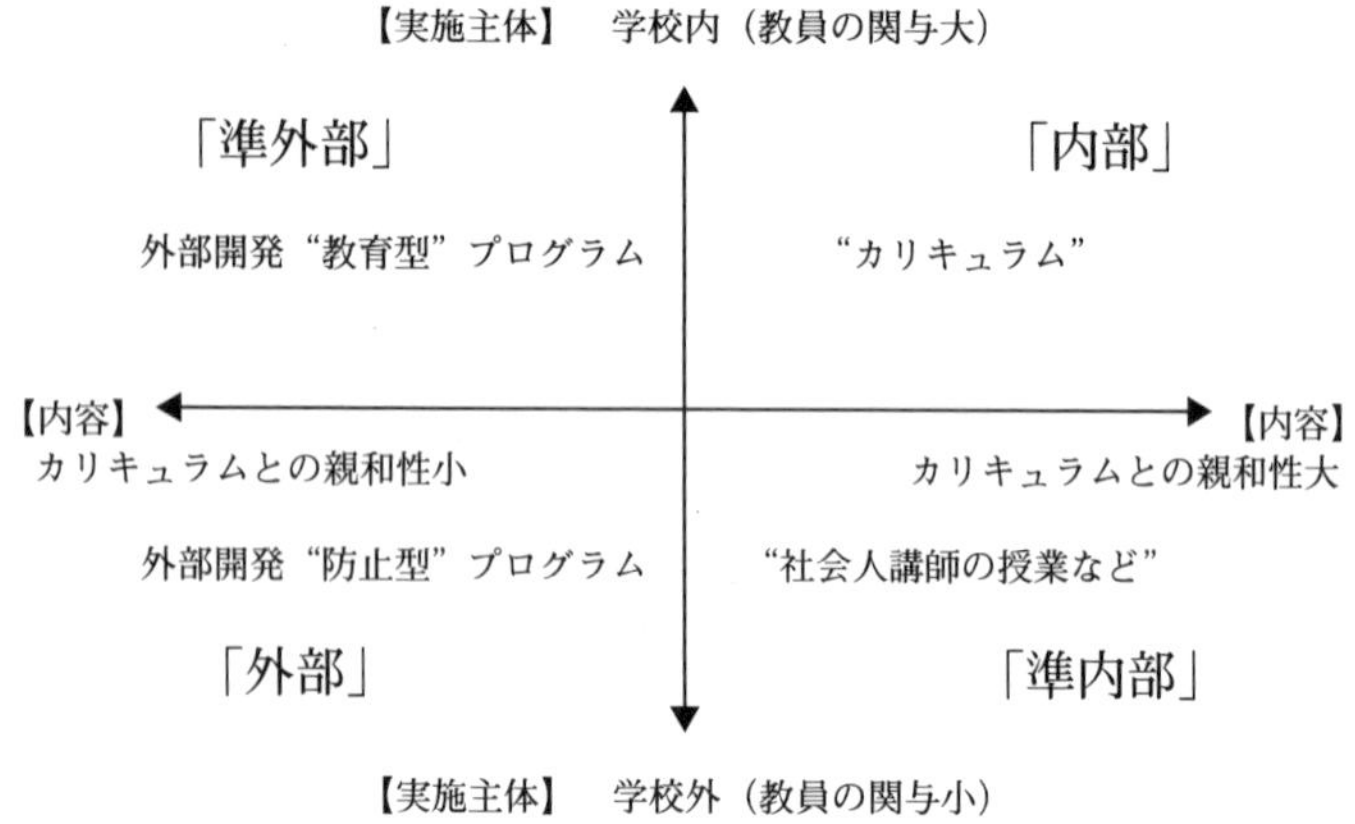
【実施主体】　学校内（教員の関与大）
「準外部」
外部開発“教育型”プログラム
「内部」
“カリキュラム”
【内容】
カリキュラムとの親和性小
【内容】
カリキュラムとの親和性大
外部開発“防止型”プログラム
“社会人講師の授業など”
「外部」
「準内部」
【実施主体】　学校外（教員の関与小）

次に、「準外部」に位置づくプログラムは、その内容は学校外で開発されているが、プログラムの実施には学校教員の関与が必要となるものである。図13－1で見れば、内容は学校カリキュラムに対して外部性が強いが、その実施には教員の関与が必要となるため、実施主体は学校カリキュラムに近い。このプログラムには、例えば、「外部開発の教育型プログラム」である健康教育プログラムなどが含まれる。多くの健康教育プログラムは、学校外で専門的に開発された内容で構成されるが、学校全体で長期間にわたって実施する必要がある。実施の際には、学校教員の関与が不可欠となる。このタイプのプログラム評価においては、プログラムがどの程度カリキュラムに近い形で実施されているのかを把握することがポイントとなる。このためには、プログラムに対する教員の関与の度合いを明確にする必要がある。例えば、教員がプログラムを理解しているか、実際にプログラムを実施しているか、状況に合わせてプログラムをアレンジできるか、プログラムの効果を把握できているか、また、プログラムを改善することができるか、などの側面に注目することは有効であろう。

本章では、日本版の教育プログラム評価枠組を定めるための基礎的作業を行ってきた。今後は、日本で実施されている教育プログラムを適確に分類し、それぞれの型に適した評価枠組を定めていくことが必要となる。そして、プログラムを学校教育に導入した場合に生じる、プログラムとカリキュラムの相互作用の効果をも視野に入れた評価枠組を提案することが望まれる。学校が主体となって、教育プログラムを活用したカリキュラム改善を進めるためには、日本版のプログラム評価を定式化し、有用なデータを収集していくことが第一歩となる。

注

（1） NPO法人CAP　http://www.cap-j.net/
（2） NPO法人日本子どものための委員会　http://www.cfc-j.org/
（3） 渡辺弥生編集（2001）『VLFによる思いやり育成プログラム』図書文化社、渡辺弥生（2005）「社会的スキルおよび共感性を育む体験的道徳教育プログラム——VLF（Voice of Love and Freedom）プログラムの活用」『法政大学文学部紀要』第五〇巻、八七—一〇四頁。
（4） JKYB研究会　http://www5c.biglobe.ne.jp/~jkyb/
（5） 皆川興栄編著（2000）『総合的学習：性・エイズ教育プログラム』亀田ブックサービス。

（6） 品川区教育委員会　http://www2.city.shinagawa.tokyo.jp/jigyo/06/sidouka/p23.html
ジュニア・アチーブメント　http://www.ja-japan.org/program/student city.html

（7） Fitzpatrick, J. L., Sanders, J. R. and Worthen, B. R. (2004) *Program Evaluation*, Pearson Education pp.41-43.

（8） Fitzpatrick, J.L. et al. (2004) p.6, および Simon Priest (2001) A Program Evaluation Primer, *The Journal of Experimental Education*, p.34.

（9） Fitzpatrick, J.L. et al. (2004) p.6, および Simon (2001) pp.35-36.

（10） Simon (2001) p.36.

（11） Ibid. pp.21-22.

（12） 例えば、暴力防止プログラムである“Second Step Program”は、複数の研究論文の中で“School-Based Violence Prevention Curriculum”（波線は筆者による）として紹介されている。プログラムとカリキュラムの厳密な区別が研究上なされていない現状が伺い知れる。（Taub, Jennifer Evaluation of the Second Step Violence Prevention Program at a Rural Elementary School, *School Psychology Review*, 2002, vol.31 Issue2 pp.186-201., Frey, K. S., Hirschstein, M. K. and Guzzo, B. A. Second Step : Preventing Aggression by Promotion Social Competence, *Journal of Emotional and Behavioral Disorders*, Summer 2000, vol.8 No.2 pp.102-112)

（13） 例えば、吉田武男・中井孝章著（2005）『カウンセラーは学校を救えるか』昭和堂、一〇六頁において、学校現場で実施されているＣＡＰプログラムの事例が「学校現場における弊害」であり「望ましくない事例」として紹介されている。

（14） 石川洋明「子どもへの虐待・暴力防止教育プログラムに関する効果測定研究」『子どもの虐待とネグレクト』日本子どもの虐待防止研究会　第三巻第一号、二〇〇一年七月、一九〇－一九九頁、

Frey, K.S. et al.（2000）, Taub, Jennifer（2002）, また Kim Ammamm Howard, June Flora, and Marie Grffin, Violence-prevention programs in schools : State of the science and implications for the future research, *Applied & Preventive Psychology*, 1999, vol.8, pp.197-215. など。

執筆者紹介（執筆順、所属は2009年3月時点）

田中　統治（たなか　とうじ）　第一章

1951年生まれ。九州大学教育学部卒、九州大学大学院教育学研究科博士課程単位取得退学（教育組織社会学）、博士（教育学）。

現在：筑波大学大学院人間総合科学研究科　教授・放送大学客員教授

主著：『カリキュラムの社会学的研究』（東洋館出版社、1996年）、『新版カリキュラム研究入門』（共著、勁草書房、1999年）、『学校教育論』（編著、放送大学教育振興会、2008年）

根津　朋実（ねつ　ともみ）　第二章

1969年生まれ。筑波大学第二学群人間学類卒、筑波大学大学院教育学研究科博士課程単位取得退学、博士（教育学）。

現在：筑波大学大学院人間総合科学研究科　准教授

主著：『カリキュラム評価の方法』（多賀出版、2006）、『市民と創る教育改革』（共著、日本標準、2006年）

金　玥淑（きむ　ひょんすく）　第三章

1968年生まれ。韓国暁星女子大学日本語学科卒、筑波大学大学院教育学研究科博士課程単位取得退学、修士（地域研究学）

現在：筑波大学大学院人間総合科学研究科　準研究員

主論文／主著：「小学校英会話カリキュラムが卒業生の情意的側面に及ぼす影響」（『カリキュラム研究』日本カリキュラム学会、第13号、2004年）、『第二版　現代カリキュラム研究』（共著、学文社、2005年）

佐藤　進（さとう　すすむ）　第四章

1974年生まれ。文教大学初等教育課程数学専修卒

現在：千葉県館山市立北条小学校　研究主任

古川　善久（ふるかわ　よしひさ）　第五章

1958年生まれ。茨城大学教育学部卒

現在：茨城県龍ケ崎市立龍ケ崎小学校　教頭

主論文：「単元評価から始めるカリキュラム評価の試み」（共著、『確かな学力を育てるカリキュラム・マネジメント』、教育開発研究所、2005年）、「授業評価を起点としたカリキュラム評価の進め方」（共著、『カリキュラム評価の考え方・進め方』、教育開発研究所、2005年）

吉田　信也（よしだ　しんや）　第六章

1953年生まれ。大阪市立大学理学部数学科卒
現在：奈良女子大学附属中等教育学校　副校長
主著：『高等学校教科書　数学Ⅰ・Ⅱ・Ⅲ・A・B・C』（共著、数研出版、2008年）、『確かな学力を育てるカリキュラム・マネジメント』（共著、教育開発研究所、2005年）

岡部　善平（おかべ　よしへい）　第七章

1968年生まれ。愛知教育大学教育学部卒、筑波大学大学院教育学研究科博士課程単位取得退学、博士（教育学）
現在：小樽商科大学商学部　准教授
主著：『高校生の選択制カリキュラムへの適応過程』（風間書房、2005年）、『第二版　現代カリキュラム研究』（共著、学文社、2005年）

佐藤　匡仁（さとう　まさひと）　第八章

1972年生まれ。福島大学行政社会学部卒、筑波大学大学院修士課程教育研究科修了（障害児教育学）、修士（教育学）
現在：岩手県立大学　講師
主論文：「個のニーズに基づいたカリキュラム評価」（『カリキュラム研究』日本カリキュラム学会、第16号、2007年）

安藤　福光（あんどう　よしみつ）　第九章

1978年生まれ。玉川大学文学部教育学科卒、筑波大学大学院人間総合科学研究科博士課程単位取得退学、修士（教育学）
現在：武蔵丘短期大学　専任講師
主論文／主著：「中高一貫校のカリキュラム開発とその教員組織に関する調査研究」（『カリキュラム研究』日本カリキュラム学会、第14号、2005年）、『検証 教育改革』（共著、教育出版、2009年）

佐野　享子（さの　たかこ）　第一〇章

1959年生まれ。早稲田大学第一文学部卒、筑波大学大学院経営・政策科学研究科修士課程修了、修士（経営科学）
現在：筑波大学大学院ビジネス科学研究科　准教授
主論文：「専門職を育成するための授業方法の原理」（『大学研究』筑波大学大学研究センター、第34号、2007年）

緩利　誠（ゆるり　まこと）　第一一章

1982年生まれ。筑波大学第二学群人間学類卒、筑波大学大学院人間総合科学研究科博士課程単位取得退学、修士（教育学）

現在：浜松学院大学 現代コミュニケーション学部 助教

主論文：「脳科学と教育の間」（共著、『教育学研究』日本教育学会、第74巻第2号，2007年）、「脳科学の成果を子ども研究に応用するための課題」（『子ども社会研究』日本子ども社会学会、第13号，2007年）

浅野　信彦（あさの　のぶひこ）　第一二章

1972年生まれ。筑波大学第二学群人間学類卒、筑波大学大学院教育学研究科博士課程単位取得退学、修士（教育学）

現在：文教大学教育学部　講師

主著：『教育の方法と技術』（共著、図書文化、2006年）、『第二版　現代カリキュラム研究』（共著、学文社、2005年）

森田　司郎（もりた　しろう）　第一三章

1974年生まれ。筑波大学第二学群人間学類卒、筑波大学大学院教育学研究科博士課程単位取得退学、修士（教育学）

現在：聖徳大学児童学部児童学科　専任講師

主著／主論文：「教育プログラムの学校教育への導入条件に関する研究」（共著、『第二版　現代カリキュラム研究』、学文社、2005年）、「学校外教育プログラムと学校カリキュラムの接続に関する事例研究」（『学校教育研究』日本学校教育学会、第22号、2007年）

索　引

【サ行】

【タ行】

【ナ行】

【ハ行】

【マ行】

【ヤ行】

【ラ行】

【ワ行】

カリキュラム評価入門

2009年5月20日　第1版第1刷発行

編著者　田　中　統　治
根　津　朋　実

発行者　井　村　寿　人

発行所　株式会社　勁《けい》　草《そう》　書　房

112-0005　東京都文京区水道2-1-1　振替　00150-2-175253
（編集）電話　03-3815-5277／FAX　03-3814-6968
（営業）電話　03-3814-6861／FAX　03-3814-6854
港北出版印刷・青木製本

ISBN978-4-326-29891-4　Printed in Japan